Über dieses Buch Der Mensch ist das einzige Lebewesen auf dieser Erde, das Angehörige seiner eigenen Art, ja seiner eigenen Gruppe, um einer Ideologie willen grausam quält und umbringt. Der Mensch ist das erbarmungsloseste, mörderischste und grausamste Lebewesen, das wir kennen. Die täglichen Meldungen sind voll davon. Die Geschichte der Menschheit ist eine ununterbrochene Abfolge von unbeschreiblichen Quälereien und Mordtaten an ganzen Völkern. Der Mensch hat seine Intelligenz benutzt, «um tierischer als jedes Tier zu sein», wie Mephisto in Goethes «Faust» so treffend sagt. Warum ist der Mensch so? Nicht nur aufgrund seines evolutionären Erbes. Seine Grausamkeit und Mordlust scheinen mit seinem Denkvermögen zusammenzuhängen, mit seiner Fähigkeit zum begrifflichen Denken und zur Phantasie. Der Autor belegt in diesem Buch mit vielen überzeugenden Argumenten seine These, daß die Unmenschlichkeit des Menschen auf seine Fähigkeit zur gedanklichen Konstruktion von Ideologie und seine pathologische Schwäche für ideologische Versuchungen zurückgeht.

Der Autor Johannes Gottfried Thieme, Dr. phil., Naturwissenschaftler und Philosoph, war drei Jahrzehnte als UNO-Beauftragter in Afrika und Asien tätig und beriet die Regierungen unterentwickelter Länder in Ernährungsfragen. Unter dem Eindruck des Elends vieler Menschen in der Dritten Welt schrieb er in zehnjähriger Arbeit diese Untersuchung über die «Ursünde des Menschen».

J. G. Thieme

Der ideologische Wahn

Über die Ursünde des Menschen

Fischer Taschenbuch Verlag

Ungekürzte Ausgabe
Veröffentlicht im Fischer Taschenbuch Verlag GmbH,
Frankfurt am Main, August 1991 28.3.92

Lizenzausgabe mit freundlicher Genehmigung der
Edition Tomek / D. Fischer & Co., Weingarten

Umschlaggestaltung: Buchholz / Hinsch / Hensinger
Umschlagabbildung: Otto Dix, ›Sturmtruppe geht unter Gas vor‹
Druck und Bindung: Clausen & Bosse, Leck
Printed in Germany
ISBN 3-569-10569-2

Nach Kauf des Buches wurde mir an der Lok 103 134 von einem Angehörigen der BD Nürnberg allzeit gute Fahrt und seelische Gesundheit gewünscht!

Vorwort

Ideologische Affen...
das sind die Leser dieses Buches,das bin ich selbst, das sind wir alle.
Während ich diese Zeilen schreibe, haben wild gewordene ideologische islamische Affen die amerikanische Gesandtschaft in Teheran besetzt und halten den diplomatischen Stab derselben als Geiseln gefangen. Wieder andere ideologische Affen, Terror-Affen, lebten ihre Mordinstinkte aus an Männern wie Hanns Martin Schleyer, Aldo Moro und vielen, vielen anderen.
Katholische und protestantische ideologische Affen morden in Ulster; christliche und mohammedanische im Libanon, kommunistische und islamische in Afghanistan.
Muß ich noch mehr Beispiele nennen? Man braucht nur die Zeitung aufzuschlagen, um immer neue Blut- und Schandtaten ideologischer Affen zu finden.
Affen? Ich hoffe nicht, daß ich unsere werten Vorfahren, die Affen, mit diesem Vergleich beleidige. Ich schätze sie sehr hoch. Sie sind uns ja in den letzten Jahrzehnten viel näher gekommen. Denn Verhaltensforscher haben in geduldiger Kleinarbeit nicht nur Fische, Vögel und die unvermeidlichen Ratten beobachtet, sondern auch Hundsaffen, Gorillas und vor allem Schimpansen. Nicht nur im Zoo, wie früher, sondern in voller Freiheit.
Sie haben mit ihnen zusammen gelebt, haben ihre Erfahrungen in faszinierenden Büchern beschrieben. Dadurch haben wir nicht nur unsere tierischen Freunde besser kennengelernt, sondern vor allem auch das «Tier», um das es in diesem Buch geht: den Menschen.

Vieles in unserer komplizierten Erbmasse läßt sich wahrscheinlich auf tierische Vorfahren zurückführen. Unsere Angeberei, unsere «Hackordnung» und unser territorialer Imperativ sind ein tierisches Erbteil, das bis zu Fischen und Vögeln zurückgeht. Unsere Aggression haben wir vielleicht von irgendeinem Killer-Affen geerbt, der seinen Feinden die Schädel mit Keulen einzuschlagen pflegte. Und obwohl wir bereits den Titel «Homo» erworben hatten, geschmückt mit dem hochtrabenden Beiwort «sapiens» und sogar mit dem arroganten «sapiens sapiens», fuhren wir fort, uns zu bekämpfen und zu töten. Wir bekriegten uns auf Tod und Leben, bis nur die Gruppe überlebte, die intelligenter war als die anderen und deshalb effizienter morden konnte.
«Zivilisation», schreibt aber Ducan Williams, «entsteht durch des Menschen allmähliche Erkenntnis, daß er in körperlichen Funktionen – Essen, Trinken, Kopulation, Entleeren – sich wenig vom Affen unterscheidet. Es waren sein Denkvermögen, seine Selbstbeherrschung, seine «Affektiertheiten», die ihn zur Würde des Homo sapiens erhoben.»
Leider hat der Mensch seine Talente und sein Denkvermögen vorzugsweise benutzt, andere Menschen zu unterdrükken. Er ist die erbarmungsloseste, mörderischste und grausamste aller Kreaturen. Die Geschichte der Menschheit ist mit Blut und Tränen geschrieben. Sie besteht aus unendlichem Leid, aus Martern und Qualen, die den Menschen von anderen Menschen zugefügt wurden und werden. Der Mensch hat seine Vernunft benutzt, «um tierischer als jedes Tier zu sein», wie Mephisto im «Faust» so treffend sagt.
Warum ist der Mensch so? Es ist gewiss nicht die Folge unseres tierischen Erbes. Denn keiner unserer behaarten Vettern war je so wild und blutdurstig wie der Mensch. Es ist dies das Problem, das mich mein ganzes Leben lang beschäftigt hat und dem ich viele Jahre des Studiums gewidmet habe.

Was ist die eigentlich letzte Ursache der Abscheulichkeit des Menschen? Sie muß tatsächlich irgendwie mit seinem Denkvermögen zusammenhängen. Sie könnte sich nie entwickelt haben ohne unsere Gaben des begrifflichen Denkens und der Phantasie. Aber wie? Meine Antwort ist: Es ist die Fähigkeit des Menschen, sich Ideologien auszudenken.
Ich habe die genetische und die kulturelle Evolution des Menschen studiert und die Art, wie sein Gehirn arbeitet, um die Wurzel seines größten Übels zu finden. Ich lege nun das Resultat meiner Studien vor. Sie handeln von typischen Eigenschaften des überklugen Affen: seine Fähigkeit, Ideologien entwickeln zu können – seine pathologische Schwäche, von Ideologien verführt zu werden.
Diese Erkenntnis mag viele schmerzen, die in gutem Glauben sich an die eine oder andere Ideologie gewöhnt haben oder sogar meinen, nur mit dieser glücklich zu werden. Aber wir müssen der Wirklichkeit unserer größten intellektuellen Schwäche ins Auge sehen, wenn wir unsere höchste intellektuelle Fähigkeit entwickeln wollen. Jene Fähigkeit, die allein den stolzen Namen «Homo sapiens» verdienen lassen kann: unser «Common sense», unser *gesunder* Menschenverstand.

J.G. Thieme

Inhalt

Erster Teil

1. KAPITEL

Das ideologische Übel

Tiere töten aus verschiedenen Gründen: meist für Nahrung, gelegentlich für Territorien-Begrenzungen, im Rivalenkampf, für die Fortpflanzung. Manchmal sogar aus Blutdurst. Der Mensch, der nackte Affe, ist das einzige Tier, das nicht nur aus «tierischen» Motiven kämpft und tötet, sondern – und sogar vorzugsweise – aus einem typisch menschlichen: für Ideen, oder genauer für Ideologien!

Das ist der Hauptgrund dafür, daß der Mensch das einzige Tier ist, das Mitglieder seiner eigenen Spezies tötet. Andere Tiere töten aus angeborenen Hemmungen Vertreter ihrer eigenen Art nicht. Anders der Mensch. Seine Ideologien sind stärker als alle instinktiven Hemmungen.

«Und willst Du nicht mein Bruder sein, so schlag ich dir den Schädel ein», ist ein beliebter Ausdruck für ideologischen Mord. Aber der Mensch begnügt sich nicht damit, dem Andersdenkenden den Schädel einzuschlagen; er demütigt, foltert und verbrennt ihn auf dem Scheiterhaufen. Aus ideologischen Gründen mordet er das Kind im Mutterleib, vernichtet er ganze Völker, Rassen und Länder mit Feuer und Schwert.

Was Paul Tabori einmal von menschlicher Dummheit gesagt hat, gilt auch für Ideologien: «Sie ist die tödlichste Waffe des Menschen, seine verheerendste Seuche, sein teuerster Luxus.»[1]

Wann fing der nackte Affe an, sich Ideen in den Kopf zu setzen? Wann dachte er sich diese blutigen Ideologien aus? Ja, blutig. Ideologien sind die Geißel, mit denen die Mensch-

[1] siehe Literaturhinweis S. 229ff.

heit seit unzähligen Jahrtausenden gezüchtigt wird. Blutige Ideologien waren die Ursache für unaussprechliches Leid, für Elend, Schmerz und Qual, seit Kain seinen Bruder im Zorn erschlug. «Von Anfang ihrer Geschichte an», schreibt der amerikanische Diplomat George W. Ball, «haben die Menschen die blutigsten Verbrechen im Namen der Menschheit edelsten Strebens zu rechtfertigen versucht.»[2]

Beispiele? Aus der unerschöpflichen Büchse der Pandora will ich hier nur die schlimmsten der «blutigsten Verbrechen» herausgreifen, die aus ideologischen Gründen begangen wurden und werden: Kampf um die Macht, Ausrottung von Andersdenkenden, Riten, Hexenjagden, Sklaverei und Rassenhaß. Und das blutigste aller ideologischen Verbrechen: der Krieg.

Ideologischer Kampf um die Macht

Die Greuel fangen schon an, wenn eine neue Ideologie – ein neuer Glaube oder eine neue Gesellschaftsordnung – um die Macht kämpft. Die meisten Ideologien begnügen sich nicht damit, ihre neue Lehre friedlich zu predigen. Sie wollen sie mit Feuer und Schwert verbreiten. Nachdem Mohammed den arabischen Stämmen eine neue Ideologie gegeben hatte, wurde sie sofort in blutigen Feldzügen über Nordafrika und den Mittleren Osten verbreitet, bis nach Persien, Indien, Indonesien und Südeuropa. Als Karl der Große das heidnische Deutschland zur christlichen Ideologie bekehrte, war sein stärkstes Argument das Schwert, mit dem er die freiheitsliebenden Sachsen schlug. Heute noch versuchen Hindus und Mohammedaner sich gegenseitig in blutigem Kampf zu bekehren. Und immer, wenn «Heiden» oder «Ungläubige» sich weigern, sich bekehren zu lassen, sind die Folgen endlose Grausamkeiten.

Ähnlich mit Blut geschrieben ist der Kampf um gesellschaftliche Ideologien, von der Schreckensherrschaft der Guillotine in der Französischen Revolution bis zum «roten Terror» der Russischen Revolution. Millionen mußten damals sterben «um die Wahrheit des Dogmas zu beweisen», wie Adam B. Ulan es einmal ausgedrückt hat.[3] Zum Beispiel auch während der chinesischen «Kulturrevolution», wenn in Kanton die Körper an den Laternenpfählen hingen, die Leichen den Perl-Fluß herunter nach Hongkong trieben, und von Kisten mit ausgestochenen Menschenaugen berichtet wurde.

Ausrotten der Dissidenten

Wenn eine Ideologie einmal mächtig ist, werden alle Dissidenten und Erneuerer unerbittlich ausgerottet. Die Römer schlachteten die christlichen Märtyrer ab; sobald das Christentum an der Macht war, schlachtete es auf dieselbe Art die andersdenkenden «Ketzer» ab. Man folterte und verbrannte sie, wie in den Verfolgungen der Albigenser, in der Bartholomäusnacht, der Ausrottung der Kamisarden in den Cevennen, den blutigen «Dragonaden» des «großen» Ludwig XIV.[4] und vielen anderen Verfolgungen von Nonkonformisten.

Folter und Scheiterhaufen waren die Waffen der Inquisition gegen die Ketzer. Eingeführt von Innocent III. und Gregor IX. im 13. Jahrhundert, hat die Inquisition Europa jahrhundertelang heimgesucht. Tausende, die das ideologische Dogma anzweifelten, wurden gefoltert und verbrannt. Berüchtigt sind die «autodafés» des Inquisitor-Generals Thomas de Torquemada in Spanien. Zwischen 1481 und 1487 wurden ca. 10000 Ketzer lebend verbrannt. Bei den geheimen Prozessen der Inquisition waren Ankläger und

Richter dieselbe Person. «Es gab nie einen Freispruch» (H.C. Lea[5]). Noch berüchtigter waren die Folterinstrumente, dieselben, die später bei den Hexenprozessen Verwendung fanden. Genauso grausam wie einst die christliche Inquisition ist in unserem Jahrhundert die kommunistische und faschistische. Statt Ketzer martert man nun Revisionisten, Verräter, Volksfeinde, die sich der ideologischen Tyrannei nicht beugen wollen. Genauso erfinderisch wie Torquemadas Henker waren die Folterknechte der Tschika, Ogpu, Gestapo oder mit was sonst für einem Kurzwort die allmächtige Geheimpolizei abgekürzt wurde. Aber moderne Foltermethoden sind raffinierter. Foltern ist eine Wissenschaft geworden, die in speziellen Akademien unterrichtet[6] und laut Amnesty International in mehr als 60 Ländern angewendet wird.[7] Neben Konzentrationslagern und dem Gulag Archipel, neben altmodischen Galgen und Genickschüssen enthält das moderne Folterinventar elektrischen Strom, Drogen zur Gehirnwäsche, Irrenanstalten und andere psychologische Raffinements. Nicht zu vergessen, nerventötende Schreie und unerträglicher, elektronisch verstärkter Lärm.

Ideologische Grausamkeit und Mord beschränkte sich nicht auf den Kampf um die Macht oder die Unterdrückung von Andersdenkenden. Schmerzen, Tränen und Blut kennzeichnen auch zahllose ideologische Riten und Rituale. Eines der vielen Beispiele solcher Riten sind Menschenopfer. Seit den ältesten Zeiten findet man sie in der ganzen Welt. Welche Ausgeburten der Phantasie des ideologischen Affen müssen das sein, die das Leben eines Mitmenschen zu ihrer Verwirklichung brauchen? So mußten Frauen und Diener einem Mächtigen ins Grab folgen, damit sie ihn auch im Jenseits bedienen konnten. Manchmal nahmen die Opfer ihr Schicksal freiwillig auf sich, so wie die Hinduwitwen (Sati), die sich mit dem Leichnam ihres Mannes verbrennen ließen. Aber meist wurden die Opfer gegen ihren Willen getötet. (Wie die 500 Männer, Frauen und Kinder, die 1791 in Dhomé beim Tode des Königs geopfert wurden. Oder die Frauen und Mädchen, die bis 1914 im damals belgischen Kongo mit einem verstorbenen «chief» lebend begraben wurden.)

Andere Menschenopfer finden statt, um böse Geister zu besänftigen oder Überschwemmungen, Dürren, Seuchen, Vulkanausbrüche usw. zu verhindern. Oder sie liefern einem blutdürstigen Gott seine tägliche Ration an Menschenfleisch und -blut. Ein bekanntes Beispiel dieser Art von Menschenopfern, eines von vielen Tausenden in der Geschichte der Menschheit, waren die Riten der Azteken in Mexico zu Ehren von Huitzilo Pochtli, ihrem höchsten Wesen und Kriegsgott. Die Priester schlitzten den Leib des nackten Opfers mit einem Feuersteinmesser auf und rissen das noch zuckende Herz heraus. Etwa 20 000 Opfer fanden jedes Jahr statt; bei der Einweihung eines großen Tempels wurden etwa 70 000 abgeschlachtet, und die Schlange der auf ihr Los wartenden Opfer war Meilen lang.[8]

Hexenjagden

Nicht weniger grausam waren die christlichen Hexenjagden. Sie beruhten auf der ideologischen Konzeption des Teufels, mit dem eine Person «Zwiesprache hat ... um sich mit ihm zu beraten oder etwas zu tun» (Definition des «größten Rechtsgelehrten aller Zeiten», Sir Edward Coke, 1552–1634). Hexenjagden wurden in einer päpstlichen Bulle von Innozenz VIII. im Jahre 1484 offiziell angeordnet. Sie wüteten fast 200 Jahre in allen europäischen Ländern. Er ernannte als erste Hexenjäger in Deutschland die Dominikaner Jakob Sprenger und Heinrich Institutor, die Verfasser des infamen «Malleus Maleficarum»[9], des «liber sanctissimus» aller Hexenprozesse. Die Prozesse verhöhnten die primitivsten Rechtsprinzipien. Als Anklage genügte eine anonyme Denunziation; der Angeklagte hatte kein Recht, einen Verteidiger zu haben, und jeder war als Belastungszeuge zugelassen.

Berüchtigt sind die perfiden Hexenproben: die Wasserprobe, die Nacktprobe, die Tränenprobe oder die Hexenwaage. Um ein Geständnis zu erzwingen, wurde die verdächtige Hexe gefoltert. Hierzu dienten verschiedene Instrumente, etwa der «Daumenstock», der «spanische Stiefel», der «Zug» und viele andere, wobei die «Technik» von Land zu Land verschieden war. Eine englische Methode, die bis zum 18. Jahrhundert angewandt wurde, war die «peine forte et dure», wobei das Opfer mit schweren Gewichten belastet wurde bis zum Geständnis oder Tod. Die Folter führte gewöhnlich zum «Geständnis». Sogar kleine Mädchen zwischen sieben und zwölf Jahren sollen durch die Folter «gestanden» haben, sie hätten mit dem Teufel Geschlechtsverkehr gehabt und ihm Kinder geboren.

Die meisten Hexenprozesse endeten mit der Verbrennung der verurteilten Person auf dem Scheiterhaufen. In fast allen Ländern Europas wurden vom Ende des 15. bis zum Ende des 18. Jahrhunderts Zehntausende unschuldiger Frauen «zu Asche verbrannt». Manchmal wurden so viele Hexen gleichzeitig lebend verbrannt (z.B. 133 an einem einzigen Tag in Quedlinburg), daß Augenzeugen das Schauspiel als einen «brennenden Wald» beschrieben. Allein in Deutschland wird die Anzahl der Opfer auf etwa 100 000 geschätzt[10]. Obwohl heutzutage keine Hexen mehr verbrannt werden, gehört doch der ideologische Begriff des Teufels und der Glaube an die Besessenheit durch Dämonen keineswegs der Vergangenheit an. Die katholische Kirche kennt immer noch den Exorzismus und die Bevollmächtigung dazu, wie der Film «Der Exorzist» drastisch gezeigt hat. Als 1972 Herbert Haag, ein Schweizer Professor der katholischen Theologie an der Universität Tübingen, in einem Buch den Teufel als reine Erfindung bezeichnete, wurde ihm vom Heiligen Offizium in Rom der Prozeß gemacht. Papst Paul VI. sprach in einer Audienz seine Überzeugung aus, daß es den Teufel wirklich gäbe[11]. Einige christliche Sekten treiben immer noch den Teufel aus; 1969 wurde das 17jährige Schweizer Mädchen Bernadette Hasler bei einer solchen Zeremonie zu Tode gepeitscht[12].

Sklaverei und Rassenhaß

Ideologische Konzeptionen dienen auch zur Rechtfertigung von zwei anderen «Prunkstücken» der ideologischen Schrekkenskammer: Sklaverei und Rassenhaß. Beide gründen sich auf der Behauptung, daß eine Menschengruppe (Volk, Nation, Rasse) besser ist als eine andere und deshalb berechtigt, die minderwertige zu versklaven oder auszurotten. Der Handel mit Negersklaven dauerte etwa 400 Jahre an. Obwohl das Motiv nur nackte Gewinnsucht war, diente die ideologische Begründung dazu, das Gewissen der Nutznießer zu beruhigen. Das Konzept der rassischen Minderwertigkeit wurde auch religiös dadurch untermauert, daß man den Negern die Seele absprach. Bereits im 13. Jahrhundert hatte Thomas von Aquin die Sklaverei als eine Folge der Erbsünde gerechtfertigt. Die ersten britischen Sklavenhändler waren oft gottesfürchtige Männer: Nach einer erfolgreichen Sklavenjagd dankten sie Gott in der Kirche für ihren Erfolg[13]. Eine Versklavung der amerikanischen Indianer wurde 1537 nur durch eine päpstliche Entscheidung verhindert: Papst Paul III. erklärte sie zu «Homines veros», zu wirklichen Menschen, also mit Seele und allem, was dazugehört. Beim modernen Rassenhaß hat man den kirchlichen Freibrief des Sklavenhandels durch eine pseudowissenschaftliche Rassenideologie ersetzt. Sie wurde von Hitler, Rosenberg und anderen hauptsächlich zu dem Zwecke formuliert, die Juden zu verfolgen und auszurotten. Es war die Konzeption einer arischen «Herrenrasse», die die abscheulichsten Verbrechen rechtfertigen sollte.

Krieg

«Ein furchtbar wütendes Schrecken», nennt Schiller die größte aller Geißeln: den Krieg. Er geht schon zurück auf unsere Vorfahren, die Affen, und auf den ersten homo sapiens, den Cro-Magnon-Mann, der den Neanderthaler ausrottete. Das sind natürlich nur Vermutungen. «Aber, wo immer der Mensch in der Geschichte auftaucht», schreibt Robert Bigelow, «da erscheint er mit lautem Waffengeklirr und kämpft um sein Leben.»[14]

Viele Bücher wurden über das Phänomen des Krieges geschrieben, zahlreiche Theorien werden über seine Ursachen aufgestellt. Aber nirgendwo habe ich eine klare Darstellung der größten Kriegsursache gefunden: der Ideologie. Am nächsten kommt die Autorin Yehezkel Dror der Sache mit ihrer Konzeption von «crazy states», von verrückten Staaten, die fanatisch und radikal werden. Dazu gehören bei ihr auch aggressive religiöse Bewegungen, Anarchisten, terroristische Gruppen usw. Ihre Ziele erstrecken sich «von kleiner Änderung ihrer Grenzen bis zu der Bekehrung der Welt zu einem neuen Dogma[15]».

Kriege werden oft einem angeborenen aggressiven Trieb zugeschrieben und als mehr oder weniger unvermeidlich angesehen. Zwar entbehrt der Mensch der instinktiven

Hemmungen der Tiere gegen das Töten eigener Artgenossen, aber er kennt bewußte Hemmungen der Ethik und des gesunden Menschenverstandes. Diese bewußten moralischen Hemmungen würden die meisten Kriege ausschließen, wenn sie nicht überdeckt würden von der Dogmatik der Ideologien und ihrer «ewigen Wahrheiten». Sie müssen einen inneren aggressiven Trieb rationalisieren und rechtfertigen.

Mit Ausnahme reiner Raubkriege beruhen alle größeren Kriege auf ideologischen Konzeptionen, für welche die Soldaten ihr eigenes Leben und das Blut der Gegner opfern. Die ideologischen Grundlagen eines Krieges sind oft verschiedenartig. Die Ideologie des Angreifers ist eine andere als die des Verteidigers. Es gibt Unterschiede der ideologischen Motivation zwischen den Kriegsherren und dem menschlichen Kanonenfutter, das die schmutzige Arbeit tun muß. Aber meist beherrscht eine bestimmte Ideologie alle anderen Begründungen und ist typisch für den ganzen Krieg. Fast alle größeren ideologischen Konzeptionen haben in dieser Weise als Kriegsgrund oder zu seiner Rechtfertigung gedient.

Konzeptionen des Übernatürlichen haben zu Kriegen geführt, die in der Magie wurzeln, wie z.B. Überfälle von Kopfjägern, kannibalischen Kriegern, um Opfer für magische Riten zu bekommen. Sie haben zu Kriegen geführt, die auf Ideologie beruhen, wie die Kriege, die das Material für Menschenopfer liefern mußten. Aber die größte Gruppe der Kriege aufgrund von Ideologien des Übernatürlichen sind die religiösen Kriege, von der Zeit der mohammedanischen Feldzüge (650–1000) und der Kreuzzüge (1095–1201), bis zu den Hussiten-Kriegen (1420–1452) und den verschiedenen Religionskriegen (1555–1648) mit ihrem Höhepunkt des 30jährigen Krieges, der Deutschland von 1618–1648 verwüstete.

Eine andere Gruppe von Kriegen beruht auf den menschlichen Beziehungen. Die Konzeption, daß ein Mensch das gesetzliche Eigentum eines anderen Menschen sein kann, hat zu den römischen Sklavenkriegen geführt (196–71 v.Chr.), zu den Bauernkriegen in Deutschland (1524/25), zu den schon erwähnten Sklavenjagden (15. bis 18. Jahrhundert), und zum amerikanischen Bürgerkrieg (1861–65).

Als diese Ideologien abgelöst wurden von der Grundlage der menschlichen Gleichheit, waren wieder andere Kriege und Revolutionen die Folge. Und die moderne marxistische Ideologie führte zu zahlreichen Angriffskriegen, getarnt als «Befreiungskriege». Und so geht die Geißel der ideologischen Kriege immer weiter und weiter.

Gibt es keine Hoffnung? Kein Licht am Ende des Tunnels? Leider ist der ideologische Haß so lebendig wie je. Zwar haben einige der religiösen Ideologien ihren Fanatismus verloren, ihr Eifer hat den Höhepunkt überschritten. Aber die gesellschaftspolitischen Ideologien haben ihren Platz eingenommen und tragen die Fackel des Fanatismus weiter, bereit jeden totzuschlagen, der ihr Dogma anzweifelt. In ihrem Blutdurst unterscheiden sich die neuen Ideologien in keiner Weise von den alten religiösen Ideologien. Nach einer konservativen Schätzung haben 50 Jahre marxistisch-leninistisch-maoistische Ideologien 45 Millionen Leben in Rußland gekostet, mehr als 3 Millionen in Europa und fast 45 Millionen in Asien, hauptsächlich in China. Aufgrund der Rassen-Ideologien der Nazis wurden nicht nur 6 Millionen Juden gemordet, es starben mindestens 15 Millionen Soldaten und Zivilisten im Zweiten Weltkrieg.

Man sieht kein Ende. Wie viele unschuldige Menschen siechen dahin in Konzentrationslagern und Irrenanstalten in Rußland, in China und in anderen kommunistischen Ländern? Wie viele Millionen Menschen werden durch die

Drohung mit dem wirtschaftlichen Ruin zur Unterwerfung gezwungen, in Gewissenskonflikte getrieben und zu den schändlichsten Heucheleien der «Selbstkritik» und erlogener Geständnisse gebracht? Und das ist leider noch nicht alles. Die ideologische Götzendämmerung hängt über uns allen wie ein Damoklesschwert. Nach Jean Toulat[16] gibt es jetzt etwa 15 Tonnen Atombomben für jeden Bewohner der Erde, und diese Zahl wächst täglich. Wenn die Menschheit je in einem Atomkrieg vernichtet wird, ist das die Folge von Ideologien. Nur ideologische Fanatiker sind imstande, mit Hilfe der Atombombe die ganze Erde ihrem dogmatischen System zu unterwerfen.

Was ist eine Ideologie?

Was ist eigentlich Ideologie? Das Wort hat nicht überall dieselbe Bedeutung. Um jedes Mißverständnis auszuschließen, will ich hier definieren, in welchem Sinne das Wort in diesem Buch gebraucht wird. Das Wort Ideologie – eine Kombination der lateinischen Worte idea und logica – bedeutet Nachdenken über Ideen. Es wurde von dem französischen Philosophen Destutt de Tracy, dem Führer der «Idéologues» am Ende des 18. Jahrhunderts geprägt. Diese Schule gründete sich teilweise auf die Philosophie von Condillac und war auch von den Gedanken Francis Bacons beeinflußt.

Später wurde der Begriff Ideologie erweitert. Eine moderne französische Definition der Ideologie ist: «Ein System rationaler Ideen, basierend auf Vorurteilen[17].» Diese und ähnliche Definitionen lassen jedoch das wichtigste Charakteristikum von Ideologien außer Betracht. Wenn eine Ideologie nur ein System rationaler Ideen wäre, dann wäre sie etwa dasselbe wie eine Hypothese oder eine Theorie.

Lamarcks und Darwins Theorien über die Entstehung der Arten, Arnold Toynbees oder Spenglers Konzeptionen vom Aufstieg und Untergang der Zivilisationen sind Systeme rationaler Ideen, aber man wird sie nicht als Ideologien bezeichnen. Sie sind wissenschaftliche Theorien wie Newtons und Einsteins Gravitationstheorien, Freuds Theorien über das Unterbewußtsein und viele andere. Eine Theorie, die sich mit allgemeinen Problemen des menschlichen Lebens und seiner Umwelt beschäftigt, kann eine Weltanschauung werden. Aber sie ist noch keine Ideologie, wenn ihr der aggressive Unterton fehlt. Eine Weltanschauung wird erst zur Ideologie, wenn sie zwei weitere Komponenten enthält: Ideale und Dogmen.

Ideale

Wie eine Theorie beruht auch ein Ideal auf einer Idee. Eine Idee ist an sich neutral, also unparteiisch und unvoreingenommen. Erst wenn die Idee gefühlsbetont ist, kann sie sich zum Ideal entwickeln, zu einem Bild, das die höchsten Erwartungen eines Menschen erfüllt. Eine Idee kann auch negativ gefühlsbetont sein, wenn sie abgelehnt wird oder selbst Widerwillen erregt. Sie wird dann zur Aversion.

Ob Ideal oder Aversion hängt von der Haltung des einzelnen ab. Es gibt allgemein anerkannte Ideale des «common sense», des gesunden Menschenverstandes, wie Liebe, Mitgefühl, Gerechtigkeit und dergleichen. Es gibt auch sogenannte Ideale, die für die meisten Menschen eine Aversion darstellen, wie das «Ideal» einer Herrenrasse, einer Diktatur, oder eines übertriebenen Nationalismus. Wieder andere Ideale stehen zwischen diesen Extremen. Sie werden teils begeistert bejaht, teils energisch abgelehnt, wie Polygamie oder Aufhebung des Privateigentums. All diese Ideale oder

Aversionen bilden einen integralen Bestandteil gewisser Ideologien. Sie bilden die ideologische Antriebskraft und sorgen für die Begeisterung, ohne welche eine Ideologie nie gedeihen könnte.

Dogmen

Die andere notwendige Komponente einer Ideologie ist das Dogma. Es erhebt eine bestimmte Theorie zu der ewigen und unabänderlichen Wahrheit. Es ignoriert hochmütig alle neuen Tatsachen und weigert sich hartnäckig, geändert oder revidiert zu werden. Für den ideologischen Dogmatiker gibt es keine größere Sünde als den Versuch, die Doktrin zu reformieren, revidieren oder modernisieren. Die größten Verbrecher sind die Ketzer oder die Revisionisten. Während eine Theorie etwas Lebendiges, Anpassungsfähiges ist, ist ein Dogma tot, ein Ding der Vergangenheit, ein geistiges Fossil. Ein Dogma zur ewigen Wahrheit erheben, ist bestenfalls «wahr» im Augenblick seiner Formulierung. Danach steht es immer im Gegensatz zum jeweiligen Wissen.

Im Laufe der Geschichte haben die Dogmen sich jedem Fortschritt widersetzt, obwohl die Dogmatiker sich oft fortschrittlich nennen. Starre christliche Dogmen waren verantwortlich für den Stillstand der Wissenschaft im Mittelalter, das unbeugsame Dogma des Islam ist noch heute der Grund für die Rückständigkeit mancher arabischer Länder. Späteren Geschichtsschreibern bleibt es vorbehalten, einmal zu untersuchen, wie im 20. Jahrhundert die kommunistischen Staaten in ihrer Entwicklung durch das marxistische Dogma gehemmt wurden.

Eine neue Definition der Ideologie

Keine Definition der Ideologie ist vollständig, wenn sie deren dogmatischen Charakter nicht berücksichtigt. Ich schlage deshalb folgende neue Definition des Wortes Ideologie vor, wie sie in diesem Buch zur Anwendung kommt:

Eine Ideologie ist die systematische intellektuelle Ausarbeitung einer Idee und/oder eines Ideals (also ein System von Konzeptionen, ergänzenden Aussagen, Theorien und Zielen, die als Prinzipien menschlichen Verhaltens und Handelns und menschlicher Organisationen dienen), die autoritär als Wahrheit verkündet wird, selbst wenn sie unbewiesen, unbeweisbar oder durch Tatsachen widerlegt ist.

Das Wort Ideologie wird heutzutage oft nur auf wirtschaftspolitische Systeme angewendet, aber bereits Feuerbach und Marx betrachteten auch Religion als Ideologie. Das Wort soll hier in seinem weitesten Sinne gebraucht werden, sowohl für religiöse als auch politische Ideologien. Wir können diese zwei Hauptgruppen die großen Ideologien nennen. Es gibt auch viele kleine Ideologien auf dem Gebiet der Kunst und Literatur, in der Wissenschaft oder auf dem Sektor des täglichen Lebens, der Gesundheit, der Ernährung, usw.

Eine mächtige Ideologie ist meist ein umfangreiches, ausgeklügeltes System, das aus verschiedenen ideologischen Konzeptionen besteht. Eine religiöse Ideologie ist in den meisten Fällen ein Gemisch von Konzeptionen des Übernatürlichen (z.B. Leben nach dem Tode, Reinkarnation) und der Moral; es enthält aber oft auch soziale, politische und wirtschaftliche Konzeptionen. Sich zu einer bestimmten Ideologie bekennen, heißt, an etwas glauben, für das es keinen realen Beweis gibt und das deshalb auf Autorität begründet ist.

Ewige Wahrheit, auch wenn unbewiesen, unbeweisbar oder durch Tatsachen widerlegt, ist die Quintessenz jeder Ideologie. Das unterscheidet sie von einer Theorie, einer Weltanschauung und vom «common sense». Diese autoritäre Annexion der «Wahrheit» dient oft zur Rechtfertigung für Unnachsichtigkeit und Unbarmherzigkeit, für grausame Morde und blutige Kriege. Aber es gibt auch Ideologien (die buddhistische), die trotz ihrer behaupteten Unfehlbarkeit tolerant gegenüber Andersdenkenden sind und keinen Versuch machen, ihre Doktrin mit brutaler Gewalt anderen aufzuzwingen. Eine nicht-aggressive Ideologie kann töricht sein, die aggressiven Ideologien sind jedoch kriminell. Unsere Sprache macht keinen Unterschied zwischen ihnen. Vielleicht könnte man gewalttätige Ideologien «Ideologismus» nennen in Analogie zu Absolutismus und Despotismus, Psychologismus usw. In ähnlicher Weise könnte man zwischen einem Ideologen und einem Ideologisten unterscheiden. Entsprechend könnte man drei Gruppen ideologischen Gedankenguts definieren:

Weltanschauung: Ein System von Konzeptionen, ergänzenden Aussagen, Theorien und Zielen, die revidiert werden können.

Ideologie: Eine Weltanschauung, die trotz widersprechender Tatsachen als Wahrheit proklamiert wird und die nicht revidiert werden kann.

Ideologismus: Eine Ideologie, die diktatorisch mit Gewalt auferlegt wird (hierzu gehören also alle in diesem Buch behandelten Ideologien, auch wenn diese nicht ausdrücklich als Ideologismus gekennzeichnet werden).

Es ist für den arglosen Anhänger oft schwer, zwischen diesen drei Gruppen zu unterscheiden. Er ist bestrickt von den Idealen, die ihm einen Platz im Himmel oder den

Himmel auf Erden versprechen. Diese Ideale sind die Köder, durch die ideologistischer Despotismus und Dogmatismus schmackhaft werden sollen. Ideale inspirieren wie ein Glas funkelnden Champagners; aber Ideologien betäuben wie ein Becher giftigen Trunks. Ideale werden gepredigt, Ideologien aufgedrängt oder aufgezwungen. Es erfordert oft scharfe Augen, um die autoritäre Schlange im ideologischen Gras zu erkennen. Aber wenn das «Du sollst» des Idealisten zum «Du mußt» des politischen oder klerikalen Führers wird, wenn hinter dem «muß» die Schlägergruppen der Partei, die Hexenjäger, Inquisitionstribunale und Volksgerichte stehen, dann ist das Ideal verschwunden. Die ideologische Mausefalle ist zugeschnappt.

Wichtige Ideologien

Der ideologische Affe hat sich so viele Ideologien ausgedacht, daß selbst eine kurze Übersicht Bände füllen würde. Ich kann deshalb hier nur die wichtigsten erwähnen. Nach einer Einteilung von Karl Mannheim unterscheidet Daniel Bell zwischen besonderen und totalen ideologischen Konzeptionen. Die besonderen sind mit gewissen wirtschaftlichen oder politischen Interessen verknüpft. Eine totale Ideologie andererseits ist eine alles einschließende, das System umfassende Wirklichkeit; es ist eine Sammlung von gefühlsbeladenen Glaubensartikeln, welche die Gesamtheit des Lebens zu verändern suchten[18].»

Wir haben es hier also mit Bells totaler Ideologie zu tun. Man könnte sie auch universelle Ideologien nennen, da sie für die ganze Menschheit bestimmt sind. Sie können in zwei Hauptgruppen gegliedert werden: die religiösen und die wirtschaftlich-politischen Ideologien, mit einer Konzeption des Übernatürlichen oder der Gesellschaftsordnung.

Die Ideologien des Übernatürlichen können ihrer Natur nach in magische und religiöse gegliedert werden, in den Glauben an Geister und Götter, in polytheistische, monotheistische usw. Ideologien der Gesellschaftsordnung können nach der grundlegenden Haltung des Menschen gegenüber seinen Mitmenschen eingeteilt werden. Sie können charakterisiert werden durch die Aussagen: «Du bist mein Eigentum» (Sklaverei, Leibeigenschaft), «ich bin (oder wir sind) besser als du» (Ein-Mann-Herrschaft, Alleinherrschaft, Klassenherrschaft und im Feudalismus, Monarchie, Diktatur); «wir sind gleich» (Demokratie). Eine Erweiterung des Gleichheitsprinzips auf das Eigentum führt zu Konzeptionen wie «ich will nicht mehr besitzen als du» (Kommunen, gegründet auf Freiwilligkeit) oder «du sollst nicht mehr haben als ich» (militanter Sozialismus und Kommunismus).

Ideologien haben die Neigung, sich immer wieder aufzuspalten in Richtungen, Gruppen, Parteien, Sekten. Oft unterscheiden sich die verschiedenen Gruppen nur durch kleine, manchmal lächerlich kleine Unterschiede in der Lehre, die trotzdem zu fanatischem Haß führen können, zu Verfolgung und blutigen Kriegen. Ideologische Bruderkämpfe sind meist erbitterter als die Kämpfe gegen Andersdenkende. Hier nur zwei Beispiele: der erbitterte Konflikt zwischen Protestanten und Katholiken, oder zwischen Trotzkisten und Stalinisten.

Die Anzahl der Ideologien und ideologischen «Ableger» ist fast unbegrenzt, und eine jede pocht auf ihre «ewigen Wahrheiten». Diese Tatsache widerlegt vielleicht am stärksten den Anspruch der Ideologien, die Wahrheit zu verkörpern.

Die menschliche Phantasie erschuf ein ganzes Reich übernatürlicher Phänomene und bevölkerte es mit okkulten Kräften und Wesen, die der Mensch, der ideologische Affe, zu ideologischen Konzepten ausbaute und für wahr und wirklich erklärte. Einige davon haben die Jahrtausende überdauert und werden noch heute geglaubt, weil sie nicht durch Tatsachen widerlegt, aber auch nicht bewiesen werden können. Hierzu gehörten das Leben nach dem Tode im Himmel oder in der Hölle und die Reinkarnation. Der eine Teil betrifft übernatürliche, okkulte Kräfte des Menschen, die es ihm ermöglichen, mittels geheimer Worte oder Riten Wunder zu tun. Hierzu gehören Magie und Zauberei. Der andere Teil beschäftigt sich mit okkulten Kräften und Mächten unabhängig vom Menschen; man sucht sie in den Sternen und in der Astrologie. Viele unverstandene oder nur halb verstandene Phänomene des Lebens und der Umwelt werden als Taten übernatürlicher Wesen erklärt. Diese Wesen bekommen oft menschliche Züge oder können in Menschengestalt erscheinen. Zu dieser Gruppe gehören die zahllosen Geister, die in Bäumen, Quellen und Bergen wohnen und die über Feuer und Blitz, über Sturm und Regen herrschen. Andere leben in den Behausungen der Menschen als Schutzgeister oder Plagegeister, Spuke und Poltergeister. Eine noch engere Beziehung zum Menschen haben die Geister, die vom Menschen Besitz ergreifen. Bestenfalls geben sie ihm übernatürliche Kenntnisse und prophetische Gaben; oder aber sie quälen ihn mit Angstträumen, Krankheit und Besessenheit.

Mächtiger als Geister sind die ideologischen Konzeptionen der Götter. Wegen der ihnen zugeschriebenen größeren Macht ist man ihnen gegenüber devot. Geister beschwört man durch Magie, mächtige Götter aber müssen verehrt und angebetet und besänftigt werden durch feierliche Riten und Opfer, durch Lobhudelei und Schmeichelei.

Die Konzeptionen von Göttern sind so zahlreich wie die von Geistern. Zu den primitivsten gehören Fetische und Idole, vom goldenen Kalb in der Bibel bis zu den Bildern, Ikonen und Statuen, die von Anhängern vieler Religionen verehrt werden. Götter sind nicht nur mächtiger als Geister, sie haben auch einen Charakter. Sie sind ausgeprägte Persönlichkeiten mit menschlichen Emotionen und mit einem bestimmten Tätigkeitsbereich. Man stellt sie sich in verschiedenen Gestalten vor, entweder als Mensch, der manchmal mit mehreren Köpfen, Armen und Brüsten ausgestattet ist, oder in der Kombination von Mensch- und Tiergestalten.

Das ideologische Konzept des Polytheismus kennt viele Götter und Halbgötter. Es ist ein Pantheon, in dem gewöhnlich eine strikte und ziemlich menschliche Hierarchie herrscht, wobei einer der Götter der höchste ist: der König oder Vater der anderen.

Eine weitere Vereinfachung der Konzeption des Übernatürlichen ist der Monotheismus, in dem es nur einen allmächtigen Gott gibt mit zum Teil widersprechenden Eigenschaften. Die scheinbare Einfachheit dieser Konzeption wird aber oft durch die Annahme anderer übernatürlicher Wesen beeinträchtigt. Sie sind nicht selbst Götter, gehören aber dem göttlichen Hofstaat an als Helfer (Boten, Engel, Heilige) oder als Gegner (Dämonen und Teufel).

Andere Konzeptionen wie der Monismus und der Atheismus leugnen das Übernatürliche. Die konsequenteste, atheistische Ideologie ist der Materialismus, der nur die Materie im Universum gelten läßt. Er ist einer der Pfeiler moderner nicht-religiöser Ideologien geworden, die zu der zweiten Hauptgruppe ideologischer Konzeptionen gehören: der Gesellschaftsordnung.

Konzeptionen des Übernatürlichen beschäftigen sich mit Dingen, die wir nicht kennen. Sie führen zur Frage: Ist es wahr? Im Gegensatz hierzu handeln Ideologien der Gesellschaftsordnung von Dingen, die wir nur allzu gut kennen, nämlich von den Problemen der menschlichen Gesellschaft. Hier ist die Fragestellung: Ist es wünschenswert? Diese sozialen Konzeptionen wollen entweder eine bestehende Gesellschaftsform rechtfertigen oder sie ändern. Nur im letzten Falle pflegt man sie als Ideologien zu bezeichnen. Es steht aber eine Ideologie hinter jeder Gesellschaftsform, auch wenn sie nicht als solche formuliert ist.

Die älteste Gesellschaftsform ist wahrscheinlich die Alleinherrschaft eines Stammeshäuptlings. Man findet sie bereits bei den Tieren, vor allem auch bei unseren Vorfahren, den Primaten. Diese Häuptlingsschaft gründet sich darauf, daß der Beste (älteste, stärkste, klügste) führen und herrschen soll. Wenn daraus später die erbliche Monarchie wurde und die Häuptlinge Könige oder Kaiser genannt wurden, stand die Ideologie des «Besten» oft im krassen Gegensatz zur Wirklichkeit. Sie wurde deshalb ersetzt durch das Prinzip des göttlichen Rechts der Könige, die «von Gottes Gnaden» herrschten. In der modernen Form der Alleinherrschaft, bei der die göttliche Gnade nicht länger gefragt ist, wird die Überlegenheit des Alleinherrschers wieder ausgegraben. Er «hat immer recht».

Die Behauptung, daß ein Mann oder eine Gruppe, Klasse oder Rasse besser ist als andere, führte außer zum Feudalismus zu vielen anderen ideologischen Konzeptionen der Gesellschaftsordnung. Sie führte z.B. zur Sklaverei, Leibeigenschaft und Frondiensten, die weitverbreitet waren und die es heute noch vereinzelt gibt. Wird Überheblichkeit auf ganze Nationen ausgedehnt («la grande nation»), dann rechtfertigt es Chauvinismus, Kolonialismus («des weißen Mannes Bürde») und Imperialismus. Auf ganze Rassen angewendet führt sie zu Vorurteilen und Rassenhaß.

Eine prinzipiell verschiedene Konzeption der Gesellschaftsordnung ist die der Gleichheit («Freiheit, Gleichheit, Brüderlichkeit»). Vom 18. Jahrhundert an beeinflußte sie mehr und mehr die Organisation der Gesellschaft und fand ihren Höhepunkt in der «Erklärung der Menschenrechte» durch die Vereinten Nationen im Jahre 1948.

Ursprünglich gemeint als Gleichheit menschlicher Rechte und Chancen wurde sie auch auf Besitzverhältnisse in Form gemeinsamen Eigentums oder der gleichen Verteilung von Reichtum und Einkommen ausgedehnt. Dieses Konzept wird meist Sozialismus oder Kommunismus genannt. Man kann unterscheiden zwischen philosophischem Kommunismus alter und moderner Utopien, religiösem Kommunismus der ersten Christen und später der Klöster und verschiedener religiöser Bewegungen, humanitärem Kommunismus, wie in Robert Owens und Etienne Cabrols Kolonien und modernen Kommunen verwirklicht, und dem modernen militanten Kommunismus. Die ideologische Konzeption des letzten unterscheidet sich grundsätzlich von den anderen. Während utopischer, religiöser und humanitärer Kommunismus auf Freiwilligkeit beruht und menschliche Freiheit und Würde respektiert, versucht der militante Kommunismus die Gleichheit des Eigentums mit brutaler Gewalt unter Nichtachtung von Freiheit und Menschenrechten durchzusetzen. Er hat den verhängnisvollen Schritt getan von der Ideologie zum aggressiven Ideologismus.

2. KAPITEL

Anatomie der Ideologie

Alle Ideologien, so verschieden sie im einzelnen sind, ähneln sich in ihren allgemeinen Zielen, ihren Methoden und in der Struktur ihrer Organisation, also in dem, was man Anatomie nennen kann. Im folgenden sollen betrachtet werden: ihr allgemeines Ziel der Verwirklichung eines Ideals und der Änderung des Menschen; ihr Aufbau und ihre Grundlagen; ihre praktische Organisation; gemeinsame Züge ideologischen Verhaltens; die Art der Verbreitung ihrer Lehre.

Das Ziel der Ideologie

Jede Ideologie gründet sich auf eine «vérité indubitable» (unzweifelhafte Wahrheit), wie Descartes es genannt hat. Diese Prämisse bildet die Grundlage eines Ideals, das der Anhänger der betreffenden Ideologie sich zu eigen macht. Jedes Ideal strebt nach Erfüllung. Diese zielstrebige Haltung ist vielleicht der grundlegende Unterschied zwischen Mensch und Tier. Die Ideale eines Menschen sind keineswegs immer erhaben. Sie sind oft ziemlich egoistisch, wie z.B. das Ideal, ein bequemes Leben zu haben, die Gründung einer Familie, reich zu sein, eine Beförderung usw. Außer diesen individuellen Idealen haben die meisten Menschen noch das unbestimmte, allgemeine Ideal, daß die Welt besser werden soll als sie ist. Ideologien geben diesem allgemeinen Ideal einen konkreten Inhalt. Entweder durch das ethische Ideal der «Nächstenliebe» oder das politische Ideal einer besseren Gesellschaftsordnung.

Zur Verwirklichung eines individuellen Ideals bedarf es persönlicher Mühe, zur Verwirklichung eines allgemeinen Ideals bedarf es aber der Mühe vieler. Daher die Notwendigkeit, andere zu überzeugen. Und wenn andere nicht überzeugt werden wollen, ... nun, die aggressiven Ideologien ergänzen die Kraft ihrer Argumente durch Gewalt um zu «überzeugen». Und wenn selbst rohe Gewalt nicht ausreicht, weil ihr Dogma gegen die menschliche Natur verstößt, dann diktiert der Ideologismus, daß diese Natur geändert werden muß. Aber ehe wir auf dieses letzte Ziel einer Änderung des Menschen eingehen, wollen wir einen Blick auf die verschiedenen Ziele und Funktionen der Ideologien werfen.

Eugen Lemberg unterscheidet fünf ideologische Ziele[1], die wie folgt kurz zusammengefaßt werden können:
1. Integration der Anhänger zu einer Gruppe durch Bindung des Individuums an eine über-individuelle Sache;
2. Abgrenzung dieser Gruppe von anderen durch die Schaffung eines Feindes;
3. Den Menschen zu einem Mitwirkenden in einem historischen Drama zu machen, ihm darin seine Sünden oder sein Elend zeigen und ihm im letzten Akt die Erlösung und das Paradies versprechen;
4. Dem Menschen eine Weltanschauung und ein Lebensziel geben;
5. Werte festlegen, um entscheiden zu können, was gut oder böse ist.

Trotz seiner wohlwollenden Haltung gegenüber Ideologien ist Lemberg nicht blind für ihre Nachteile, wie die Rechtfertigung von Verbrechen, die Verhinderung von Anpassung und Reform, die Gängelei der Menschen, die befreit werden sollten, und die Führung von Kriegen, welche die Menschheit an den Rand des Abgrundes bringen.

Das letzte Ziel der Ideologien ist, die menschliche Natur zu ändern, und einen «neuen Menschen» zu schaffen, zurechtgestutzt für die «neue Gesellschaft», von der die Ideologen träumen. In seiner brutalsten Form wurde das von Lenin versucht. Er schreckte nicht davor zurück, das Glück einer ganzen Generation zu opfern, um seine Zukunftsträume zu verwirklichen. Nach ihm kam Stalin und ging noch weiter. Mit einer Grausamkeit, die sogar überzeugte Kommunisten erschauern ließ, versuchte er den russischen Bauern zu «ändern». In China versuchte Mao, den «neuen chinesischen Menschen» zu schaffen, der nur von dem glühenden Wunsch beseelt ist, dem Staate zu dienen[2].

Ist es möglich, die Natur des Menschen zu ändern? Auch gegen dessen Willen und in der Zeitspanne einiger Generationen? Bis zu einem gewissen Grad ist das tatsächlich möglich, aber es ist nicht so einfach, wie Ideologen meinen. Es gibt zwei prinzipielle Methoden, die menschliche Natur zu ändern: die phylogenetische Art der Züchtung und die kulturelle Art der Belehrung und Schulung. Man hat aus dem wilden Wolf den gehorsamen Hund gezüchtet. Warum könnte man mit den gleichen Methoden aus freiheitsliebenden Individualisten nicht gleichgeschaltete Menschen züchten? Der Gedanke ist schon alt. Man findet ihn in Thomas Campanellas «Civitas Solis» (1602), der zum Teil auf Platos «Staat» zurückgeht. Im «Sonnenstaat» regelt ein allmächtiger Staat alles, einschließlich der menschlichen Fortpflanzung. Die Beamten, die diese Aufgabe durchführen, suchen geeignete Paare auf dem Sportplatz aus, wo unbekleidete Knaben sich mit nackten Mädchen messen. Der geeignete Augenblick der Begattung wird nach dem Stand der Gestirne bestimmt. Im übrigen ist der «Sonnenstaat» ein totalitärer, kommunistischer Staat mit gemeinsamem Besitz von Gütern und Frauen.

Einen praktischen Versuch, «lange Kerle» zu züchten,

scheint Friedrich Wilhelm I. von Preußen im 18. Jahrhundert gemacht zu haben. Er verehelichte seine riesigen Gardisten mit großen Frauen. Auch die Nazis machten Versuche von künstlicher Zuchtwahl. Sie ermutigten Mitglieder der SS, blonde und blauäugige Frauen der «germanischen Rasse» zu schwängern. Wir wissen nicht, was die Kommunisten auf diesem Gebiet versucht haben. Vielleicht hat Lysenkos Neo-Lamarckismus Stalin davon überzeugt, daß genetische Experimente unnötig seien. Zum Glück ist eine Änderung des Menschen durch Züchtung eine zeitraubende Sache und deshalb bei ungeduldigen Despoten wenig gefragt. Wahrscheinlich dürfen deshalb Untertanen totalitärer Systeme noch immer ihre Ehepartner selbst wählen.

Beliebter als Züchtung ist die zweite Methode der Menschenänderung: Schulung. Oder besser gesagt: Indoktrination, Programmierung oder vielleicht auch Dressur. Sie zeitigt ähnliche Resultate wie die Vererbung «erworbener Eigenschaften». Vorbedingung ist, daß die «Schulung» möglichst früh und konsequent erfolgt und daß sie nicht gegen die eingeborene Natur des Menschen verstößt.

Im Laufe der Jahrhunderte haben der Buddhismus, das Christentum und andere Religionen tatsächlich das menschliche Verhalten geändert. Nachdem der indische Kaiser Asoka (274–232 v.Chr.), in ceylonesischen Chroniken als grausames Ungeheuer beschrieben, seinen Thron durch Ermordung seiner Brüder gesichert und bei der Eroberung von Kalingo seine Feinde zu Zehntausenden abgeschlachtet hatte, wurde er schließlich ein friedlicher Buddhist und humaner Herrscher. Er bekehrte sich zur Lehre der Gewaltlosigkeit («ahimsa») und verbot sogar – aus Ehrfurcht vor dem Leben – die Jagd. Nachdem Titus, nach römischen Begriffen ein humaner Mann, Jerusalem im Jahre 70 erobert hatte, verkaufte er die gefangenen Juden in die Sklaverei. Die unverkäuflichen alten und kranken Gefangenen, etwa 1500, wurden einfach niedergemetzelt. Aber nachdem die Alliierten fast 1900 Jahre später Deutschland eroberten, und Stalin die deutschen Kriegsgefangenen als Sklavenarbeiter haben wollte, weigerten sich die christlichen Sieger und halfen den Besiegten, ein neues Leben zu beginnen. Dies sind nur ein paar Beispiele dafür, daß die menschliche Natur geändert werden kann – auch zum Guten. Aber es waren nicht die Ideologien, die das vollbrachten, sondern Ideale. Buddhistische und christliche Ideale machten unsere Welt besser; die davon abgeleiteten Ideologien mit ihrer Engstirnigkeit und Unduldsamkeit, ihren blutigen Kriegen und Verfolgungen verdarben sie wieder. Werden die Ideale aufrichtiger Sozialisten auch die menschliche Natur verbessern, wie Amerikas führender Sozialist Michael Harrington glaubt?[3] Werden diese Ideale stark und rein genug sein, die Ideologien der Versklavung und der Diktatur zu überwinden? «Sozialismus ist nicht wie Schwangerschaft», schreibt Milton Friedman[4], «man kann, so wie wir sind, ein wenig und sogar ein wenig mehr Sozialist sein, ohne den Weg zu Ende zu gehen.» Bisher wurde Sozialismus immer durch totalitäre Bewegungen verwirklicht. Das führte zum bürokratischen Kollektivismus, wie Harrington es nennt, und begründete eine neue Form von Klassengesellschaft.

In der modernen Utopie «Walden II», geschrieben von keinem geringeren als Burrhus F. Skinner[5], wird der Mensch geändert durch «behavioural engineering», d.h. durch Steuerung des Verhaltens, wobei jeder Zwang vermieden werden soll. Ein praktischer Versuch einer Walden II-Kommune wurde in Louisa, Virginia[6], erfolgreich durchgeführt. Man ist aber geneigt zu fragen, was geschieht, wenn der Mensch nicht «verhaltensgesteuert» werden will? Sogar Skinner weiß keine bessere Lösung als einen «begrenzten Despotismus».

Die zweite Erfordernis zur Änderung des Menschen

durch Schulung ist, daß die erwünschte Änderung nicht zu sehr mit der Grundnatur des Menschen im Widerspruch steht. Ideologien neigen dazu, den angeborenen Charakter des Menschen zu vergessen. Sie unterschätzen die Instinkte. Sie versuchen, diese zu unterdrücken, aber unterdrückte Instinkte pflegen sich zu rächen. Sogar der wohlerzogenste Hund hebt das Bein an der Straßenecke.

Während die religiösen Ideologien versuchen, aus dem Menschen einen gehorsamen Diener der Kirche zu machen, wollen die soziopolitischen ihn zu einem gehorsamen Roboter des Staates erziehen, ähnlich den Bienen oder Termiten. Der neue Mensch soll nicht länger Besitz erstreben, er soll für den Staat da sein, soll seinen Freiheitsdrang unterdrükken und soll nicht länger denken, sagen oder lesen, was er gern möchte. Das führt zu einem Mangel an schöpferischer und produktiver Leistung, zu Mißtrauen und Armut. Der Mensch kann nur durch Ideale geändert werden, nicht durch Ideologien.

Sogar der überzeugte Ideologist Ilya Ehrenburg, der wie Stalin an die Schaffung eines «homo sovieticus» geglaubt hatte, erkannte vor seinem Tod diesen Irrtum. «Man kann ein politisches System in 24 Stunden ändern», sagte er, «man kann ein Wirtschaftssystem in 10 oder 20 Jahren ändern, aber die Änderung der menschlichen Natur mit all ihren verborgenen Zügen bedarf einer sehr langen Zeit.» In der Tat ... Aber ganz abgesehen von der Frage, ob es überhaupt möglich ist und wie lange es dauern würde: Kein Sterblicher hat das moralische Recht, es zu tun. «Der Mensch ist kein Züchtungsobjekt anderer Menschen», sagt Gerhard Szczesny[7].

Um einen Kuchen zu backen, braucht man verschiedene Ingredienzien, die man sorgfältig mischen muß, um die gewünschte Konsistenz und Geschmack zu erhalten. Auch Ideologien werden aus einer Anzahl von Ingredienzien gemischt, und zwar aus sechs folgenden Grundelementen: ein Grundgedanke, eine Doktrin, eine zentrale Persönlichkeit, ein Mythos, ein «heiliges» Buch und eine Feindfigur.

Das Rückgrat jeder Ideologie ist der Grundgedanke, ein Ideal oder Prinzip. Es hat einen metaphysischen oder visionären Charakter, wie der Gedanke an einen Schöpfer des Universums, an die Unsterblichkeit der Seele, an die Erlösung oder ans Paradies. Für die große Masse der Anhänger ist der Grundgedanke meist ziemlich primitiv, auch wenn er nicht in dieser Form ausgesprochen wird. Er bedient sich der einfachen Mittel von Lohn und Strafe, von Zuckerbrot und Peitsche, den erprobten Mitteln, mit denen man Hunde dressiert und Soldaten drillt. Bei den religiösen Ideologien ist das Zuckerbrot der Himmel und die Peitsche das ewige Fegfeuer. Für die sozio-politischen Ideologien ist die psychologische Lockspeise z.B. die Enteignung oder Umverteilung von Besitz reicher Mitmenschen. Nationale und rassische Ideologien, auch wenn sie noch so wissenschaftlich verbrämt sind, ködern die menschliche Eitelkeit mit der nie verfehlenden «ego-massage», daß man einer «Herrenrasse» angehöre.

Der Grundgedanke wird erläutert und weiter ausgeführt in der Doktrin; sie ist im Gegensatz zu den emotionsgeladenen Grundgedanken eine intellektuelle Konzeption; meist sehr verzwickt und spitzfindig. Sie wird als Dogma festgelegt, als ewige und unabänderliche Wahrheit. Die zentrale Persönlichkeit ist der Stifter der Ideologie, der den Grundgedanken zuerst gedacht und verkündet hat. Für die religiösen Ideologien ist er eine Gestalt wie Buddha, Christus oder Mohammed; für die säkularen ein Marx, Lenin, Mao oder Hitler. Die Verehrung reicht bis zur Vergötterung, ähnlich wie bei den römischen Cäsaren.

Der Mythos oder die Mythen können sich im Laufe von Jahrhunderten entwickelt haben, wie Legenden über das Leben religiöser Führer oder Nationalhelden. Freudianer wie Otto Rank[8] und Lord Raglan («The Hero») haben die Mythen als Manifestation des Unbewußten gedeutet. Sind echte Mythen nicht vorhanden, werden sie gemacht, wie Rosenberg[9] aufzeigt.

Das «heilige» Buch (bzw. Schriften) ist ein Dokument oder eine Sammlung von Dokumenten, das die Quintessenz der Ideologie enthält. Es hat den Charakter eines Orakels und Gesetzbuches. Seine Autorität wird nie angezweifelt. Für die religiösen Ideologien wird es oft als Resultat einer göttlichen Offenbarung verstanden. In diese Gruppe gehören z.B. die 4 Weden der Brahmanen, der Talmud der Juden, die Bibel und der Koran.

Die «heiligen» Bücher der sozio-politischen und rassischen Ideologien sind meist Bücher bekannter Herkunft wie «Das Kapital» von Karl Marx, «Das rote Buch» von Mao, Hitlers «Mein Kampf» und andere.

Wichtig ist auch die Feindfigur. Sie darf in keiner Ideologie fehlen. Sie ist Sündenbock, Prügelknabe und Bösewicht-Stellvertreter; sie ist aber auch Zielscheibe des Hasses, der die Masse oft besser zusammenhält als die Liebe. Erprobte Feindfiguren sind der Teufel, die Kapitalisten und Imperialisten, die Juden und andere.

Die meisten Ideologien haben eine straffe weltliche Organisation, deren wesentliche Bestandteile der Leiter, die Hierarchie, der Kodex, die Literatur, die heiligen Stätten, die Zeremonien, die Symbole und Formeln, die Heiligen und die Verräter, die Jugendorganisation und kommerzielle Unternehmungen sind.

Der Leiter und die Hierarchie

Der Leiter heißt – je nach betreffender Ideologie – Pontifex Maximus, Papst, König oder Kaiser, Parteichef, Generalsekretär, Chairman, Duce oder Führer. Er imponiert entweder durch pompöse Titel und Gewänder oder umgekehrt durch ostentative Einfachheit. Seine Macht ist absolut, selbst wenn er durch ein Kollektiv ernannt wurde. Dem Leiter zur Seite steht eine Hierarchie von Beamten, von größeren oder kleineren «Bonzen». Zu den großen gehören Kardinäle, Bischöfe und Erzbischöfe, Minister, hohe Parteibeamte und das Militär. Unter ihnen stehen in streng hierarchischer Ordnung Priester und Mönche, Beamte, Blockwarte und viele andere. Auch die Macht der kleinen Bonzen kann beträchtlich sein.

Bei den gut organisierten Ideologien besteht die Hierarchie aus einer Vielzahl von Personen, die von der Ideologie leben. Ihr materielles Interesse an der Organisation ist oft größer als ihr ideologisches. Dies trägt wesentlich zur Trägheit und Langlebigkeit einer Ideologie bei.

Der Kodex und die Literatur

Ideologische Organisationen haben ihren eigenen Kodex, interne Gesetze und Strukturen, wie das kanonische Recht, oder einen speziellen Ehrenkodex. Sie haben eigene Gerichte zur Schlichtung ideologischer Streitfragen oder zur Bestrafung von Ketzern, Verrätern und Revisionisten. Sie haben meist auch eine umfangreiche Literatur im Anschluß an das «heilige» Buch, eine ganze Bibliothek von Kommentaren, von Handbüchern, Parteiprogrammen und dergleichen. Es gibt auch Bücher, die die Doktrin popularisieren, wie Katechismen und kommunistische Manifeste. Sie haben ihre eigene Presse, Zeitungen und Zeitschriften; auch eigene Radio- und Fernsehstationen.

Die heiligen Plätze, Zeremonien und Feste
Neben den Hauptquartieren Vatikan und Kreml haben alle großen Ideologien ihre heiligen Stätten und Tempel. Eine wichtige Rolle spielen Zeremonien und Feste, die oft mit großem Pomp gefeiert werden. Religiöse Ideologien haben ihre Riten und Rituale, Prozessionen und Opfer. Soziopolitische haben Maifeiern und Parteitage mit militärischen Paraden. Selbstverständlich hat jede größere Ideologie auch eigene Fest- und Feiertage.

Symbole und Formen, Jugendorganisationen
Symbole, Losungen, Lieder, Flaggen und Abzeichen, Plakate und Bilder, gehören zu jeder Ideologie. Sogar Farben haben ideologische Bedeutungen, z.B. das Grün des Islams, das Rot der Kommunisten, das Braun der Nazis. Es gibt ideologische Gebärden: die geballte Faust oder der Faschistengruß, Symbole wie Kreuz oder Hakenkreuz, Hammer und Sichel, der Halbmond.

Wie im Wildwestfilm malen die Ideologien gern in Schwarz-Weiß, in Gut und Böse. Die Bösen sind alle Ungläubige, Bourgeois, Kapitalisten, Kolonialisten, Imperialisten, Juden usw. Noch schlimmer steht es um die Abtrünnigen in den eigenen Reihen, die als Ketzer und Verräter verfolgt werden.

Zur gut geführten Ideologie gehört auch eine Jugendorganisation, die das Kind frühzeitig «richtig» programmiert, ehe es zu einem eigenen Urteil fähig ist.

Gemeinsame Züge von Ideologien

Neben dem prinzipiell Gemeinsamen ihrer Organisation ähneln sich auch die Methoden der Ideologien: Dogmatismus, Nominalismus, Terrorismus, Totalitarismus, Moralismus, Zensur und Personenkult.

Dogmatismus

Der Dogmatismus ist das Rückgrat jeder Ideologie. Das Wort Dogma ist aus den griechischen Stämmen «mat» = Meinung und «dokin» = scheinen, gebildet. Aber so wie wir das Wort verwenden, handelt es sich weder um «Meinung» noch um «scheinen». Ein Dogma «scheint» nicht mehr zu sein, es «ist» mehr.

Die dogmatische Haltung wäre verzeihlich, wenn sich das Dogma auf ein Ideal beschränken würde, z.B. auf Liebe, Friede und Gerechtigkeit. Leider sind ideologische Dogmen keine Ideale. Sie sind differenzierte Angaben über Konzeptionen, Dinge und Ereignisse. Obwohl sie eine ewige Wahrheit verkünden sollen, entsprechen sie tatsächlich nur dem Stand der menschlichen Kenntnisse im Augenblick ihrer Formulierung. Alle Versuche intelligenter Anhänger von Ideologien, ein Dogma dem neuesten Stand der Kenntnisse anzupassen, sind gescheitert.

Ein anderer typischer Charakterzug des Dogmatismus

und seiner Anhänger ist der völlige Mangel an Humor. Schließlich erfordert Humor die Eigenschaft, die Dinge und sich selbst von verschiedenen Seiten sehen zu können. Er steht deshalb in krassem Gegensatz zur dogmatischen Einseitigkeit. Humor wird als Gefahr für das Dogma angesehen. Er erzeugt, wie William Sargent es ausgedrückt hat[10], «den ausgeglichenen Gemütszustand, in dem man gefühlsmäßige Übertreibung als geschmacklos und überschwenglich empfindet». Beim ideologischen Training der chinesischen Kommunisten, wie es von R. L. Walker beschrieben wird[11], war Humor streng verboten.

Nominalismus

Im Kampf um die Macht der Ideologien kann hartnäckiger Dogmatismus ein Hindernis sein. Wie kann man Ungläubige und Ketzer foltern und töten, wenn das Dogma von Liebe spricht? Wie kann man eine Diktatur begründen, wenn das Dogma das Recht der Mehrheit verkündet und von der Befreiung des Volkes spricht, das man unterdrücken will? Der Ausweg aus diesem Dilemma ist, wie Louis J. Halle[12] es als «Taktik des Nominalismus» und als «nominalistische Revolution» der Kommunisten beschrieben hat. Sie nannten die Minderheit einfach Mehrheit, nannten einen Staatsstreich eine «proletarische Revolution», und die Diktatur eine Oligarchie: die «Diktatur des Proletariats». Ganz ähnlich hatten christliche Ideologen einmal das Verbrennen von Ketzern einen «Glaubensakt» (autodafé) genannt, einen Akt der Nächstenliebe, der den zum Feuertod Verdammten einen Platz im Himmel sichert. Etwas weniger gelehrt können wir die Taktik des Nominalismus einfach «Lügen» nennen. Sie nimmt oft groteske Formen an. So erklärte Prof. Sneschnewski, Mitglied der sowjetischen akademischen Wissenschaften, die Kritik am kommunistischen

System zu einem Symptom von Schizophrenie, um das Einsperren der Dissidenten in Irrenhäuser zu rechtfertigen[13].

Seiner ganzen Natur nach stellt jedes Dogma eine Unwahrheit dar. Es wählt aus der Vielseitigkeit menschlichen Gedankengutes eine Seite aus und erklärt diese zur Wahrheit. Unbewußte Lügen und Selbsttäuschung werden fanatischen Anhängern einer Ideologie zur zweiten Natur. Aber nicht alle ideologischen Lügen sind unbewußt. Religiöse Ideologien, für die die Verbreitung des Glaubens eine Tugend ist, hegen Lügen für den «guten Zweck» ohne Bedenken. So schrieb der Jesuit Herman Buserbaum in seiner berühmten «Madulla theologica moralis» im Jahre 1645: «Cum finis est licitus, etiam media sunt licita.» (Der Zweck heiligt die Mittel.)

Sehr bewußt benutzen sozio-politische Ideologien Lügen als Mittel zum Zweck, wie die bereits erwähnte «Taktik des Nominalismus» zeigt. Eine Lüge war es auch, als ein Diktator wie Hitler sich rühmte, im Namen des Deutschen Volkes zu sprechen. Ähnliche Lügen sind die Bezeichnungen «Demokratische Republik» oder «Volksrepublik» für totalitäre Staaten, die weder demokratisch sind, noch Republiken, noch irgendwie das Volk vertreten. Oder das Wort «Wahlen» in einem Ein-Parteien-Staat, in dem es nichts zu wählen gibt. Die größte aller Lügen ist der Ausdruck «Befreiungskrieg» für Kriege mit dem Ziel, eine freie Nation zu unterwerfen.

Nicht nur das arglose Volk, sondern auch die «Intellektuellen» sind empfänglich für nominalistische Definitionen und Abstraktionen. «Es geht ihnen um ein Etikett», sagt Halle, wobei es darauf ankommt, wie er sich selbst in die nominalistische Welt einreiht – ob er ein «Faschist» ist, ein «Kommunist», ein «Existentialist», ein «Zeit-Anhänger», ein «Dadaist» oder ein «Surrealist». Es geht um die nominalistische Schule, der er angehört, denn es wird angenommen, daß er einer Schule angehört. Ich möchte zusammenfassend sagen: Alle Anhänger von Ideologien leben in einer nominalistischen Welt, in einer Welt der Selbsttäuschung und Lüge.

Terrorismus

Dogmatismus und Nominalismus haben andere unerfreuliche Konsequenzen. Der Ideologismus ist nicht damit zufrieden, die ewige Wahrheit für sein Dogma zu postulieren und mit geschickten nominalistischen Lügen die Einfältigen und die Intellektuellen zu bekehren. Er will die Ideologie mit allen Mitteln durchsetzen, mit Gewalt und Terror.

Er zwingt nicht nur die Anhänger, sondern alle in seinem Machtbereich Lebenden, sich zum Dogma zu bekennen. Wer die Doktrin kritisiert hat, muß offizielles Widerrufen oder Selbstkritik üben. Beide Methoden der Demütigung sollen den unabhängigen Geist brechen. Schwere Strafen drohen der Person, die das System kritisiert. Wenn Ideologen Macht haben, nehmen sie ihr die Existenzmöglichkeit, konfiszieren den Besitz, verbannen sie in Gefängnisse, Arbeitslager und Irrenhäuser. Sie schrecken auch vor Folter und Mord nicht zurück. Grausamkeit ist noch immer einer der Grundzüge der Ideologien, wenn ihr Dogma angezweifelt wird. Sollten in der heutigen Zeit manche Ideologien humaner oder liberaler erscheinen, liegt der Grund nicht darin, daß der Geist des Dogmatismus sich geändert hat, sondern der der übrigen Welt. Schließlich gibt es keine prinzipiellen Unterschiede zwischen dem mittelalterlichen Scheiterhaufen und dem modernen Verbot der Pille. Würde dieses Verbot allgemein durchgeführt, würde es zu Übervölkerung, Hungersnot und Krieg führen. Oder zwischen den Kellern der Tschaka von 1920 und der Irrenanstalt von 1980. Immer noch wird menschliches Glück auf dem Altar der Ideologien geopfert.

Leider beschränkt sich ideologischer Terror nicht auf totalitäre Staaten. Unter Mißbrauch demokratischer Freiheiten macht sich ideologischer Terrorismus auf den einstmals freien Universitäten breit. Wer objektiv Wahrheit zu verkünden wagt, wird niedergeschrien oder verprügelt. Diese Gefahr für die Wissenschaft der freien Welt kommt in einer Resolution von Prof. Ellis Page der Universität Connecticut[14] zum Ausdruck, unterzeichnet von 50 namhaften Wissenschaftlern, darunter 4 Nobel-Preisträger.

Totalitarismus

Eng verknüpft mit der dogmatischen Natur der Ideologien ist ihr totalitärer Charakter. Keine andere Loyalität ist erlaubt. Tatsächlich kann sich der Totalitarismus nur halten, wenn er auf einer Ideologie basiert. Ohne ideologisches Opium würden die Menschen sich nie der Tyrannei unterwerfen. Die Ideologie ersetzt angeborene Freiheitsliebe und rechtfertigt Unterdrückung.

Als es noch absolute Monarchen gab, entlehnte sie ihre Macht der Ideologie des Gottesgnadentums. Napoleon rechtfertigte seine Diktatur durch die ideologische Konzeption der Französischen Revolution. Die Macht kommunistischer Diktatoren basiert auf der Ideologie von Marx. Hitler mußte eine spezielle Ideologie erfinden, um sein totalitäres Regime schmackhaft zu machen.

Moral

Der Durchschnittsmensch beurteilt alles als gut oder böse. Kein Wunder, daß alle Ideologien von dieser Gut-Böse-Konzeption Gebrauch machen. Sie bemühen sich, ihre moralischen Qualitäten zu betonen und ihre Gegner moralisch zu disqualifizieren.

Für die monarchistische Ideologie war Verrat und Majestätsbeleidigung unmoralisch; für die nationale Ideologie ist jeder Feind ein Hunne, ein Boche, oder ein Barbar; für rassistische Ideologien ist das größte Verbrechen «Rassenschande». Alle religiösen Ideologien kennen die Sünde der Ketzerei; alle sozio-politischen verachten Kapitalisten, Imperialisten und die Bourgeoisie.

Aber es gibt in jeder Ideologie auch subtile, moralische Konzeptionen. Die Ideologen machen sich meist gewöhnliche Moralbegriffe zu eigen und würzen damit ihr ideologisches Gebräu. Arrogant behaupten sie, daß die geschätzten moralischen Tugenden die logische Folge ihrer Ideologie sind. Tatsächlich gründen sich die allgemein gültigen moralischen Regeln nicht auf Ideologien, nicht einmal auf Ideale, sondern sie sind die durch natürliche Auslese entstandenen «Spielregeln» der menschlichen Gesellschaft. Eine Moral gibt es auch in einer Gruppe, die nie Ideologien gekannt hat. Denn eine Gruppe ohne moralische Grundregeln hätte nie überleben können.

Zensur

Ideologische Organisationen verlassen sich nicht auf die von ihr behauptete moralische Überlegenheit und auf die «ewige Wahrheit» ihres Dogmas. Sie versuchen ängstlich zu verhindern, daß ihre Anhänger mit Ideen der Konkurrenz bekanntwerden. Sie umgeben sie mit einem «brain curtain» einem «Gehirnvorhang», wie Brian W. Udin es genannt hat. Wichtig ist eine strenge Zensur, die alle unerwünschten Bücher, Zeitungen und Zeitschriften verbietet. Die radikalste Form dieser Unterdrückung ist die Bücherverbrennung, wie wir sie von den Nazis kennen. Aber sie waren keineswegs die ersten. Im Jahre 638, 6 Jahre nach Mohammeds Tod, ließ der Kalif Omar I. die berühmte Bibliothek von

Alexandria verbrennen, da außer dem Koran alle weiteren Bücher überflüssig seien. Fast tausend Jahre später, im Jahre 1562, ließ der spanische Bischof Diego de Landa in Mani die «heidnischen» Bücher der Mayo verbrennen[15].

Ein klassisches Beispiel von Zensur ist auch der «Index Romanus» der katholischen Kirche. Er enthält den «Index Librorum Prohibitorum» der Bücher, die streng verboten sind und den «Index expurgatorius» von Büchern, die durchgesehen und verbessert werden müssen. In dem «Index Romanus» findet man die Namen der Philosophen Bacon, Locke, Descartes und Kant, aber auch berühmte Dichter wie Milton, Dante und viele andere.

Noch weiter gehen in dieser Beziehung die kommunistischen Ideologien. Jede Kritik des marxistischen Dogma ist streng verboten. Eine objektive soziologische Forschung ist unmöglich. Sogar Wissenschaften – wie die Biologie – werden vom Dogma pervertiert, wie das Beispiel Lysenkos gezeigt hat.

Kommunistische Ideologien respektieren auch kein Briefgeheimnis. Briefe werden geöffnet, Telefongespräche abgehört, private Unterhaltungen mit Hilfe von Denunzianten oder elektronischen «Wanzen» bespitzelt. Sogar kleine Kinder werden über Äußerungen ihrer Eltern ausgefragt. Hitler hatte seine Blockwarte, Mao seine «Street and Lane Committees» (Strassen- und Gassen-Komitees), die das Privatleben der Bewohner bespitzelten.

Selbst strengste Zensuren hält man nicht für ausreichend, um das Volk kommunistischer Staaten bei der Stange zu halten; sie dürfen ihr ideologisches Paradies nicht verlassen. Es ist ihr Gefängnis geworden. Als Rußland sich durch die öffentliche Meinung der freien Welt gezwungen sah, die Ausreise von Juden nach Israel zu gestatten, verlangte der Kreml ein hohes Lösegeld und schuf damit – wie Veniamin Levich es ausdrückte[16] – einen Status moderner Sklaverei.

Personenkult

Ein anderes Merkmal ist der Personenkult. Er ist ein spezieller Fall von Heldenverehrung. Die psychologische Wurzel ist der Mechanismus der Identifikation. Der einzelne gewinnt Sicherheit, indem er sich mit einer bewunderten Persönlichkeit identifiziert.

«Der Held kann ein Dichter, Prophet, König, Priester oder Beliebiger sein, entsprechend der Welt, in der er hineingeboren ist», schrieb Thomas Carlyle[17], der selbst ein großer Bewunderer von Helden war. Aber, wie Herbert Spencer betonte:[18] «Heldenverehrung ist am stärksten, wenn die Achtung menschlicher Freiheit am geringsten ist.» Ideologische Organisationen bestätigen die Richtigkeit dieses Satzes immer von neuem.

Der Personenkult ist eng verbunden mit dem Begriff der Autorität. Hinzu kommen menschliche Eitelkeit und Selbstverherrlichung. Die Führer ideologischer Bewegungen sind meist Männer, die Adorno[19] «autoritäre Persönlichkeiten» genannt hat.

Auf der Höhe seiner Macht wurde Stalin als der unfehlbare Führer aller Völker verherrlicht, als der allwissende Lehrer aller Wissenschaften und Künste. Ähnlich war die Verherrlichung von Mao, dem sogar göttliche Eigenschaften zugeschrieben wurden. Auch Hitlers «Drittes Reich» hatte theokratische Züge. Fanatische Nazis beteten: «Breite deine segensreichen Hände über uns, mein Führer ...»

Desmond Morris zählt «10 Gebote der Herrschaft» für alle Führer auf[20]. Das erste: «Du mußt deutlich den Prunk, die Position und die Gesten der Herrschaft zur Schau stellen.» Dieses Gebot haben ideologische Führer und ihre Parteigänger freudig befolgt. Manchmal «prunkte» ein Führer oder Chairman auch mit übertriebener Einfachheit, dann behängten sich die kleinen Führer und Generäle mit Ordenssternen.

Ein beliebtes Mittel des Personenkultes sind überlebensgroße Statuen. Diese Vorliebe der Mächtigen, in Stein oder Metall verewigt zu werden, ist uralt. Wir staunen über die gigantischen Statuen der ägyptischen Pharaonen, die Menschenkolosse oder die Riesengestalten von Ramses II. in Abu Simbel. Auch die römischen Cäsaren ließen sich gern in Stein meisseln, und unsere eigenen Monarchen und Helden bekamen ihre Standbilder. Ebenso die kommunistischen Diktatoren.

Ein anderer Aspekt sind die endlosen Reden der Führer. Reden ist – neben Essen und Lieben – eines der größten Vergnügen des Menschen. Vorausgesetzt, man hat Zuhörer. Dem ideologischen Leiter muß man zuhören, muß ihm Beifall spenden, auch wenn er nichts Neues sagt.

Eine andere, viel ernstere Folge des Personenkults ist sein Einfluß auf das menschliche Gehirn, das Kritik braucht, um im Gleichgewicht zu bleiben. Zuviel Lob, Kritiklosigkeit und absolute Macht verträgt kein Gehirn. Das führt zum «Cäsarenwahnsinn», von dem Nero und Caligula, Stalin, Hitler und heute Ayatolla Khomeini befallen sind.

Die Helden des Personenkults sind meist Männer, wie auch fast alle Ideologien von den Herren der Schöpfung gemacht und geführt werden. Die abstrakten Gedankenvorgänge, die die Grundlage einer Ideologie bilden, sind typische Produkte männlichen abstrakten Denkens. Auch die Aggressivität des Ideologismus ist männlich. Wenn Frauen in ideologische Reiche zugelassen werden, dann beschränkt sich ihre Rolle auf das Symbol der Fruchtbarkeit und Mutterschaft. Die katholische Kirche hat ihren Mariakult; dennoch gibt es keine weiblichen Priester. Es ist sonderbar, daß die von Ideologien als zweitrangig behandelten Frauen meist die stärksten Pfeiler des ideologischen Gebäudes ausmachen. Die willige weibliche Unterwerfung unter eine arrogante männliche Ideologie macht es so schwierig, diese loszuwerden. «Kann ein Mann frei sein, wenn die Frau eine Sklavin ist?» singt Shelley.

Die Verbreitung der Lehre

Jede Ideologie versucht, ihre Botschaft über die Gebiete hinaus, in der sie Macht hat, auszudehnen. Aber da sie hier nicht die Waffen der Zensur und des Terrors anwenden kann, muß sie zu Mitteln wie Suggestion und Hypnose, ideologische Programmierung und Gehirnwäsche greifen.

Die meisten religiösen Ideologien haben in «heidnischen» Ländern ihre Missionen. Manchmal konkurrieren Buddhismus, islamische und christliche Missionen miteinander am gleichen Ort. Die christliche wird wieder aufgespalten in die katholische, die protestantische und die Missionen verschiedener Sekten. In ähnlicher Weise haben die verschiedenen kommunistischen Ideologien in den meisten Ländern ihre lokalen Parteien für Propaganda und Rekrutierung. Russischer Kommunismus konkurriert mit chinesischem, Leninismus mit Trotzkismus und anderen radikalen Bewegungen.

Der Drang, andere von der «Wahrheit» einer ideologischen Konzeption zu überzeugen, verrät oft einen Zweifel, eine innere Unsicherheit, die auf den «common sense», den gesunden Menschenverstand zurückzuführen sind.

Suggestion und Hypnose

Keine Ideologie glaubt ganz an ihr Dogma. Sie weiß um ihre Einseitigkeit, die unvereinbar mit der Grundnatur unseres Geistes ist.

Die Anziehungskraft der sozialen Aspekte von Ideologien hängt mit Suggestion und Massenpsychose zusammen. «Die suggestiven Wirkungen von großen Menschenmengen erzeugen in den individuellen Teilnehmern ein Gefühl der Macht und den Eindruck der Universalität», schrieb F. H. Allport[22]. Der einzelne braucht nicht persönlich anwesend zu sein, um dieses Gefühl der Macht zu erlangen. Schon das Bewußtsein, einer geistesverwandten Menge anzugehören kann die gleiche Wirkung haben. Aus diesem Grunde betonen Ideologien immer die große Zahl ihrer Anhänger und die universelle Anerkennung ihres Dogmas. Ideologien zeigen den Schneeballeffekt: je größer sie sind, desto schneller wachsen sie, bis sie zu Lawinen werden, die alles mitreißen.

Nicht nur Ideologien benutzen Tiefensuggestion und psychoanalytische Techniken, um ihre Ideen zu propagieren. Solche Methoden werden auch für das prosaische Ziel, Geld zu verdienen, angewendet. Motivforschung ist eine Wissenschaft geworden. Sie wurde zuerst von Werbefachleuten angewendet, wie u.a. Vance Packard[23] gezeigt hat.

Die suggestive Kraft der Ideologie nimmt oft die Form von Prestigesuggestionen an. Das Prestige des Begründers oder Leiters, seinen Stand, Ruf oder Rang beeinflussen die Leute so, daß sie auch falsche Behauptungen aufgrund seines Prestiges für wahr halten. Die stärkste Form der Prestigesuggestion ist die Hypnose, ein spezieller Zustand eingeengten Bewußtseins. Der hypnotische Zustand wird im allgemeinen durch den direkten Einfluß einer Person auf eine andere Person herbeigerufen. Aber auch Ideen, Ideologien und ihre Slogans können eine derartige Kraft haben, daß die Anhänger quasi hypnotisiert werden. Als Urban II. auf dem Konzil von Clermont 1095 und Peter von Amiens auf seinem Esel den ersten Kreuzzug predigten, war es die Macht einer Idee und der Wahlspruch «Deus id vult», («Gott will es»), die die französischen Bauern dazu brachten, sich dem Kreuzzug anzuschließen.

Ideologisches Programm
Weder Propaganda noch Prestigesuggestionen können ganz erklären, weshalb ein intelligenter Mensch gleichzeitig ein engstirniger Ideologist sein kann. Manchmal trifft man Hinweise auf irrationale Überzeugungen eines Autors in einem rationalen, wissenschaftlichen Buch. Durch seine Studien und seine Erfahrungen kennt der Autor die Relativität der Wahrheit und die Engstirnigkeit einseitiger Gedankengänge. Aber derselbe Mann kann sich bereitwillige dogmatische Behauptungen über Leben und Gesellschaft und andere ideologische Konzeptionen zu eigen machen und sie hartnäckig verteidigen. Wie kann man sich dieses paradoxe Verhalten erklären? Es gibt zwei mögliche Erklärungen: Programmierung in der Kindheit oder Bekehrung durch Gehirnwäsche.

Die häufigste Ursache ist, daß sein Gehirn in früher Jugend ideologisch programmiert wurde. Der Ausdruck «programmiert» stammt aus der Computersprache. In der guten alten Zeit wurden die Kinder nicht programmiert, sondern einfach erzogen.

Ein Computer wird mit Hilfe von Informationen und Instruktionen programmiert, die man in den Stromkreisen speichert. Ohne diese Programmierung ist der Computer nur ein elektronischer Apparat. Dasselbe gilt für das menschliche Gehirn. Es ist ein Instrument, das mit allen möglichen «Stromkreisen» ausgerüstet ist. Es ist unbrauchbar, solange es noch nicht «programmiert» worden ist. Aber im Gegensatz zum Computer lernt das Gehirn nicht nur durch Informationen und Verhaltensregeln, die gespeichert werden. Es lernt auch durch Denken, durch Urteilen, durch Schlüsseziehen aus früheren Erfahrungen. Man schätzt, daß das menschliche Gehirn in seinem Leben zehnmal mehr Informationen speichern kann als in allen Büchern einer großen Bibliothek enthalten sind. In den ersten paar Jahren seiner Existenz lernt das Gehirn neben vielen anderen Dingen eine komplette Sprache.

Programmierung bedeutet nicht nur das Lernen von Tatsachen und Fertigkeiten. Wir werden auch in Wertbegriffen programmiert. Wir lernen zu unterscheiden zwischen gut und böse, wahr und falsch, gerecht und ungerecht, schön und häßlich. Diese Wertbegriffe werden auch mit Worten und Ideen verbunden. Wir werden programmiert, bei gewissen Ausdrücken zu erröten und beim Klang der Nationalhymne uns erhaben zu fühlen. Wir lernen einen unsichtbaren Gott und sehr sichtbare Eltern zu lieben und zu verehren. Tatsächlich hängt es von der Programmierung ab, was wir lieben oder hassen, wovor wir uns fürchten oder worauf wir uns freuen. In «Brave New World» zeigt Aldous Huxley[24] die furchtbaren Möglichkeiten einer Programmierung für die speziellen Zwecke des totalitären Staates. Durch Reflexe lernen kleine Kinder in Huxleys Utopie Blumen und Musik zu verabscheuen, damit sie im späteren Leben dadurch nicht von ihren Pflichten der Gemeinschaft gegenüber abgelenkt werden. Kein Wunder, daß alle Ideologien die Kinder programmieren wollen. «Den 18 Millionen Kinder, die jedes Jahr in China geboren werden», schrieb ein Korrespondent von Newsweek[25], «wird die Staatsreligion buchstäblich mit der Muttermilch eingeflößt.»

Ideologische Programmierung beschränkt sich nicht auf die früheste Kindheit, obwohl sie hier am wirksamsten ist. Jede Ausbildung in einem auf ideologische Konzeptionen begründeten Beruf, wie in speziellen Seminaren, Akademien und dergleichen, wird benutzt, um eine Ideologie in das Gehirn der Studenten zu hämmern. Ein paar Beispiele sind die harte und strenge Ausbildung von «Pagen», «Knappen» und «Rittern» in der Zeit des Feudalismus; ein Training nicht nur zum Gebrauch von Waffen, sondern auch in feudaler Ideologie. Ein anderes Beispiel ist das Training der

Jesuiten in ihrer besonderen Form der christlichen Ideologie entsprechend, der «exercitia spiritualis» des Gründers der Societas Jesu, Ignatius von Loyola. Es führt zum berüchtigten «Kadavergehorsam», weil der Jesuit seinen Oberen gehorchen soll, als ob er ein Leichnam wäre. Den Ausdruck «Kadavergehorsam» wendete man auch auf das Training der früheren preußischen Offiziere in ihrer speziellen Ideologie, die aus monarchistischen und nationalen Elementen bestand. Auch die Kriegsakademien anderer Länder verpassen den Kadetten einen ideologischen Ehrenkodex (wie Galloway und Johnson über «West Point» schreiben[26].

Gehirnwäsche

Ein zweiter möglicher Grund dafür, daß ein Mensch eine Ideologie annimmt, die im Gegensatz zu seinen rationalen Überlegungen steht, ist Bekehrung und Gehirnwäsche. Die physiologischen und psychologischen Prozesse sind in beiden Fällen dieselben. Der Unterschied zwischen ihnen ist, daß im Falle der Bekehrung der Betreffende sich dem Prozeß mehr oder weniger freiwillig unterwirft, während Gehirnwäsche gegen seinen Willen vorgenommen wird. Programmierung in früher Kindheit geschieht mit einem «unbeschriebenen» jungen Gehirn, Bekehrung und Gehirnwäsche bearbeiten dagegen Gehirne mit bereits gefertigtem Gedankengut. Im letzteren Fall ist nur ein Erfolg möglich, wenn das bestehende Gedankengut ausradiert wird und man an seiner Stelle die neue Ideologie «prägen» kann.

Heranwachsende eignen sich besser für Bekehrungstechniken als ältere Menschen, deren ursprüngliches Gedankengut tiefer verwurzelt ist. Alle Ideologien, auch die von Naturvölkern, haben deshalb neben der Programmierung von Kindern auch spezielle feierliche Initiationsriten für die Jugend. Beispiele sind die Ordination junger Buddhisten in

Thailand, die Konfirmation junger Protestanten, die erste Kommunion der Katholiken und die «Jugendweihe» der DDR. Manche Initiationen sind schmerzhaft, so die Beschneidung junger Mohammedaner, die Tätowierung oder die grausame Beschneidung junger Mädchen bei einigen afrikanischen Stämmen.

Initiations- und Konfirmationsriten stellen natürlich keine eigentliche Bekehrung dar, da die jungen Menschen bereits in der Ideologie erzogen worden sind. Ihr ideologisches Gedankengut wird nur erneuert und gefestigt. Wirkliche Bekehrung von Ungläubigen ist schwieriger und dramatischer.

William Sargant hat im Buch «Battle for the Mind» die komplizierten physiologischen und psychologischen Vorgänge beschrieben, die zu Bekehrung und Gehirnwäsche führen. Er hat die engen Beziehungen aufgezeigt zwischen scheinbar so verschiedenen Phänomenen wie dem Verhalten von Pawlow's Hunden unter Streß, Kriegsneurosen des II. Weltkrieges, dramatischen religiösen Bekehrungen und politischer Indoktrination und Gehirnwäsche.

Im Vorwort zu seinem berühmten «Death of the Mind» schreibt Sargant: «Solche Methoden anwenden zu sehen und ihre verheerenden Wirkungen auf den Geist normaler Menschen zu beobachten, ist eine so bestürzende und schreckliche Erfahrung, daß man alles, was von fundamentaler Wichtigkeit für unsere kulturelle Zukunft ist, im Stich lassen und schreien möchte ‹Menschen sind keine Hunde›.»

Zweiter Teil

3. KAPITEL

Genetische Evolution

«Der menschliche Körper ist ein Haufen hastiger und schlecht gelöster evolutionärer Kompromisse», schrieb ein Kolumnist scherzhaft in einer wissenschaftlichen Zeitschrift[1]. Diese hastigen und schlecht gelösten Kompromisse wurden bei der genetischen Evolution der Menschen gemacht, also bei der skylogenetischen Entwicklung unseres Körpers und vor allem unseres Gehirns zu seiner gegenwärtigen Vollkommenheit oder, besser gesagt, Unvollkommenheit. Auch die Ideologien des ideologischen Affen sind ein Resultat dieser Evolution.

«Im Anfang war das Wort», ist der berühmte erste Satz des Johannes-Evangeliums. «Wort» in diesem Zusammenhang ist die Übersetzung des griechischen «logos». Es bedeutet das kontrollierende Prinzip des Universums oder die göttliche Weisheit, die sich in der Schöpfung manifestiert. War es wirklich ein kontrollierendes Prinzip oder göttliche Weisheit, die Leben und Menschen erschufen? War das Universum tatsächlich «schwanger mit Leben»? Wir wissen es nicht. Im Anfang jedes Studiums steht der Zweifel.

«Zufall allein ist der Ursprung jeder Neuerung, jeder Schöpfung in der Biosphäre», sagt Jacques Monod[2]. «Reiner Zufall, absolut frei aber blind, ist die Wurzel des riesigen Gebäudes der Evolution ...» An die Stelle des Wortes «Zufall» setzt Konrad Lorenz einen Begriff, den Mystiker im Mittelalter verwendeten: die «Folgeration»; den Blitzstrahl, für das Auftreten von etwas prinzipiell Neuem in jedem Stadium der Evolution. Wie Monod nimmt er nicht einen Plan der Schöpfung an, eine «prästabilisierte Harmonie», die er den Glauben an außernatürliche Faktoren nennt[3].

Viele Menschen glauben jedoch an außernatürliche oder unbekannte Faktoren. So sah Pierre Teilhard de Chardin, der französische Paläontologe und Theologe[4], den evolutionären Fortschritt als eine aufsteigende Spirale, eine allgemeine Tendenz zunehmender Verflechtung, mit dem menschlichen Geist als Gipfel der Entwicklung. Und der deutsche Zoologe Bernhard Rensch[5] sagt, daß es möglich ist, die gesamte Phylogenie als einen kausalbestimmten Prozeß zu sehen. Demnach wären wir Glieder einer langen Kette kosmischer Entwicklung, die universellen Gesetzen gehorcht. Noch spezifischer in dieser Beziehung ist der deutsche Chemiker Manfred Eigen, der dem Zufall nur eine stark begrenzte Bedeutung beimißt, weil die Natur nach Regeln auswählt, die in der Struktur der Materie und in physikalischen Gesetzen enthalten sind. Wer hat recht? Vielleicht entdeckt die Wissenschaft noch einmal neue Naturgesetze, die die Evolution beherrschen und in eine vorbestimmte Richtung lenken. Wie F. H. C. Grick, der Vater der doppelten Spirale, einmal sagte: «Was jeder gestern glaubte, und du heute noch glaubst, werden nur Verrückte morgen glauben.»

Was uns hier interessiert, ist der gegenwärtig höchste Punkt von Teilhards aufsteigender Spirale: Ideen, Ideale und Ideologien. Für viele stehen sie auf einer höheren Ebene und gehören einer geistigen Welt an, einem Reich des Göttlichen oder Übernatürlichen, wo die menschliche Vernunft aufhört. Haben sie recht? Ich habe den Zweifel an den Anfang dieses Abschnitts gesetzt. Ich möchte mit Emil Du Bois-Reymond[6] sagen: «Ignoramus et ignorabimus.» Wir wissen es nicht und werden es nie wissen.

Das Ziel der Evolution

Das Wort Evolution, die Entwicklung, deutet einen allmählichen Prozeß der Veränderung von einem niederen zu einem höheren und besseren Zustand und schließlich zur Vollkommenheit an. Als am Ende seines «langen Marsches» der Mensch schließlich Ideen entwickelte, als er Ideale hegte und Ideologien formulierte, hätte das Ziel der Vollkommenheit erreicht sein müssen. Warum war dieses Ende in vieler Hinsicht nicht besser als der Anfang? Warum war des Menschen scheinbarer Gipfel gleichzeitig die Ursache seines tiefsten Falles? Stimmt etwas nicht mit der Evolution?

Doch, die Evolution ist richtig. Was falsch ist, ist unsere Auffassung von ihr, unser Optimismus und unser Dünkel. Jede Evolution ist die Folge der erblichen Variabilität und der natürlichen Auslese oder Zuchtwahl. Wenn der Mensch die Zuchtwahl auf Pflanzen und Tiere anwendet, künstliche Zuchtwahl in diesem Fall, beginnt er mit einem Zuchtziel. Es ist das Ziel, eine oder mehrere Eigenschaften des erwünschten Endproduktes zu erreichen: eine bestimmte Farbe bei einer Blume, gesteigerte Milchleistung bei Kühen, Resistenz gegen Krankheiten, etc.

Welches ist das Ziel der natürlichen Zuchtwahl? Will die Natur einen Übermenschen schaffen, eine vollkommene Rasse, ein «göttliches Wesen»? Zielt sie auf Stärke, Intelligenz, Schönheit, Güte? Leider nein. Es gibt nur ein Ziel der natürlichen Auslese: das Ziel zu überleben.

Die genetischen Mittel, mit denen das Überleben erreicht wird, hängen von den Umweltbedingungen ab und können in den vielen Stadien der Evolution ganz verschieden sein. Die menschliche Hand z.B. wurde ausgebildet, als das Überleben davon abhing, sich an Baumästen festzuklammern; unsere Aggressionen und «Killer»-Instinkte entwikkelten sich, als man Tiere tötete, um zu überleben.

Aber natürliche Auslese ist zweischneidig. Um zu überleben, muß die Natur auch andere Dinge in Kauf nehmen. Man kann drei zusätzliche Faktoren der natürlichen Auslese unterscheiden:

1. Ein Gen mit «Überlebenswert» hat nicht nur eine, sondern viele charakteristische Eigenschaften. Entsprechend der komplizierten Natur des menschlichen Charakters sind sie ziemlich komplex. Es gibt keine absolute Übereinstimmung zwischen Genen und Charakter, sagt Julian Huxley[7]. Das zum Überleben ausgewählte Gen kann zu weiteren, zum Überleben nicht notwendigen Eigenschaften führen.

Bewußtsein z.B. hat einen hohen Überlebenswert, ist aber auch eng verwandt mit Ehrfurcht und metaphysischer Angst, mit Gefühlen von Unsicherheit und Minderwertigkeit, mit inneren Konflikten. In extremen Fällen sogar mit Hysterie, Neurosen und Wahnsinn. Aggression hat hohen Überlebenswert in Zeiten des Kampfes, kann aber zu Unduldsamkeit und Diktatur führen. Das gleiche gilt für Mut, Tapferkeit und andere kämpferische Eigenschaften, die aber Tollkühnheit, Grausamkeit und Prahlsucht nahestehen. Phantasie, vor allem die Gabe, sich mögliche zukünftige Situationen vorzustellen, ist lebenswichtig. Sie kann auch nicht reale Dinge wie Geister und Dämonen ausdenken. In ähnlicher Weise braucht man Intelligenz zum Überleben, zum Planen oder Vermeiden von Kämpfen und zum Überlisten von Feinden. Aber sie ist auch nötig für Täuschungen, Betrügereien und Falschheit.

2. Natürliche Auslese selektiert gewöhnlich nicht ein einzelnes Gen, sondern eine ganze Gruppe von Genen. Was überlebt, ist der gesamte Organismus, der das Gen mit Überlebenswert enthält. Alle anderen Gene der betreffenden Gruppe müssen als Zusätze angenommen werden. Sie können für ein ganzes Spektrum unerwünschter Eigenschaften verantwortlich sein, die vielleicht erst in der Zukunft Bedeu-

tung gewinnen. Ein übertriebenes, aber nicht unmögliches Beispiel soll dies verdeutlichen. Nehmen wir an, daß in einem Atomkrieg die gegenwärtige Menschheit durch radioaktive Wolken ausgelöscht würde. Als einzige Überlebende wären Mitglieder eines einsamen Volksstammes irgendwo im Dschungel, die zufällig ein Gen besäßen, das sie gegen die tödlichen Strahlen schützt, die aber sonst Kannibalen und Kopfjäger sind. Die künftige Menschheit würde dann aus Kannibalen und Kopfjägern bestehen als Folge der natürlichen Auslese.

3. Die natürliche Auslese tilgt nichts, außer es hätte unter neuen Umweltbedingungen keine Lebensberechtigung mehr. Deshalb müssen wir Eigenschaften bewahren, die wir im Laufe der Evolution erworben haben, ob wir wollen oder nicht. So haben wir verschiedene Eigenschaften, die unnötig oder unangenehm sind, die eine Plage oder sogar eine latente Gefahr darstellen. Die Menschheit ist wie ein Mensch, der sich neue Sachen kauft, ohne die alten wegzuwerfen. Sie stehen als Gerümpel in einer Ecke. Wenn diese alten Sachen aber Eigenschaften sind, so bleiben sie nicht ruhig in einer Ecke. Sie warten nur auf eine Gelegenheit, wieder aufzutauchen. Auch wenn sie ins Unterbewußte verdrängt worden sind, machen sie ihren Einfluß noch geltend. «Die Unterschiede, die durch die natürliche Auslese entstanden sind, lassen keinen Schluß auf die Zukunft zu», sagt François Jacob in «La logique du vivant».

Natürliche Auslese

Die genetische Evolution wurde erstmals 1859 von Darwin klar formuliert, obwohl sie schon von einigen seiner Vorgänger erkannt worden war. Sie bedingt eine natürliche Auslese erblicher Faktoren. Daraus resultiert ein Überleben der Kräftigsten der Art («survival of the fittest»), wie Herbert Spencer es genannt hat[8]. «Die Fähigkeit alles Lebendigen, sich fortzupflanzen ist die treibende Kraft der Evolution», sagt Julian Huxley. «Mutationen bilden das Rohmaterial, aber natürliche Auslese bestimmt die Richtung.»[9]

Es erscheint fast unglaublich, daß alle Formen organischen Lebens nur durch das Prinzip der natürlichen Auslese entstanden sind. Ronald A. Fisher, einer der Begründer der modernen Statistik wandte seine Methode auch auf die natürliche Selektion an. Er faßte das Resultat in den Worten zusammen: «Natürliche Selektion ist ein Mechanismus, mit dem ein außerordentlich hoher Grad an Unwahrscheinlichkeit erreicht wird.»[10]

Dieser «außerordentlich hohe Grad» an Unwahrscheinlichkeit ließ immer wieder an der Macht der natürlichen Auslese zweifeln. F. Wood Jones sprach 1942 diese Zweifel in seinem Buch «Habit and Heritage» (Gewohnheit und Vererbung) aus.

Solche Zweifel haben zu der schon erwähnten Konzeption eines evolutionären Zieles geführt, also zu einer sich selbst regulierenden Evolution, die bestimmten (aber noch unbekannten) Gesetzen gehorcht. Tatsächlich arbeitet die natürliche Auslese mit einer Serie von Zufälligkeiten und bedarf keiner anderen Hilfe. Aber sie arbeitet unter sehr strengen Bedingungen, bei denen der «reine Zufall» ausgeschlossen ist. Nicht dem Zufall, sondern diesen Bedingungen verdankt die Evolution ihren im allgemeinen progressiven Verlauf, ihre Erfolge und die scheinbar stetige Entwicklung.

Genetische Veränderlichkeit

«Es ist menschliche Mannigfaltigkeit, die wie ein schöpferischer Sauerteig in der Vergangenheit gewirkt hat und die auch in der Zukunft wirken wird», sagt T. Dobzhansky[11].

Woher kommt diese menschliche Vielfalt? Was ist die Ursache der genetischen Veränderlichkeit? Die bekannteste Methode, ein neues Gen menschlichen Zellen zuzuführen, ist mit Hilfe eines Virus. Tatsächlich hat man damit gewisse fehlende Gene eingeführt und Erbkrankheiten, wie die Galactosämie, heilen können.

Aufgrund solcher Resultate kann man Viruskrankheiten unserer Vorfahren als Resultat genetischer Änderungen annehmen. Solche Mutationen geschehen spontan, oft ohne erkennbare Ursache. Wir wissen auch, daß die Häufigkeit von Mutationen durch Strahlung oder durch gewisse Chemikalien erhöht werden kann. Von dieser Tatsache wird in der Pflanzenzucht Gebrauch gemacht. Es ist deshalb möglich, daß z.B. Gammastrahlen gewisser Mineralien ein evolutionärer Faktor gewesen sind. Allerdings entstehen Mutationen des Gens auch ohne bestimmte Ursachen, als «kleine Fehler» bei der Reduplikation des Nuklein-Moleküls[12]. Es ist ein etwas ernüchternder Gedanke, daß die Evolution des Lebens in seiner verwirrenden Vielfalt letzten Endes eine Folge «kleiner Fehler» ist ...

Bei den Menschen ist die Wahrscheinlichkeit der Mutation eines einzelnen Gens im Laufe ihres Lebens etwa 1:100 000. Höhere Tiere enthalten eine ungeheure Anzahl Gene, die mutieren können. Monod schreibt: «Bei der gegenwärtigen menschlichen Bevölkerung erfolgen mit jeder neuen Generation etwa 100 Millionen bis zu einer Milliarde Mutationen.»

Wenn der «kleine Fehler» einmal begangen ist, wird die resultierende Mutation die Neigung haben, sich zu reduplizieren und auf eine neue Generation zu übertragen. Allerdings wird sie auch oft regressiv sein und erst nach vielen Generationen oder vielleicht gar nicht in Erscheinung treten. Die meisten Mutationen führen zum Tode des Individuums oder zu einer allmählichen Degeneration. Nur wenige Mutationen führen zu einem wirklichen Fortschritt der Evolution. Der Fortschritt braucht nicht gleich auffallend zu sein. Augenfällige Fortschritte werden im allgemeinen durch eine Anhäufung funktionell trivialer Mutationen erreicht (Kimura's neutrale Mutationstheorie). Im Gegensatz zu den augenfälligen Veränderungen in der Evolution immer komplexerer Arten bleiben manche Gene im Lauf der Evolution fast unverändert. Manche Gen-Produkte sind noch identisch bei Mensch und Affen; das X-Chromosom, das für die Fortpflanzung verantwortlich ist, gab es bei Säugetieren schon vor 120 Millionen Jahren. Diese evolutionäre Erhaltung («evolutionary conservation»), wie Susumu Ohno es genannt hat[13], wurde durch Hinzufügen von zusätzlichen, also überflüssigen Kopien von Genen erreicht. Diese mutieren, ohne den genetischen status quo zu stören, bis vielleicht einmal eine mögliche Veränderung erreicht würde und die «überflüssige» Kopie als ein neues Gen in Erscheinung tritt.

Wie auch der Mechanismus der Mutationen im einzelnen beschaffen sein möge, es gibt immer eine große genetische Variabilität innerhalb von Bevölkerungsgruppen. Sie wird durch die Neugruppierung von Genen bei der geschlechtlichen Fortpflanzung aufrechterhalten. Aus dieser genetischen Variabilität selektioniert die natürliche Auslese das Wichtige im Kampf ums Dasein. Nach Herbert Spencer sind 99% aller Arten, die seit über 3 Millionen Jahren auf der Erde entstanden, wieder ausgestorben, weil sie sich nicht anpassen konnten. Alles Lebendige hat nur die Wahl zwischen Evolution oder Untergang. Nur was in einer großen Bedrohung überlebt, bleibt erhalten. Genauer nennen wir es eine Herausforderung («challenge») analog zu Arnold Toynbee's Theorie, «daß Kulturen durch erfolgreiche Reaktion auf eine Herausforderung entstehen»[14]. Die Evolution des Menschen ist die Geschichte erfolgreicher Reaktionen auf eine lange Reihe tödlicher Herausforderungen.

Überraschenderweise braucht es nicht viele neue Gene, um zu erstaunlichen Wirkungen zu gelangen. Robert Sinsheimer von der amerikanischen «Biophysical Society» schätzt, daß die gesamte Änderung im chemischen Kodex der Vererbung zwischen Affe und Mensch in den letzten 15 Millionen Jahren nur etwa 4% beträgt. In der Tat eine sehr bescheidene «Investition». Aber diese 4% wurden im Gehirn investiert, und der «Ertrag» war erstaunlich.

Die Geburtsstunde des Menschen

Wann entwickelte sich der erste «Homo» aus seinen Vorfahren, den Primaten? Ist der Mensch Millionen Jahre alt oder «nur» ein paar Hunderttausend? Jede neue Entdeckung führt dazu, den Zeitpunkt des Erscheinens des Homo sapiens auf der Erde weiter zurück zu datieren. Als Raymond A. Dart den berühmten Taung-Schädel fand, sprach man von einem Alter von 500000 Jahren. Die Entdeckung der Leakeys schoben unseren «Geburtstag» über 2.6 Millionen Jahre zurück. Neuere Entdeckungen in Äthiopien machten 4–5 Millionen Jahre wahrscheinlich, und in den siebziger Jahren dachte man bereits an 6–7 Millionen Jahre[15].

Das Problem, das Alter des Menschen zu bestimmen, besteht vor allem aus der Schwierigkeit, neu entdeckte Knochen genau zu datieren. Es gibt hierzu verschiedene Methoden, die auf dem Vorkommen gewisser radioaktiver Elemente beruhen. Nach Frölich Rainey[16] sind etwa 7 solcher Atomuhren bekannt. Daneben gibt es traditionelle geomorphologische und stratigraphische Methoden wie der Vergleich mit tierischen Knochen bekannten Alters, der von Partridge und Tobias angewendet wird[17].

Welcher in der langen Reihe unserer Vorfahren verdient es, Homo genannt zu werden? Es gibt eine breite Zwischenzone zwischen Tier und Mensch (Heberer's «Tier-Mensch-Übergangsfeld» oder TMÜ), die man zu Anfang des Darwinismus das «missing link», das fehlende Glied, nannte.

Worin unterscheidet sich der Mensch vom Tier? An der Denkfähigkeit oder an der Sprache? Durch den Gebrauch von Werkzeugen? Es scheint, daß das letztere nicht ausschließlich menschlich ist. Oder die Tatsache, daß wir Zweifüßler sind und aufrechtgehen? Einige unserer Primatenvorfahren haben das vielleicht schon getan; außerdem läßt sich das kaum feststellen, wenn man nur einen Schädel oder nur ein paar Zähne gefunden hat. Frühere Forscher hatten die «häßliche Gewohnheit», wie John Napier es genannt hat[18], «den Schädel abzuhacken und den Rest wegzuwerfen». Tatsächlich sind die meisten Kenntnisse von der evolutionären Abstammung unter der «Tyrannei der Zähne» entstanden.

Ein etwas vereinfachtes Bild der 3 Hauptphasen der menschlichen Evolution, wie es J. B. Birdsell[19] wiedergibt, unterscheidet zwischen Australopithecus, Homo erectus, und Homo sapiens. Die Australopithecus-Arten (es gab vielleicht mehr als eine Art) von Süd- und Ost-Afrika wurden als Zweifüßler beschrieben, die Werkzeuge benutzten, aber nur ein kleines Gehirn hatten. Der Homo erectus (zu dieser Gruppe gehörten der Java- und der Peking-Mann), hatte ein größeres Gehirn und bediente sich des Feuers. Er wurde der direkte Vorgänger des heutigen Homo sapiens.

Es ist schon schwierig, die Entwicklung des menschlichen Körpers zu erforschen; die Aufgabe wird aber fast unmöglich, wenn es sich um seinen Geist handelt. Wurden schon zur Zeit unserer Vorfahren Ideen geboren und Ideologien geschmiedet? Hatte der Neanderthaler schon eine Ideologie? Oder fing es erst mit dem Cro-Magnon an?

Aufgrund von Felsbildern, Gräbern, Werkzeugen und Waffen können wir es erahnen. Wir können auch den Inhalt alter Schädel messen und Rückschlüsse auf die Größe des Gehirns ziehen. Die Größe des Gehirns ist entscheidend. Schließlich fabriziert das Gehirn alle Ideologien. Das Gehirn des heutigen Menschen ist dreimal so groß wie das seiner Primaten-Vorfahren. Aber man soll die Gehirngröße auch nicht überschätzen. Sie ist kein zuverlässiges Maß für Intelligenz, denn das Gehirn des Neanderthalers war größer als das durchschnittliche Gehirn des modernen Menschen, obwohl er ohne Zweifel auf einer niedrigeren Intelligenzstufe stand.

Wir können 2 Hauptstufen der Gehirnentwicklung unterscheiden: die Entwicklung der «hard ware» und der «soft ware», wie man bei Computern sagen würde. Die Entwicklung der «hard ware» ist die des Gehirnapparates in der genetischen Evolution. Sie wäre nutzlos ohne die «soft ware», einer sorgfältigen Programmierung in der kulturellen Evolution.

Wie entwickelt sich die Gehirngröße? Der berühmte Taung-Schädel eines jungen Australopithecus africanus, der 1924 bei Taun gefunden worden war, hatte einen Gehirninhalt von etwas über 500 cc, ähnlich dem des Gorillas. Sein Entdecker Raymond A. Dart nannte den Australopithecus «eine ausgestorbene Rasse von Affen, zwischen Anthropoiden und dem Mensch»[20]. Eine Kreatur mit einem menschlichen Körper und einem Affengehirn, die wilde Tiere mit primitiven Waffen jagte. In «African Genesis» beschreibt Robert Ardrey Darts Kampf gegen «die geschlossene Phalanx moderner Ansichten»[21]. Unter Darts Gegnern war sogar Sir Stolly Zuckermann, der bezweifelte, daß diese «afrikanischen Vettern» wirklich aufrecht gingen[22]. Weitere Funde vom Australopithecus in Süd- und Ostafrika ergaben Schädelinhalte zwischen 435 bis 600 cc, Funde von Richard Leakey im Jahre 1968 bei Lake Rudolf von 500 bis 510 cc[23]. Der in Olduvai Gorge von L. S. B. Leakey entdeckte und «Homo habilis» genannte, pygmäenhafte Hominide hatte einen verhältnismäßig großen Gehirninhalt von 680 cc[24]. In Anbetracht des kleinen Körpers ist dieser Gehirninhalt entschieden größer, als der des Australopithecus.

Dem Homo sapiens wesentlich näher steht der Homo erectus (früher Pitheanthropus erectus). Er lebte in Java im mittleren Pleistozän vor etwa 450 000 Jahren und wurde von Eugen Dubois 1890/91 entdeckt[25]. Er hatte einen Schädelinhalt von 750 bis 940 cc und steht damit zwischen Affen und Mensch. Ergänzt durch spätere Funde nimmt man an, daß er ein «aufrechtgehender Affe-Mann» war, mit einem kurzen, aber kräftig gebauten Körper. Er besaß eine Art soziale Organisation und vielleicht sogar eine primitive Sprache. Noch wichtiger ist sein zeitgenössischer chinesischer Verwandter, den Davidson Black 1927 entdeckte und Sinanthropus oder «China-Mann» nannte. Später wurde er in «Peking-Mann» umgetauft. Heute rechnet man ihn zum Homo erectus. Franz Weidenreich[26] errechnete den Gehirninhalt dieses «ersten Intellektuellen» zwischen 850 und 1300 cc und rückte ihn damit schon fast in den Bereich des modernen Menschen. Man nimmt an, daß er der erste Hersteller von Werkzeugen und der erste Benutzer von Feuer war. Er war wahrscheinlich Kannibale.

In Europa wurde bei Stuttgart 1933 ein Schädel mit etwa

derselben Gehirngröße entdeckt, und 1935 einer in Swangscombe, England. Sie wurden als primitive Formen des Homo sapiens klassifiziert und lebten im zweiten Interglazial.

Es gab sogar primitive Menschen oder Vorläufer des Menschen, die uns, was Schädelinhalt betrifft, übertrafen. Der Mann aus Ehringsdorf bei Weimar, dessen Schädel 1925 entdeckt wurde, und der vor etwa 125 000 Jahren lebte, hatte einen Schädelinhalt von 1450 cc und liegt damit über dem heutigen Durchschnitt. Er gehörte nicht zur Rasse der Neanderthaler, ebensowenig wie der «Heidelberger», von dem 1907 ein Unterkiefer gefunden wurde.

Einen besonderen Platz in der Geschichte des Menschen nimmt die Neandertal-Gruppe ein. Der erste Vertreter bzw. Bruchstücke von ihm, wurden 1856 in Neandertal bei Düsseldorf gefunden, nachdem ein ähnlicher Fund bei Gibraltar 1840 nicht beachtet worden war. Prof. D. Schaafhausen aus Bonn war der erste, der seine Bedeutung erkannte[27]. Später wurden weitere Funde in verschiedenen europäischen Ländern gemacht. Die Neandertaler lebten in Europa vor etwa 180 bis 60 Tausend Jahren, also im dritten Interglazial. Sie hatten eine eigene Kultur. Aus der Art, wie sie ihre Toten begruben, schließt man, daß sie bereits einen Glauben an ein Leben nach dem Tod hatten. Ihr Schädelinhalt von 1625 cc war größer als der des heutigen Menschen. Es ist allerdings fraglich, ob sie bereits eine artikulierte Sprache hatten.

Die Neandertaler starben im vierten Glazial plötzlich aus. An ihre Stelle rückte eine Rasse, die schon zur Spezies Homo sapiens gehörte und die – nach dem Fundort in der Höhle von Cro-Magnon in Frankreich – Cro-Magnon genannt wurde.

Das hier gegebene Bild einer mehr oder weniger regelmäßigen Evolution vom Affen mit etwa 500 cc Schädelinhalt bis zum Homo sapiens mit einem dreimal höheren, ist von

Richard E. Leakey aufgrund eines 2.8 Millionen Jahre alten Schädels mit einem Inhalt von 800 cc angezweifelt worden. Er wurde bei Lake Rudolf in Ostafrika gefunden und der Gattung Homo sapiens zugerechnet.[28]

Herausforderung des Gehirns

Jedenfalls war die Evolution des Menschen, wie sie hier kurz angedeutet wurde, das Resultat einer natürlichen Auslese im harten Kampf ums Dasein. «Ich finde es ernüchternd», schrieb Fred Hoyle einmal[29], «daß wir ohne den unerbittlichen Kampf im Dschungel keine intelligenten Fähigkeiten entwickelt hätten und nicht imstande wären, das Universum zu erforschen oder eine Symphonie von Beethoven zu genießen.» Woraus bestand dieser unerbittliche Kampf im Dschungel oder in den afrikanischen Steppen? Wer waren die Feinde, die unsere Vorfahren bekämpfen mußten? Wir wollen uns hier auf die drei wichtigsten beschränken: der Feind, das Klima und das Feuer.

Feinde:
Die Feinde waren feindliche Mitmenschen oder wilde Tiere. Viele nun ausgestorbene Tiere, Zeitgenossen primitiver Menschen im Pleistozän, waren Riesen, wie das Mammuth, das Mastodon und der Höhlenbär Ursus spelaeus. Ein einzelner Mann oder eine Gruppe unbewaffneter Männer waren diesen Ungeheuern nicht gewachsen. Der Mensch konnte nur überleben, indem er Waffen anfertigte und sich mit seinen Artgenossen zusammentat. Nur die besten Waffen und die beste menschliche Zusammenarbeit konnten erfolgreich sein. So überlebten die besten Gehirne, während die weniger entwickelten von wilden Tieren ver-

zehrt wurden. Und nicht nur von Tieren, denn manche unserer Vorfahren waren Kannibalen. Der Mensch war schon immer des Menschen schlimmster Feind. Es gibt keinen Grund anzunehmen, daß das vor einer Million Jahren besser gewesen sein sollte. Mit denselben Waffen und derselben List wie gegen wilde Tiere wurden feindliche Stämme bekämpft.

Doch auch der menschliche Feind hatte sich entwickelt und kämpfte in Gruppen. Das Überleben erforderte immer höhere Intelligenz und Zusammenarbeit. Robert Bigelow stellte die Theorie auf, daß Zusammenarbeit im Krieg die primäre Ursache sei, die zur Verdreifachung des menschlichen Gehirns im Pleistozän führte[30]. Es wird auch angenommen, daß das plötzliche Verschwinden der Neandertaler und ihre Ablösung durch den Cro-Magnon die Folge blutiger Kämpfe war, in denen der Neandertaler ausgerottet wurde. Die Cro-Magnon-Rasse hatte zwar keine größeren, aber offensichtlich bessere Gehirne.

War es wirklich so? Wie die meisten Annahmen auf dem Gebiet prähistorischer Ereignisse ist auch diese umstritten. Magin Berenguer meinte, daß die Cro-Magnon in der Dordogne die Neandertaler nicht ausrotteten, sondern sich mit ihnen durch Heirat verschmolzen[31]. Stan Goods rechnete sogar die Neandertaler zu unseren Vorfahren und meinte in manchen heutigen Menschen noch die Neandertal- und Cro-Magnon-Typen unterscheiden zu können[32].

Klima:

Ein anderer unerbittlicher Feind des vorgeschichtlichen Menschen war das Klima. Die Dürre des Pleistozän trieben unsere afrikanischen Vorfahren in die Steppen, wie Robert Ardrey im Kapitel «The Bad-Weather Animal» seiner «African Genesis» beschrieben hat.

Die Folge der Dürre ist der Hunger. Es war Hunger, der unsere Vorfahren zwang, Fleischfresser statt Vegetarier zu werden. Es war ein entscheidender Schritt. Der holländische Zoologe Adriaan Kortlandt hat auf die große Bedeutung dieser Tatsache für die Entwicklung der menschlichen Kultur hingewiesen. Die Evolution des spezifisch menschlichen Typs der Kultur erforderte «die Kombination der Handfertigkeit des in Bäumen lebenden Frucht-Essers mit der Weitsichtigkeit und Beharrlichkeit des hochspezialisierten Fleischfressers»[33]. Hier paarten sich erstmals Friedensliebe und Freundlichkeit des Vegetariers mit der Aggression des fleischfressenden Raubtiers – eine für den Menschen bezeichnende Kombination. Es ist der Zwiespalt zwischen Gut und Böse, Sanftmut und Gewalttätigkeit, Güte und Aggression, Frieden und Krieg. Es hat dazu geführt, daß der Mensch «ein verkörpertes Paradox ist, ein Bündel von Widersprüchen» (Colton) oder «ein Problem, mit dem selbst der Teufel keinen Rat weiß» (Robert Burns).

Als Fleischfresser standen unsere Vorfahren im Konkurrenzkampf mit Raubtieren. Wie Desmond Morris in «Herkunft des Nackten Affen» beschrieben hat[34], konnten sie sich nur durch den Gebrauch von Waffen und dank besserer Jagdmethoden behaupten. Das erforderte aber ein besser entwickeltes Nervensystem, und Gruppen mit kleinen Gehirnen unterlagen im grausamen Kampf ums Dasein und starben aus. Weiter könnten Nahrungsmangel und Überbevölkerung die Auswanderung bewirkt haben, die ein hohes Maß an Unternehmungsgeist und Anpassungsfähigkeit erforderte.

Einer anderen klimatischen Gefahr, der der Homo sapiens trotzen mußte, waren Überschwemmungen. Vielleicht gab es auch einmal eine große Flut, in der so viele umkamen, daß man sich ihrer noch Jahrhunderte später erinnerte. Legenden über eine «große Flut» finden sich bei vielen Völkern, und oft wird von einem einzelnen Mann erzählt, der mit seinen Angehörigen überlebte, weil er sich ein großes Boot gebaut hatte. Die Ähnlichkeit solcher Legenden aus verschiedenen Ländern ist auffallend. Bei den alten Griechen war es Deukalion, der als einziger mit seiner Frau auf diese Art gerettet wurde. In Indien, wie die Mahabharate es berichtet, wurde Manu von Brahma vor der kommenden Flut gewarnt, und es wurde ihm aufgetragen, für sich und die sieben Rishis (Weisen), ein Schiff zu bauen. Im Gilgamesch-Epos der Babylonier war der überlebende Schiffbauer Ut-Napishtim, und in der Bibel ist es Noah mit seiner Arche. Ähnliche Sagen gehören zu den Mythen zahlreicher Völker von China bis Australien und Südamerika. Man hat angenommen, daß sie alle auf eine weltumspannende Katastrophe zurückgehen. Manche dieser Erklärungen nehmen sogar an, daß ein zweiter Mond auf die Erde fiel oder daß ein großer Komet (der spätere Planet Venus) die Erde streifte, oder daß der Untergang der mythischen Insel Atlantis die Ursache war (Platon in «Timaeus» und dem Fragment «Critias», siehe auch Andrew Tomas' «Atlantis»[35]. Sogar Besucher von einem anderen Planeten sollen bei dem Ereignis eine Rolle gespielt haben.

Ist es denkbar, daß die Geschichten von der Arche auch einen realen Hintergrund haben? Daß vielleicht der Bau der Arche die Erfindung des Schiffes symbolisiert? Unsere ältesten Kenntnisse von Schiffen stammen aus Ägypten 4000 vor Christus. Aber schon vorher muß der prähistorische Mensch Schiffe aus Schilfbündeln oder ausgehöhlten Baumstämmen gehabt haben, wie dies Thor Heyerdahl so überzeugend demonstriert hat.

War Noah (oder Ut-Napishtim oder Manu oder Deucalion) der erste Schiffserbauer? Es ist typisch, daß es in allen Legenden nur ein Mann ist, der ein Schiff baut, das ihn und seine Familie retten kann. Wenn das Schiff schon ein allgemein bekanntes Transportmittel zur Zeit der großen Flut gewesen wäre, dann würden sich doch ohne Zweifel viele auf dieselbe Art gerettet haben. Die Anweisungen zum Bau der Arche kamen immer von Gott, von einem Gott. Vielleicht symbolisierten diese göttlichen Anweisungen den genialen Einfall, der zu seiner Erfindung führte. Der Einfall eines besser entwickelten Gehirns. Vielleicht symbolisieren die Sagen auch in der Person eines Mannes ganze Stämme prähistorischer Seeleute. Diese Stämme waren erfindungsreicher und intelligenter als ihre Zeitgenossen und überlebten die große Flut dank ihrer Schiffe.

Neben Dürre und Wassernot ist eine der schlimmsten klimatischen Feinde die Kälte. Der Homo sapiens lebte im Pleistozän, einem Zeitalter mit vier Eiszeiten. Es ist sehr wahrscheinlich, daß er auch in den relativ warmen Zwischeneiszeiten harten Wintern ausgesetzt war.

Im Winter, wo der Mensch auf seine eigenen Hilfsquellen von Wohnung, Kleidung und Nahrungsmittelvorrat angewiesen ist, war vielleicht einer der wichtigsten Faktoren der Evolution. Die Natur hatte ihm keinen Pelz gegeben zum Schutze gegen die Kälte, und es gab keinen rettenden Winterschlaf für ihn. Auch hier war er auf die Erfindung seines Gehirns angewiesen; auch hier konnten nur die besten Gehirne überleben.

Der Einfluß des Winters auf die Entwicklung kann sogar heute noch beobachtet werden. Viele Entwicklungsländer sind heiße Länder ohne Winter. In einem heißen Klima braucht man keine festen Häuser, keine warmen Kleider, keine Wintervorräte oder Brennstoff. Sorglosigkeit und Verschwendung bringen nicht den Kältetod.

Das Klima und nicht «koloniale Ausbeutung» als letzte Ursache der Weiterentwicklung? Ich habe diese Möglichkeit manchmal mit Bewohnern solcher Länder besprochen, wenn ich mein Scherflein zu ihrer Entwicklung beizutragen versuchte. Sie sahen darin eine Art Rechtfertigung. Schließlich gibt es unterentwickelte, aber heiße und winterlose Länder, die nie Kolonien anderer Nationen gewesen sind. Für sie gilt das Kolonialsystem als Ursache ihrer Armut nicht, sondern die Tatsache, daß sie ursprünglich zu viele waren und durch reiche Gaben der Natur zu verwöhnt wurden. Denn das ist einer der überraschenden Aspekte der Evolution des Menschen: Auf die Dauer werden die Armen reich und die Reichen arm.

Winter und Armut bilden den menschlichen Charakter. Nicht jeder wird sterben, der nicht genügend für den Winter vorgesorgt hat. Aber er erlebt eine ernste Lektion für sich und seine Nachkommen. Nach einigen Generationen werden Vorsorge und Sparsamkeit zur Gewohnheit. Das erklärt vielleicht, warum Gebirgsländer mit wenigen natürlichen Hilfsquellen und harten Wintern von tüchtigen, vorsorglichen, ja fast geizigen Menschen bewohnt werden.

Feuer:
Das Entfachen des Feuers ist eine der größten Erfindungen der Menschheit. Es leitete ein «Feuerzeitalter» ein, so revolutionär wie unser Atomzeitalter. Die ersten Stämme, die das Feuer zu meistern wußten, waren die «Großmächte» ihrer Zeit. Sie hatten die Macht, andere «mit Feuer und Schwert» auszurotten oder sie durch die bloße Drohung zu unterwerfen. Da Entwaffnungskonferenzen und Atomverträge noch nicht Mode waren, haben die neuen «Feuergroßmächte» die anderen vielleicht buchstäblich ausgerottet. Die «Herren des Feuers» waren die intelligenteren und unternehmenderen Menschen. Das Töten ihrer dümmeren, feuerlosen Mitmenschen war ein schnelles und wirksames Mittel der natürlichen Auslese.

Wie die Erfindung des Schiffes in Mythen als das Werk

eines einzelnen Menschen symbolisiert wurde, war in der griechischen Mythologie auch die Bezähmung des Feuers die Tat eines einzigen Mannes. Prometheus raubte das Feuer den Göttern und gab es den Menschen. Andere Völker hatten spezielle Feuergötter, wie Agni bei den Hindus oder Nusku-Gibil in Babylonien und Assyrien. Feuer war so wichtig, daß es eine religiöse Bedeutung bekam, wie bei den «Feueranbetern» der Religion des Zoroaster in Persien, oder bei den Römern, deren Vestalinnen das Feuer hüten mußten. Überbleibsel alter Feuerriten finden sich auch im Anzünden «neuen Feuers» in verschiedenen Zeremonien der Karwoche der katholischen und griechisch-orthodoxen Kirchen.

Es ist nicht wahrscheinlich, daß die Nutzung des Feuers nur einmal und an einem bestimmten Ort erfunden worden oder daß es die heroische Tat eines einzelnen prähistorischen Prometheus war. Es wird ein langsamer Prozeß über vielleicht mehrere Generationen hinweg gewesen sein. Wir können nur Vermutungen anstellen. Zuerst wird der Mensch das Feuer durch Blitzschlag, vulkanische Ausbrüche oder als Wald- oder Steppenbrand erfahren haben. Er wird Angst davor gehabt haben. Primitive Vorstellungen von übernatürlichen Kräften oder Göttern beruhten vielleicht auf dem Erlebnis eines brennenden Busches nach einem Gewitter. Eine der ersten Ideologien der Menschheit war vielleicht die Ideologie des Feuers.

Welchen Mut (und welche Neugier!) muß der erste Mensch gehabt haben, der seine Furcht überwand und sich dem brennenden Busch näherte, statt vor ihm zu fliehen! Der einen brennenden Zweig in die Hand nahm und betrachtete! Vielleicht verbrannte er sich die Finger, warf den Zweig entsetzt weg und wagte es nie wieder. Aber früher oder später würden andere dasselbe tun. Einer hatte vielleicht den Gedanken, ein Stück trockenen Holzes in die

Flammen zu stecken und entdeckte auf diese Art die Kunst, Feuer zu unterhalten. Vielleicht wurden die ersten Pioniere, die es wagten, mit Feuer zu spielen, von ihren Mitmenschen geächtet, aus dem Stamm ausgestoßen.

Das Feuer jedenfalls blieb. Seine Vorteile wurden erkannt. Sie waren enorm. Wir können annehmen, daß die ersten «Herren des Feuers» es nicht nur zum Kriege benutzten, sondern auch, um wilde Tiere aus den Höhlen zu vertreiben.

Um Feuer nutzen zu können, mußte man lernen, es zu hüten. Dies war die zweite Etappe. Während die erste Etappe Mut und Neugier erfordert hatte, verlangte die zweite Beobachtungsgabe, Vorsorge und eine soziale Organisation. Dem Stamm, dem diese intellektuellen Fähigkeiten fehlten, mußte früher oder später das Feuer wieder ausgehen. So wurde auch das Hüten des Feuers lebenswichtig. Kein Wunder, daß es ein heiliger Ritus wurde.

Nachdem Feuer einmal verfügbar war, folgten viele revolutionäre Anwendungen. Vom ersten brennenden Stück Holz zur Fackel als Lichtquelle war es nur ein Schritt, aber ein sehr wichtiger. Dann entdeckte man, daß Kieferholz am besten geeignet war, und der Kienspan wurde erfunden. Er wurde die wichtigste Lichtquelle für Jahrtausende. Die Nutzung des Feuers hatte auch soziale Folgen. Sie ermöglichte kleinen Familiengruppen, getrennt vom Stamm zu leben, von dem sie früher abhängig gewesen waren, was Unterkunft und Sicherheit betrifft. Ferner wurden Werkzeuge und Waffen verbessert: Keulen oder primitive Äxte wurden zugespitzt und am Feuer gehärtet. Für den Bootsbau wurden Baumstämme mit Feuer ausgehöhlt. Doch am wichtigsten war das Feuer für die Nahrung und bedeutete den Übergang von rohen zu gerösteten oder gekochten Nahrungsmitteln. Die Entdeckung, daß sich Fleisch, Wurzeln und andere Nahrungsmittel auf dem Feuer schmackhaft verändern, verdankt man wahrscheinlich dem Zufall. Viele große Entdeckungen wurden und werden auch heute noch durch Zufallsbeobachtungen gemacht.

Über dem Feuer konnte man die Nahrung rösten. Der erste «Küchenofen» war der Grill, der Bratrost, der «Barbecue», der heute noch beliebt ist. Eine andere Entdeckung war, daß gewisse unverdauliche Wurzeln genießbar wurden, wenn man sie einige Zeit in heiße Asche legte. Der erste Backofen war wahrscheinlich in einem Erdloch oder zwischen Steinen, die man erst durch Feuer erhitzt hatte. Auch heute noch wird in manchen Ländern auf diese Art Brot gebacken.

Für das Kochen von Wasser und damit das eigentliche Kochen erforderte es geeignete Gefäße. Waren die ersten Kochtöpfe Säcke aus Häuten oder hohle Muscheln? Früher oder später lernten die Menschen, mit Lehm und Ton zu spielen und entdeckten, daß sie sehr hart im Feuer werden. Es war der Anfang der Töpferei. Die Zubereitung von Nahrung mit Hilfe des Feuers hatte viele Vorteile. Sie tötete Bakterien, verhinderte Krankheiten und erhöhte die Verdaulichkeit und Haltbarkeit. Sie vergrößerte auch beträchtlich das Angebot. Wie Carl Leopold von der Purdu Universität und Robert Ardrey beschrieben haben[36], wurden viele Getreidearten wie Weizen und Gerste erst durch Kochen genießbar. Nach Studium der archäologischen Beweise für die Verwendung von Feuer folgern sie, daß das Kochen der Nahrung vor etwa 40000 Jahren im Nahen Osten erstmals stattfand. Es führte zum Anbau von Getreide und zur Vermehrung der heutigen Menschenrasse. War es die erste «Bevölkerungs-Explosion»?

Eine angenehme Folge gekochter Nahrung war, daß die Kiefer weniger Arbeit zu verrichten hatten. Dadurch wurden die zum Kauen benötigten Schläfenmuskeln allmählich kleiner und übten weniger Druck auf die Schädelknochen aus. Dies begünstigte das Wachstum des Schädels und damit des Gehirns. Es erklärt vielleicht die entsprechenden Trends der genetischen Evolution des Menschen: größere Schädel und kleinere Kinnbacken.

Ein weiterer Markstein war die Erfindung der Feuer-Erzeugung. Vor dieser Erfindung war der Mensch auf Blitze angewiesen gewesen. Auf die Dauer hing Überleben von der Kunst ab, Feuer zu machen. Der erste Stamm, der diese Kunst meisterte, hielt sie vielleicht geheim. Wir können annehmen, daß Feuer zuerst so gemacht wurde wie primitive Völker (und Pfadfinder!) es heute noch tun: durch Reibung von Holzstäbchen. Es gibt verschiedene Methoden. In Australien, Indonesien und Neu-Guinea kennt man die «Feuersäge» und in Ozeanien den «Feuerpflug». Eine andere Methode, die des Feuerschlagens mit Feuerstein und Eisen, wurde erst in der Eisenzeit möglich. Diese Methode wurde als Schlagfeuerzeug noch bis ins 19. Jahrhundert vor der Erfindung des Streichholzes verwendet.

Dank des Feuers konnte man nun in kühlere Gegenden auswandern. Diese Wanderungen werden von Gil Fillan «The Coldward Course of Progress»[37] genannt, was man vielleicht mit «Kältemarsch des Fortschritts» übersetzen könnte. Ohne Feuer war der Mensch auf Länder mit warmem Winter angewiesen. Dafür mußte er aber heiße Sommer in Kauf nehmen. Feuer machte es möglich, kalten Wintern zu trotzen und in Ländern mit einem angenehmen Sommerklima zu leben.

Feuer regte auch Gedanke und Phantasie an. An den langen Winterabenden, wenn die Familie sich um das Feuer kuschelte, wurden Geschichten erzählt und Gedanken ausgetauscht. Allerdings brauchte es dazu eine hochentwickelte Sprache, auf die wir später näher eingehen werden.

Wie wird die Entwicklung weitergehen? Wird es eine fortschreitende genetische Evolution durch natürliche Auslese geben? Unsere heutige Gesellschaft hat dem Kampf ums Dasein die Schärfe genommen. Sie beschützt auch die genetisch Schwachen, und das könnte zu genetischer Entartung führen.

Wird die Atombombe zur Evolution einer allgemeinen Friedfertigkeit führen? Oder – wenn es wirklich zum Atomkrieg kommt – zu einer neuen Spezies des Homo sapiens, die resistent gegen Strahlen ist? Wie wird sich die Raumfahrt auf unsere Entwicklung auswirken? Wird sie zu einer Rasse von Astronauten führen, die genetisch den neuen Aufgaben angepaßt sind? Und um den Einfluß unserer Ideologien nicht zu vergessen: Ihre Überwindung muß im Laufe der Evolution zur höchsten Fähigkeit unseres Gehirns führen: zu Common sense – zum gesunden Menschenverstand.

4. KAPITEL

Das menschliche Gehirn

«Das menschliche Gehirn ist die Krone der tierischen Evolution, und die mächtigen Windungen der Großhirnrinde sind das glitzernde Juwel, das die stolze Spitze der Krone bildet», hat Roger Lewin einmal geschrieben[1]. Wir haben gesehen, wie dieses glitzernde Juwel sich im Kampfe mit einer feindlichen Umwelt entwickelt und sich in etwa einer Million Jahren verdreifacht hat. Wir wollen jetzt seine verschiedenen Funktionen betrachten und zu verstehen versuchen, wie aus dem nackten Affen, der Ideen entwickelte, ein ideologischer Affe wurde.

Der Mensch ist Gehirn; sein übriger Körper ist dazu da, es zu bedienen. Der Blutstrom muß es ernähren, die Sinnesorgane führen ihm Informationen zu, Arme und Beine befolgen seine Befehle. Aber die Menschheit brauchte ein paar tausend Jahre, um dies zu begreifen, wie Clarke und Dewhurst es in ihrer faszinierenden Geschichte der Gehirnfunktionen beschrieben haben[2]. Der große Aristoteles, einer der fähigsten Denker seiner Zeit, glaubte, dieses unbedeutende Organ sei dazu bestimmt, das Blut zu kühlen.

Anatomie des Gehirns

Die Anatomie beschreibt das Gehirn als eine fahlgraue Masse von der weichen Konsistenz eines Käses. Es wiegt etwa 1500 Gramm; davon sind etwa 12 Gramm Nervenzellen oder Neuronen, d. h. im erwachsenen Gehirn gibt es elf Milliarden Nervenzellen. In der Großhirnrinde allein, also in dem Teil mit dem wir denken, beträgt die Anzahl der

Neuronen nach J. Z. Young ungefähr das Siebenfache der gesamten Weltbevölkerung[3]. Jedes Neuron besteht aus einem Zellkörper mit einem Kern, einem langen, rüsselartigen Fortsatz (Axon) und dünnen, verästelten Dendriten als Leiter. Die größten menschlichen Nervenzellen haben einen Durchmesser von 0,05 mm und durchschnittlich 10 000 Kontaktstellen mit anderen Zellen. Diese Kontakte entstehen nicht durch die Dendriten, die einander berühren, sondern durch eine Art Lücke oder Membrangrenze, die ein Impuls überspringen muß. Diese Kontaktstelle wird Synapse genannt. Das Netz der Nervenfasern, die die Zellen mit Hilfe der Synapsen verbinden, hat eine Länge von etwa 400 000 Kilometer und damit das Zehnfache des Erdumfangs. In der Anzahl und Anordnung der Neuronen liegt das Geheimnis der überlegenen Intelligenz des Menschen.

Unsere Kenntnisse der Funktion dieses komplizierten Neuronensystems sind noch unvollständig. Physikalische und chemische Kräfte spielen hier eine Rolle: elektrische Impulse in den Dendriten, chemische Prozesse in den Synapsen. Informationen werden nicht nur übermittelt, sie werden auch aufgespeichert. Diese Speicherung, unser Gedächtnis, ist sehr wahrscheinlich ein chemischer Vorgang und findet in den großen Eiweißmolekülen statt, von denen jede Nervenzelle Millionen hat und die dabei subtile Veränderungen erfahren.

Dies führt zu der faszinierenden Frage, ob das Gedächtnis in der Form chemischer Substanzen wie den Aminosäuren, aus denen die Eiweißstoffe bestehen, von einem Tier auf ein anderes übertragen werden kann. Ermutigende Versuche sind mit niederen Tieren wie Würmern und Mäusen gemacht worden. Und heißt das nun, daß ererbtes Verhalten in Wirklichkeit ein im Laufe von Jahrmillionen erworbenes Verhalten ist? Oder, wie der französische Neurologe François Lhermitte es einmal in einem Vortrag in Nizza formulierte: Sind unsere Erbanlagen nicht «durch Anpassung an die Umgebung entstanden, so als ob das Leben eine natürliche Tendenz zur Intelligenz hätte»[4]?

Ist das Gehirn ein einzelnes Organ, das als Ganzes handelt? Nach Paul MacLean besteht es aus drei fundamentalen zentralen Einheiten[5]. Er nennt sie: Reptilien-, Alt-Mammalian- und Neu-Mammalian-Gehirn. Sie stellen die prinzipiellen Etapen der Evolution dar. Das Reptilien-Gehirn (Stammhirn, Althirn) ist das älteste; das Alt-Mammalian-Gehirn liegt daürber (Zwischenhirn) und in der Zone, die als Limbisches System bekannt ist, während das Neu-Mammalian-Gehirn alle in der Form eines Teils der Groß-Gehirnrinde umgibt. Jedes dieser drei Gehirne besitzt seine eigene Intelligenz und sein eigenes Gedächtnis; untereinander sind sie nur locker und indirekt verbunden.

Eine andere Entdeckung der modernen Gehirnforschung ist die Asymmetrie der beiden Gehirnhälften. Die linke Hälfte dient vorwiegend dem verbalen, logischen, rationalen und zeitlichen Denken; die rechte Hälfte – nach Robert A. Ornstein – dem räumlichen, irrationalen und intuitiven Denken. Wie Ornstein experimentell zeigte, hatten Juristen eine aktive linke Seite, während Künstler mehr ihre rechte brauchten[6]. Einige Schlußfolgerungen Ornsteins, z. B., daß die rechte Hälfte der Sitz des Unbewußten sei, sind noch umstritten.

Es gibt verschiedene Theorien, die das Denken als eine Wechselwirkung zwischen zwei Polen betrachten: realistisches und imaginatives Denken (W. E. Vinacke), vertikales und laterales Denken etc. (De Bono), konvergentes und divergentes Denken etc. Eine überraschende Tatsache (oder Annahme?) ist, daß wir unser Gehirn nur zum Teil benutzen. Schon Pawlows Schüler Anoukhin nahm es an. Es ist auch eine der Schlußfolgerungen von Ornsteins Arbeiten.

«Augenblicklich», schreibt Rudolf Dreikurs[7], «arbeiten wir wahrscheinlich mit nur 25 % unserer geistigen Fähigkeiten; man kann sich vorstellen, wie ein Mensch wäre, würden alle künstlichen Beschränkungen seiner Entwicklung entfernt und seine Möglichkeiten erschlossen.» Noch pessimistischer ist der amerikanische Psychologe Tom A. Waters. Er schätzt, daß der Durchschnittsmensch nur 10 - 15 % seiner Gehirnkapazität benutzt, und macht Vorschläge, wie die ungenutzten Reserven aktiviert werden könnten[8]. Es erhebt sich die Frage, wie das erklärt werden kann. Schließlich hat auch unser Gehirn sich durch natürliche Auslese entwickelt. Gab es eine Mutation, die unsere Vorfahren mit einem Übermaß an Gehirnsubstanz ausstattete? Lernen wir allmählich diesen Reichtum auszunutzen? Oder stimmt Erich von Dänikens Hypothese, daß Wesen eines anderen Planeten das menschliche Gehirn durch genetische Manipulation umformten?[9] Er ist übrigens nicht der einzige, der an die Möglichkeit glaubt, unsere Erde sei einmal von Wesen anderer Planeten besucht worden. So schätzt G. V. Foster, daß unser Sonnensystem etwa 400 Besuche aus dem Weltraum empfangen habe[10].

Eigenschaften des Gehirns

Der holländische Anthropologe Arie de Froe[11] hat drei Eigenschaften unseres Gehirns beschrieben, die einzig in ihrer Art sind. 1. Wegen der ständig wechselnden Informationen, die das Gehirn von den Sinnesorgangen erhält, ist es in fortwährender Veränderung begriffen.

2. Das Gehirn ist zukunftsorientiert. Während Herz, Lunge, Nieren usw. für das «Jetzt» arbeiten, denkt das Gehirn immer voraus, schätzt Chancen und Gefahren ab. Diese Zukunftsorientierung bildet einen grundlegenden

Unterschied zwischen Mensch und Tier. Der Mensch, der vorausdenkt und sich an die Vergangenheit erinnert, ist ein zeitbewußter Mitspieler im Drama der Geschichte.
3. Das Gehirn ist einmalig. Es gibt kein Gehirn, das wie ein anderes ist. Alle anderen menschlichen Organe sind sich ähnlich und können in einem anderen Körper weiterbestehen. Eine Gehirnübertragung wird es jedoch nie geben. Im besten Falle gelingt es Chirurgen, dem Gehirn einen anderen Körper zu geben.

Jedes Organ des Körpers hat eine Hauptfunktion, die sich auf gewisse Naturgesetze gründet: die Verdauungsorgane wenden chemische Prozesse an, Augen und Ohren arbeiten mit Optik und Akustik; die Funktion der Arme und Beine ist eine Sache der Mechanik. Aber welches Naturgesetz spielt im Gehirn die Hauptrolle? Es kann etwas tun, was kein Computer kann; begrifflich und vernünftig denken. Es wendet zu diesem Zwecke die Gesetze der Logik und Mathematik an, einschließlich Zahlentheorie, funktionelle Analyse, Wahrscheinlichkeitsrechnung, Topologie und Infinitesimalrechnung. Vielleicht arbeitet das Gehirn sogar mit mathematischen Gesetzen, die wir noch nicht kennen. Es gibt ja mathematische Wunderkinder, die gewisse mathematische Operationen im Kopfe schneller ausführen können als gelernte Mathematiker mit ihren Hilfsmitteln. Leider können diese Wunderkinder nie sagen, wie sie es tun. Es ist eine unbewußte Tätigkeit.

Wie steht es mit den charakteristischen Eigenschaften von MacLeans drei fundamentalen zentralen Einheiten? Das Reptilien-Gehirn könnte nach Arthur Koestler[12] die menschliche «Schizo-Physiologie» erklären. Es arbeitet instinktiv aufgrund ererbter Impulse und ist vielleicht für gewalttätiges Verhalten, für Massenhysterie und Lynchjustiz, vielleicht auch für Religion und Ritual verantwortlich. Das Alt-Mammalian-Gehirn hat sich aufgrund emotionaler Reaktionen, was wahr und wichtig ist, vielleicht auch aufgrund von Gefühlen paranoider Art entwickelt. Es ist verantwortlich für Selbsterhaltung und Erhaltung der Art. Das Neu-Mammalian-Gehirn schließlich ist das Gehirn des begrifflichen Denkens, des Lesens, Schreibens und Rechnens. Hier entstehen Ideale und Ideologien. Zu den Ideologien tragen die Gewalttätigkeit des Reptilien-Gehirns und die Gefühle des «Pferde-Gehirns» (Alt-Mammalian-Gehirn) allerdings Wesentliches bei.

Diese und viele andere faszinierende Theorien sind verhältnismäßig neu und zum Teil noch umstritten. Gehirnforschung ist vielleicht der wichtigste Gegenstand menschlicher Wissenschaft. Deshalb hat Erwin Lausch vorgeschlagen, es zum internationalen Forschungsziel Nr. 1 zu erklären[13].

Gehirn und Geist

Kann der menschliche Geist, seine Gedanken und seine Inspirationen, auf rein molekularer Grundlage erklärt werden? Diese Frage berührt den alten Konflikt zwischen Reduktionismus und Holismus. Ist das Ganze mehr als die Summe seiner Teile? In seinem Werk «The Conscious Brain» (Das bewußte Gehirn) behandelt Steven Rose dieses Problem und erörtert das Woher des Geistes. Er gibt dabei eine ausgezeichnete Zusammenfassung der Anatomie, Physiologie und Arbeitsweise des Gehirns[14].

Vielleicht ist unser Gehirn ein Organ, um die Wahrheit zu erkennen? Robert W. Doty nennt dies die Grundfrage der Identität des Menschen: Ist er ein Wesen oder eine Maschine?[15] Eine mögliche Antwort – wie auf die meisten Fragen dieser Art – hängt von der Definition «Wesen» und «Maschine» ab.

In diesem Zusammenhang sollte man auch die Konzeption des Geistes definieren, wobei es viele Definitionen gibt.

Eine für uns hier annehmbare ist: «Das Element oder der Komplex von Elementen in einem Individuum, das fühlt, wahrnimmt, denkt, will und vor allem urteilt.» Dies sind die Prozesse, die im Gehirn stattfinden. Der «Geist» ist deshalb ein Prozeß, ein Vorgang. Er ist eine Funktion des Gehirns. Das neugeborene Kind hat ein Gehirn, aber noch keinen Geist. Der Geist bildet sich erst, wenn das Gehirn anfängt, die Informationen von der Außenwelt zu verarbeiten.

Manche glauben, aus philosophischen Gründen, daß das Geistige und das Physische zwei getrennten, aber parallelen Welten angehören. Dieser Gedanke des «psycho-physischen Parallelismus» steht jedoch im Widerspruch mit den wissenschaftlichen Forschungsergebnissen. Geist und Körper bilden eine untrennbare Einheit. Die Frage ist nur, ob das Geistige aus dem Nichtgeistigen hervorgegangen ist oder ob es zum Leben gehört.

Mechanismus des Gehirns

Was geschieht eigentlich in unserem Gehirn? Wir wissen, daß elektrische Impulse durch Nervenfasern übertragen werden und daß chemische Stoffe die Synapsen zwischen den Neutronen überbrücken. Ist das alles? Noam Chomsky, berühmt durch seine Arbeiten über die «Tiefenstruktur» und die schöpferische Kraft der Sprache, hat einmal bezweifelt, ob der Mechanismus des Geistes je aufgrund unserer heutigen physikalischen und chemischen Kenntnisse begriffen werden kann. Noch weiter in seiner Skepsis ging der Mathematiker Kurt Gödel in seiner berühmten Unvollständigkeitstheorie (1931). In der Formulierung von Barkley Rosser besagt er, daß kein mathematisches System vollständig selbstbeschreibend sein kann[16]. Auf das System unseres Geistes angewendet, bedeutet das, daß dieser sich nie selbst ganz begreifen kann ... «Erkenne dich selbst», lautet die

Inschrift des Apollotempels in Delphi. Leider ist das vielleicht gerade das, was wir nie vollbringen werden. Die Wissenschaft jedenfalls hat sich tapfer darum bemüht. Unsere Kenntnisse des Gehirns und seiner Tätigkeit sind bemerkenswert. Eine der Hauptaufgaben des Gehirns ist die Verarbeitung der eintreffenden Informationen. In jeder Sekunde empfängt es mehrere hundert Signale, ohne die wir nicht leben könnten. Ihr Ausschluß (in licht- und schalldichten Käfigen) führt zu Halluzinationen und zum Wahnsinn. Wir können auch nicht ohne eine begriffliche Einordnung dieser Signale leben. Eine Sturzflut chaotischer Signale würde uns ebenfalls zum Wahnsinn treiben.

Ein Teil dieser Verarbeitung, das Sortieren und Klassifizieren, geschieht automatisch und unbewußt. Neurophysiologen unterscheiden verschiedene Arbeiten, von denen ich nur die wichtigsten erwähnen will. Zuerst müssen die eintreffenden Informationen vorsortiert werden. Das Gehirn nimmt nur bedeutsame auf und besonders Reiz-Sequenzen, die sich von anderen Signalen unterscheiden. Eine Sequenz von Reizen oder von zeitlichen Ereignissen oder räumlichen Objekten bildet eine Art Muster (plattern).

«Das erste bedeutsame Merkmal eines solchen Musters», sagt Grey Walter, «ist, daß wir es im Gedächtnis behalten und mit einem anderen Muster vergleichen können»[17]. «Solche Muster», sagte der große französische Physiologe Claude Bernard bereits 1878, «gibt es nicht in der Natur, sondern im Geiste des Menschen.» Allerdings nannte er es nicht Muster, sondern «System».[18]

Weiter kann man ein solches Muster mit einem anderen Muster, das bereits in unserem Gedächtnis gespeichert ist, vergleichen. Dies ist der Prozeß der Assoziation. Durch eine primäre Assoziation finden wir z. B. heraus, ob ein gewisses Geräusch ein Schuß, Musik oder das Zuschlagen einer Tür ist. Unsere Assoziationen umfassen oft auch

Ideen, Wertbegriffe und Emotionen. Wir unterscheiden auf diese Weise, ob uns eine Person, eine Stadt, eine Situation etc. gefällt oder mißfällt.

Aber unsere Sinnesorgane sind nicht unfehlbar. Es kommen Beobachtungsfehler und falsche Assoziationen vor. Ferner klassifiziert unser Gehirn nicht nur die Informationen, es ergänzt sie. Es greift dann zurück auf frühere im Gedächtnis gespeicherte Informationen, die eventuell fehlerhaft sein können. Das Gehirn neigt zu Rationalisierung, wie F. Bartlett es nennt. Es verändert sonderbare und konfuse Informationen, bis sie rational erscheinen[19]. Im großen Ganzen ist unser Wahrnehmungsvermögen viel fehlerhafter als wir denken, meint F. Jahoda[20].

Aus unseren klassifizierten, ergänzten und rationalisierten Informationen bauen wir schließlich unsere Begriffswelt auf. Wir beladen sie mit Gefühlen von Zustimmung oder Ablehnung, mit Ängsten und Wünschen, mit Schreckgespenstern und Idealen. «Unser Problem ist es, notwendigerweise zur gleichen Zeit in zwei verschiedenen Welten zu leben», schreibt Louis J. Halle, «in einer chaotischen existenziellen Welt und seiner geordneten Begriffswelt.»[21]

Ist dieser Prozeß, sich eine Begriffswelt zu erschaffen, willkürlich? Wird er durch Zufälle und Launen geleitet? Oder ist er gewissen Regeln unterworfen? Der Anthropologe Claude Lévi-Strauss[22] ist überzeugt, daß es solche Regeln gibt, die eine strukturelle Ordnung darstellen. «Ordnung muß es überall geben, sogar im Gehirn.» Es gibt «unerbittliche Muster» in unserem Intellekt, eine Art Computerprogramme, ein «Gesetz, dem der menschliche Geist gehorcht», ein «kleinster gemeinsamer Nenner menschlichen Gedankenguts».

Falls ein solches Schema den Geist eines Einzelnen regiert, könnte es auch ganze Generationen beherrschen und die Menschheitsgeschichte gestalten. Das bringt uns zu Pascals

Konzeption eines «Überindividuums», das unsere aufeinanderfolgenden Generationen repräsentiert[23]. Oder zu Oswald Spenglers Geschichts-Morphologie eines Lebenszyklus, den alle Kulturen durchlaufen[24], und zu Teilhard de Chardins aufsteigender Spirale der Evolution[25].

Die Frage, ob wir frei sind, um unsere Begriffswelt nach Gutdünken aufzubauen, ist dieselbe wie die der Willensfreiheit: Innerhalb gewisser Grenzen können wir die Freiheit genießen und unsere eigenen Konzeptionen schaffen. Oder eine freie Wahl treffen zwischen Konzeptionen, die andere uns in so reicher Fülle anbieten. Diese konzeptionelle Ordnung, diese Welt in uns, ist unser heimliches Königreich. Es ist «eine geheime Welt der Wunder», wie der englische Dichter James Thomson es genannt hat. Diese innere Welt ist unsere ureigene. Es hat auf unserem Planeten noch nie zwei Menschen mit derselben Innenwelt gegeben. Deshalb sind wir im tiefsten Sinne alle Fremdlinge füreinander. Ideologien sind die grimmigen Festungen, die künstlich in dieser Innenwelt errichtet worden sind. Sie sind feindliche Bollwerke; sie wollen unser heimliches Königreich erobern, beherrschen und versklaven.

Grenzen des Gehirns

Das Gehirn ist in vieler Hinsicht ein Wunderwerk. Aber es hat auch seine Grenzen. «... Vererbung, die der menschlichen Rasse eine überlegene Gehirnleistung gibt, liefert ihr doch keine vollkommene Denkmaschine», seufzt R. H. Benson. «Es kommt leicht zu Fehlschlüssen, die jahrhundertelange, sorgfältige wissenschaftliche Arbeit zu ihrer Ausmerzung erfordern.»[26]

So ist es leider. Das erklärt die große Anzahl sich widersprechender Ideologien, ihre Irrtümer und ihre Hartnäckigkeit. Aber es erklärt noch viel mehr. Es erklärt auch die

Ungereimtheiten der angeborenen Natur des Menschen. Es erklärt, warum die Friedensapostel oft so aggressiv sind, warum die Sanftmütigen so grausam sein können. Weshalb Aberglauben und Okkultismus in den aufgeklärten Gehirnen von Freidenkern spuken, nagende Zweifel im Herzen der Gläubigen, unheiliges Verlangen im Eifer der Heiligen. Der Mensch, der die Natur erobert hat, kann sich seines Sieges nicht freuen. In ihm ist noch die Ruhelosigkeit des Kämpfers. Seine beste Waffe im Kampf ums Dasein, sein Gehirn, ist überempfindlich, überaktiv geworden. Sein größter Feind ist heute die Langeweile, die Schwester der Ruhe. «Vielleicht ist das die letzte Ursache aller unserer Probleme», hat Teilhard de Chardin in «Die Natur des Menschen» gesagt.

Unser Gehirn braucht Bewegung. Es genießt die vorbeifliegende Landschaft während einer Eisenbahnfahrt. Und es wird unruhig, wenn der Zug hält. Und im Flugzeug, von dem aus die vorbeifliegende Landschaft nicht mehr zu sehen ist, muß das Gehirn durch Mahlzeiten, Musik, Filme und Zeitschriften beschäftigt werden. Unser immer hungriges Gehirn macht den Erfolg des Fernsehens aus.

«Zwei Seelen wohnen, ach, in meiner Brust», seufzt Faust. Dieser ewige Konflikt, dieses Nebeneinander von widersprechenden Zügen, ist die Tragödie der Menschheit. Der Erfolgreiche kann seinen Erfolg nicht genießen und der Reiche nicht seine Schätze: immer sind sie auf der Suche nach neuen Unternehmungen, Sensationen, Gefahren. Es gibt auch keine Ruhe auf sozialem Gebiet. Selbst in der besten Demokratie schreit man immer nach Veränderung, lauert die Revolution. So ist es mit der Kunst, der Musik, der Literatur: immer gibt es eine «Avantgarde», die irgend etwas Neues ausprobiert, und wenn es noch so verrückt ist. Immer werden wir getrieben von der großen Angst unseres Gehirns: der Angst vor dem «déjà-vu».

Es gibt noch andere Grenzen des Gehirns, gefährlichere als seine Denkfehler, seine Widersprüche, seine Ruhelosigkeit. Wie jede komplizierte Maschine ist das Gehirn leicht verwundbar. In dem Abschnitt über das Bewußtsein werden wir sehen, wie leicht das Gehirn beeinflußt werden kann: durch Drogen und Stimulanzien, durch Suggestion und Hypnose, und wie leicht es ein Opfer pathologischer Zustände wie Neurosen und Psychosen werden kann.

Wie William Sargant in seinen Büchern beschrieben hat, ist unser Gehirn durch Streß als Folge erschreckender oder überwältigender Erlebnisse sehr verwundbar. Und wie leicht es beeinflußt werden kann durch gewisse Methoden, «die die Menschen seit Jahrtausenden in ihrer Behandlung des Abnormalen angewendet haben: nicht nur was Geisteskrankheiten betrifft, sondern auch im Bezug auf «übernormale» oder «übernatürliche» Dinge – Götter, Geister und Dämonen».[27] Und: «Von der Steinzeit bis zu Hitler, den Beatles und der modernen Pop-Kultur ist das Gehirn des Menschen immer wieder durch dieselbe physiologischen Methoden beeinflußt worden. Der Verstand wird entthront, der normale Gehirn-Computer zeitweise ausgeschaltet, neue Ideen und neuen Glaubensbekenntnisse werden kritiklos übernommen».[28]

Instinkt und Intelligenz

Instinkte

Die Instinkte wurden definiert als angeborene Kräfte, welche Selbsterhaltung und Fortpflanzung gewährleisten. Instinkte entstanden im Laufe der Evolution unter dem Einfluß der natürlichen Auslese. Sie sind weitgehend erblich und unveränderbar. Sie haben nichts mit dem Verstand zu tun und lösen somatische Spannungen.

Instinkte wurden bei Tieren gründlich studiert und in über 300 Kategorien eingeteilt. Im ersten Viertel dieses Jahrhunderts hatten verschiedene Autoren nach dem Beispiel von William James[29] – etwa 850 verschiedene Instinkte beim Menschen aufgezählt. Die Psychologen waren sich aber nicht immer einig. William McDougall z. B. begründete die Sozialpsychologie auf (vermutete) Instinkte[30]. L. L. Bernard[31] leugnete ihre Existenz. Ein neuer Ansporn, sich dem Studium der Instinkte zu widmen, ging von Freud aus[32]. Er erkannte die Wichtigkeit von Instinkten und Leidenschaften, die den Kern unseres Wesens in dem großen unbewußten «Ich» bilden. Er fand eine enge Beziehung zum Sex-Instinkt, einem in der Tat sehr starken, den die Freud'sche Schule aber überschätzt.

Moderne Autoren (Lorenz, Ardrey, Morris und viele andere) haben betont, wie wichtig die Instinkte für unser Verhalten sind. Um nur Lorenz zu zitieren: «Alle diese erstaunlichen Widersprüche finden eine zwanglose Erklärung ... sowie man sich zu der Erkenntnis durchgerungen hat, daß das soziale Verhalten des Menschen keineswegs ausschließlich von Verstand und kultureller Tradition diktiert wird, sondern immer noch allen jenen Gesetzlichkeiten gehorcht, die in allem phylogenetisch entstandenen instinktiven Verhalten obwalten»[33].

Eng verwandt mit dem Begriff des Instinkts ist die des Triebes. Statt des Ausdrucks «vererbter Instinkt» bevorzugen manche Autoren die Bezeichnung «physiologischer Trieb». Es gibt auch ein Verhaltenstrieb, definiert als beharrliches, ziel-gerichtetes Verhalten. Wallace Craig unterscheidet zwei grundlegende Formen: «appetite» und «aversion» (Verlangen und Abneigung)[34].

Nach Paul MacLean sind die Instinkte noch fest verankert in unserem ältesten Reptilien-Gehirn. Durch Umweltfaktoren beeinflußt, sind sie vielleicht im Laufe der Evolution abgeschwächt oder verstärkt worden. Der Kampf ums Dasein könnte schlafende Aggressionen und Grausamkeiten wieder aufleben lassen; lange Perioden des Friedens könnten den Instinkt der Friedfertigkeit unserer bäumekletternden vegetarischen Vorfahren verstärken. Es gibt nicht nur negative friedliche Instinkte sondern auch positive, wie Altruismus und Nächstenliebe, wie der Harvard-Zoologe F. J. Darlington betont hat. Auch sie haben Überlebenswert, weil sie die Gruppe im Kampf ums Dasein zusammenhalten. Instinkte sind allgegenwärtig. Wir könnten nicht ohne Selbsterhaltungstrieb oder Fortpflanzungstrieb leben. Wir würden nie die Werkzeuge und Geräte, die Kapitalgüter aller menschlichen Kulturen, ohne unseren Besitz-Instinkt erlangt haben. Wir hätten ohne unseren Instinkt der Dominanz nie Staaten mit Zivilisationen begründet. Ohne Aggression wären wir eine Herde blökender Schafe. Unser Sex-Instinkt – unabhängig von der Fortpflanzung – ist eine Quelle der Freude und der künstlerischen Inspiration. Einige unserer Instinkte spielen eine entscheidende Rolle in Ideologien und werden später noch ausführlicher behandelt werden.

Intelligenz

Im Gegensatz zu den Instinkten steht unsere Intelligenz. Was ist Intelligenz? Es gibt verschiedene Definitionen, von denen ich nur einige erwähnen will. Eine lautet z. B. «die Fähigkeit, neuen Anforderungen und Situationen mit Hilfe von Denkleistungen wirksam zu begegnen.» Andere Definitionen sprechen etwas unbestimmt von einem «allgemeinen Lernvermögen». Jean Piaget sieht, aufgrund der intellektuellen Entwicklung von Kindern, die Anpassung als das wichtigste Merkmal von Intelligenz[35]. Es ist wahrscheinlich mehr Mühe darauf verwendet worden, Intelligenz zu messen, als sie zu definieren. Mehr als 4000 Instrumente für psychologische Tests sind beschrieben worden. Allgemeine Intelligenz-Tests gehen auf Francis Galton[36] und James McKeen Cattell[37] zurück. Sie entwickelten dafür 10 verschiedene Methoden. Moderne Intelligenz-Tests fußen hauptsächlich auf den Arbeiten von A. Binet und T. Simon. Sie veröffentlichten am Anfang dieses Jahrhunderts eine Intelligenzskala, die seitdem verschiedentlich revidiert und verbessert wurde[38]. Den Intelligenz-Quotient (I. Q.) einer Person findet man als das Verhältnis des «Intelligenzalters» zum Lebensalter × 100. Obwohl der I. Q. allgemein angewendet wird, sollte man nie vergessen, daß er im Grunde nur ein Maß für die Lernfähigkeit ist. Das ist nicht gleichbedeutend mit Intelligenz. Bei Erwachsenen, wie Louis Thurston gezeigt hat[39], «verzweigt sich» die sogenannte Intelligenz in 7 oder 8 halbunabhängige, bestimmte Formen der geistigen Anlagen. I. Q.-Studien verschiedener Rassen, vor allem von Negern und Weißen in Amerika, haben zu leidenschaftlichen Kontroversen geführt. Im Mittelpunkt stehen die Namen von Arthur Jensen, Richard Herrnstein und William Shockley in USA und H. J. Eysenck in England. In einem seiner Bücher[40] verteidigt Eysenck die Ansicht, daß die Unterschiede zwischen Menschen, ihr I. Q., ihre Persönlichkeit und kriminelles Verhalten eine genetische Ursache haben. Das führt zu Folgerungen auf dem Gebiet der Bevölkerungspolitik, weil die Gefahr einer rückläufigen Evolution durch die unverhältnismäßig stärkere Vermehrung der genetisch Benachteiligten besteht.

Die Fragwürdigkeit der I. Q.-Tests hat zu Versuchen geführt, Intelligenz anders zu messen. John Ertl z. B. mißt die Schnelligkeit, mit der das Gehirn auf den einfachen Reiz eines aufblitzenden Lichtes reagiert[41]. In diesem Zusammenhang ist auch die bereits erwähnte Asymmetrie der linken und rechten Hälfte des Gehirns (Ornstein) wichtig. Der I. Q.

mißt nämlich nur die rationale Intelligenz der linken, aber nicht die intuitive künstlerische Intelligenz der rechten Hälfte[42]. «Intelligenz ist ein Begriff, der gleichbedeutend ist mit Wahrheit und Schönheit», sagt John Ertl. Ein etwas vager Begriff, der uns im Studium von Bewußtsein, Phantasie und begrifflichem Denken nicht weiterhilft.

Das Bewußtsein

Geheimnisse des Bewußtseins

Das höchste Verhaltensniveau, wie Entscheiden und Urteilen, Verstehen und Weisheit, wird durch das Bewußtsein vermittelt. Die meisten Psychologen gestehen, daß sie nicht wissen, was Bewußtsein eigentlich ist. «Sie sind sicher, daß es keine Substanz, nichts Materielles ist», sagt George A. Miller. «Es ist ein Vorgang oder eine Gruppe von Vorgängen, die in manchen Objekten stattfinden und in anderen nicht.»[43] Und Robert W. Doty gibt zu: «Es gibt kein Mittel, Bewußtsein zu beobachten, es kann nur direkt erfahren werden.» Bewußtsein ist jedenfalls ein Produkt der fortschreitenden Evolution größerer und komplexer Gehirne. Oder, in der Definition von Norman F. Dixon: «Bewußtsein ist eine revolutionär entstandene Fähigkeit des menschlichen Nervensystems, die manchmal andere Gehirnfunktionen begleitet»[44].

Die Schwierigkeit, Bewußtsein zu definieren, hat einige Philosophen (und viele Laien) zur Annahme gebracht, daß es nicht ausschließlich vom Körper abhängig ist. Einer der vielen Verfechter dieses Gesichtspunktes ist der englische Schriftsteller J. B. Priestley. In einem seiner Bücher[45] behandelt er Dinge wie Vorauswissen und PSI und vertritt den Standpunkt eines unkörperlichen Aspektes des Bewußtseins.

Tierisches Bewußtsein

Wann entwickelt sich das Bewußtsein? Entstand es plötzlich? Das ist wenig wahrscheinlich. Seine Evolution wird ein allmählicher Prozeß gewesen sein. Es hat vielleicht mit Eigenschaften wie «percipience» (Wahrnehmung) und «sentience» (Empfindung) der primitivsten Lebewesen begonnen, wie C. Lloyd Morgan es formuliert[46], und mit einer unbestimmten Art von Bewußtsein niederer Tiere.

Höhere Tiere haben bereits einen bemerkenswerten Grad von Bewußtsein. Schimpansen können Furcht, Wut, Hunger, Schreck, Verwirrung, Langeweile, Ärger, Vergnügen, Kummer und viele andere Gefühle ausdrücken. Nach Beobachtungen von Adriaan Kortlandt reagieren Schimpansen auch mit großen Schrecken auf den Anblick eines toten Artgenossen. Sie haben eine Ahnung von der Bedeutung des Todes. Andere Tiere dagegen zeigen weder Furcht noch Emotionen gegenüber Toten[47]. Noch bemerkenswerter sind die Beweise begrifflichen Denkens bei Delphinen, die von John C. Lily[48] und anderen beobachtet wurden. G. Pollori meint sogar, daß das Gehirn der Delphine weiter entwickelt ist als das des Menschen[49].

Der Scheinwerfer des Bewußtseins

Wir wissen nicht genau, was Bewußtsein ist, aber wir können beschreiben, wie es arbeitet. Die Augen eines Hundes geben einen Hinweis. Sie folgen den Bewegungen des Herrchens, dann wandern sie vielleicht zum Spazierstock oder zur Tür. Sie tasten alle Gegenstände ab, die die Gedanken ihres Besitzers gerade beschäftigen. Genauso arbeitet unser Bewußtsein: Es tastet alle möglichen Dinge im Gehirn mit einem «inneren Auge» ab, wählt manche aus und übergeht andere. Oder, wie Judith Groch es ausgedrückt hat: «Es ist, als ob ein Scheinwerfer sein Lichtbündel über die menschliche Bühne spielen läßt.[50] Die Schnelligkeit, mit der dieses Lichtbündel des Bewußtseins unsere innere Welt abtastet, ist nicht immer dieselbe. Sie variiert auch von Mensch zu Mensch. So könnte man das schnelle «Abtasten» für ein Zeichen höherer Intelligenz halten. Aber so einfach ist es nicht. Langsame Denker treffen vielleicht bessere Entscheidungen, tasten vielleicht gründlicher ab.

Wir tasten nicht nur materielle Objekte ab. Wir prüfen auch Erinnerungen und zukünftige Erwartungen, Ideen, die wir haben, oder Glaubensanschauungen, die uns teuer sind. Wir senden den Lichtstrahl unseres Bewußtseins durch unsere Innenwelt, durch diese «geheime Welt der Wunder».

Das Lichtbündel des Bewußtseins ist so stark, daß alles andere im Dunkeln bleibt, wenn es einmal auf der ausgewählten Möglichkeit ruhen bleibt. Wir können nicht gleichzeitig an verschiedene Dinge denken. Das Bewußtsein ist ein auswählendes Agens, es ist frei zu wählen, was wir wollen. Frei? Sind wir wirklich frei in unserer Wahl? Da sind wir wieder bei dem heiklen philosophischen Problem des freien Willens und des Determinismus. Jedenfalls haben wir das Gefühl, daß wir für alle praktischen Zwecke in unserer bewußten Welt frei sind. Auch wenn dieses Gefühl der Freiheit vielleicht nur eine der vielen Kniffe unseres Gehirns ist.

Es gibt noch andere unvollständig begriffene Eigenschaften. Eine wichtige ist das Unbewußte, das der Lichtstrahl des Bewußtseins nicht erreichen kann. Es ist die Rumpelkammer unseres Geistes, in die wir alle verbotenen Gedanken und verdrängten Wünsche verbannt haben; Es ist der Dachboden, wo wir das vergessene emotionelle Erbe unserer Vorfahren aufbewahren. Die Bedeutung des Unbewußten und sein Einfluß auf das menschliche Verhalten wurden 1885 von Sigmund Freud erkannt. William James nannte es «den wichtigsten Fortschritt» der Psychologie.

Wir können zwischen dem Unbewußten und dem Unterbewußten unterscheiden. Das ist – ungefähr – das Kollektiv und das individuelle Unbewußte von Carl Gustav Jung. Das wirklich Unbewußte ist der Dachboden unseres Gleichnisses mit den ererbten Instinkten und Gefühlen und mit den urtümlichen Motiven, den «Archetypen» (C. G. Jung). Im Gegensatz hierzu ist das Unterbewußte einmal bewußt gewesen, wurde aber «vergessen», weil es unangenehm war. Verbannt aus dem Bewußtsein, «verdrängt», aber nicht tot. Unser Unterbewußtsein ist sehr rege, und manchmal bricht etwas davon in unser Bewußtsein ein.

Entscheidungen treffen

Wie fällen wir Urteile und treffen Entscheidungen? Kehren wir zu der «menschlichen Bühne» zurück, zu dem Gleichnis unserer Innenwelt. Es gibt da dunkle Abgründe und verborgene Klippen, die wir mit dem Scheinwerfer des Bewußtseins abtasten. Was tasten wir in dieser seltsamen inneren Welt eigentlich ab? Da ist einmal die Information unserer Sinnesorgane; dann ist da unsere Erfahrung. Vieles davon ist in den Windungen unseres Gedächtnisses gespeichert; persönliche Erinnerungen sowie exaktes Wissen. Dieses Gedächtnis ist wie eine große Bibliothek. Sie ist bei manchen Menschen größer und besser organisiert (vor allem in der Abteilung für exaktes Wissen) als bei anderen. Unser Lichtbündel tastet die Titel ab, sucht das einschlägige Buch heraus. Das geschieht oft erstaunlich schnell. Manche dieser Bände sind alt, die Seiten vergilbt, und fast unleserlich. Wir lesen sie vielleicht falsch. Aber unsere Gehirnbibliothek enthält auch eine sonderbare gemischte Kollektion von Büchern: frühere Gedanken, Ideen, Glaubenssätze, Gewohnheiten und Brauchtum, Gefühle, Erwartungen, Vorgefühle und vieles andere. Wir tasten sie alle ab. Unsere

Gehirnbibliothek schwillt mit zunehmendem Alter an. Man hat deshalb das langsamere Denken alter Menschen damit erklärt, daß sie viel mehr an Erfahrung «abzutasten» haben[51].

Die gespeicherten Schätze unseres Gehirns stellen eine solche Menge an Erfahrung dar, daß es unmöglich ist, sie jedesmal alle zu Rate zu ziehen, wenn wir eine Entscheidung treffen müssen. Aber unsere Gehirnbibliothek hat auch da vorgesorgt. Vieles ist gebündelt, die einschlägigen Posten befinden sich in speziellen Schubfächern mit Aufschriften, die das Ergebnis füherer Untersuchungen melden. Nach einem flüchtigen Blick auf ein solches Etikett können wir ein Schubfach, vielleicht sogar einen ganzen Bücherschrank gleich ausschalten. Dieses Ausschalten ist nicht ohne Gefahr, vor allem wenn das Schubfach vorgefaßte Meinungen enthält. Wir akzeptieren vielleicht kritiklos, was auf dem Etikett steht, ohne daran zu denken, daß unsere früheren Ansichten vielleicht überholt sind. Hier schleichen sich geistige Trägheit und Engstirnigkeit ein, hier sind die Ideologien zu Hause.

Nachdem wir in wenigen Augenblicken alles abgetastet haben, treffen wir unsere Entscheidung. Und erleben oft eine Überraschung. Die Entscheidung springt vielleicht plötzlich aus dem Nichts auf; vorfabriziert hinter den verschlossenen Türen unseres Unterbewußten. Wenn diese Entscheidung mit unserer bewußten Meinung übereinstimmt, umso besser. Wenn nicht, müssen wir sie rationalisieren und sie mit unserem Bewußtsein aussöhnen. Statt «aufgrund der Tatsachen» zu entscheiden, sagen wir dann: «trotz der auf den ersten Blick widersprechenden Tatsachen ...»

Bewußtsein hat sich seines «Überlebenswertes» wegen entwickelt. Es hat uns ermöglicht, unsere Umwelt zu beherrschen. Aber das Bewußtsein läßt uns auch über die Sterne und den Tod, über den Himmel und das Jenseits nachdenken. Das volle Licht des Bewußtseins ist oft schwer zu ertragen. Wir haben die Neigung, ihm aus dem Wege zu gehen und flüchten in die bequeme Welt des Vergessens, der Phantasien und Ideologien.

Verfasser von Zukunftsromanen haben sich oft Wesen mit Supergehirnen ausgedacht, wie H. G. Wells in seinem berühmten «Krieg der Welten». Es ist in der Tat nicht wahrscheinlich, daß unser bewußtes Gehirn der Natur letztes Wort ist. Wenn auch evolutionäre Veränderungen oft scheinbar abrupt auftreten, so geht der Prozeß der Evolution doch stetig weiter. Die Veränderungen nehmen im Tempo progressiv zu, wie Julian Huxley betonte.[52]

Stufen des Bewußtseins

Wir können uns kein zukünftiges «höheres» Bewußtsein oder ein «niedrigeres» unserer Vorfahren vorstellen. Wir kennen nur die verschiedenen Stufen des Bewußtseins, wie sie der heutige Mensch empfindet. Wir haben eine subjektive Erfahrung von etwas, das wir ein normales Vollbewußtsein nennen können. Aber wir wissen, daß es in einer und derselben Person von einem Augenblick auf den andern verschieden sein kann. Wenn wir vom normalen Vollbewußtsein ausgehen, können wir die anderen Bewußtseinszustände mit Hilfe der Ursachen definieren, die es vermindern. Es gibt vier Hauptursachen, verminderten Bewußtseins: beschränktes, gehemmtes, verändertes und pathologisches Bewußtsein.

Bewußtsein kann beschränkt werden durch körperliche Behinderung und durch Mangel an Kenntnis. In diesem Sinne ist alles menschliche Bewußtsein beschränkt. (Und zwar um so mehr je weiter man in der kulturellen Entwicklung zurückgeht). Eine zweite Beschränkung entsteht durch Hemmungen: instinktives oder angelerntes Zurückschrekken von den «verbotenen» Aspekten des Bewußtseins. Es weist Aspekte ab, die schädlich sind für die Gemeinschaft oder im Gegensatz stehen zur landläufigen Moral. Im Falle emotioneller Hemmungen ist das Bewußtsein vermindert durch Aufregung, Wut, Angst, Haß, aber auch durch angenehme Gefühle, wie die der Liebe.

Intellektuelle Hemmungen behindern die auswählende Funktion des Bewußtseins. Das freie Spiel bewußter Gedanken ist blockiert und beschränkt sich auf künstliche Kanäle vorgefaßter Meinungen, Glaubensgrundsätze, Dogmen und dergleichen. Der geistige Bereich, den der Scheinwerfer des Bewußtseins abtastet, ist absichtlich eingeengt. Man weigert sich, etwas außerhalb dieses engen Umkreises in Betracht zu ziehen. In diesem Falle sprechen wir anschaulich von «Engstirnigkeit». «Man kommt zu einem Standpunkt», sagte der Mathematiker David Hilbert einmal ironisch, «indem man seinen geistigen Bereich zu einem Kreis mit dem Radius Null schrumpfen läßt.»

Verändertes Bewußtsein

Beschränktes und gehemmtes Bewußtsein ist nicht auf den ersten Blick erkennbar, da es dem Vollbewußtsein ähnelt. Man muß einem Menschen schon näher kommen, um seine Beschränkungen und Hemmungen zu entdecken. Ein verändertes Bewußtsein erkennt man jedoch sofort: der betreffende Mensch ist nicht mehr normal. Solch veränderte Zustände sind entweder natürlich oder künstlich. Die physiologisch notwendigen natürlichen Zustände eines veränderten Bewußtseins sind Schlaf und Traum. Ebenso gewisse Arten von Entspannung wie Träumereien am Tag oder das Sich-Versenken in Kino- oder Fernsehfilme. Die seltsame Welt der Träume hat den Menschen schon immer fasziniert. Freud war der erste, ihre Bedeutung zu erkennen. Seine

Arbeiten über Träume, erstmals 1900 veröffentlicht[53], stellen einen Markstein in der Erkenntnis des Unterbewußten dar. Sie haben einen enormen Widerhall gefunden. Anne Faraday[54] meint, das Traumstudium werde eine immer größere Rolle spielen in religiösen Kreisen, in Schulen und Universitäten, sogar in Regierungskreisen und im Geschäftsleben. Wird es das wirklich? Oder wird es nur zu einer neuen Ideologie der Träume führen, die versucht, Dinge zu beweisen, denen die rationale Grundlage fehlt? Vielleicht offenbart sich unser Unbewußtes stärker als durch Träume durch die Art, wie wir dieselben zu deuten versuchen.

Neben diesen natürlichen Zuständen veränderten Bewußtseins gibt es die künstlichen. Sie stehen heute im Brennpunkt des Interesses, sind aber noch wenig erforscht. «Erfahrungen der Ekstase, Mystische Vereinigung, andere «Dimensionen», Verzückung, Schönheit, Raum, Zeit Transzendenz, überpersönliche Erkenntnis, wie sie in Zuständen veränderten Bewußtseins vorkommen, werden wissenschaftlich noch nicht genügend erforscht», schreibt der Psychologe Charles T. Tart[55].

Solche Bewußtseinsveränderungen können spontan entstehen, weil hier Meditationen den Boden vorbereiteten, auf dem sich das Unbewußte offenbart. Das Spontane des Erlebnisses ist sehr eindrucksvoll, und man will darin oft die Manifestation einer übernatürlichen Macht erkennen. Es bildet die Grundlage des religiösen Erlebnisses.

Methoden (abgesehen von Drogen), eine Bewußtseinsveränderung zu erzeugen, sind Suggestion und Hypnose, «sensory depreviation» und Gehirnwäsche. Sie sind sehr effektvoll und werden oft von anderen auf gleichgültige oder widerstrebende Personen angewandt. Sie können auch selbst erzeugt werden durch Autosuggestion oder Meditation, die zu mystischer Verzückung, Trance und Ekstase führen. Zu dieser Gruppe gehört die buddhistische Meditation, die im

Westen als «Zen-Meditation» oder «Zen-Sitzen» bekannt geworden ist. Sie soll zum «Satori» oder zur «Erleuchtung» führen, zur «Bewußtmachung des Unbewußten» und zur Einsicht, daß Leben und Tod dasselbe sind.

Wem die Methoden des Zen zu lang und zu langweilig sind, greift zu Rauschgift. Drogen in Form alkoholischer Getränke, Kräuter zum Rauchen oder Kauen, Gebräu von Pflanzen oder Pilzen gehören zu den ältesten Methoden der Bewußtseinsveränderung. Sie werden oft für ideologische rituelle Zwecke verwendet. Die moderne Chemie hat zudem einige sehr wirksame, synthetische Präparate wie Kokain, Heroin, LSD hinzugefügt, die wegen ihrer gefährlichen Suchtwirkung zu einem Weltproblem geworden sind.

Einer der modernen Verteidiger von durch Rauschgift erzeugten Bewußtseinsveränderungen ist Andrew Weil[61], der sich selbst einen «Theoretiker des Bewußtseins» nennt. Für ihn ist das durch Rauschgift veränderte Bewußtsein gleichbedeutend mit orientalischem, nicht-rationalem, subjektivem und «erleuchtetem» Denken. Es besteht allerdings eine gewisse Ähnlichkeit in der durch Rauschgift und durch geistige Methoden erzeugten Bewußtseinsänderung. Karl Marx hat bereits ideologisches Gedankengut mit Rauschgift verglichen in seinem Ausspruch: «Religion ist Opium für das Volk». Analog könnte man heute sagen: «Marxismus ist LSD für das Volk». Tatsache ist, daß Ideologien genauso zu einer Sucht werden können wie Drogen. Warum will man überhaupt sein Bewußtsein ändern? Es «ist ein innerer psychologischer Trieb, der aus der neurologischen Struktur des menschlichen Gehirns hervorgeht», sagt Andrew Weil, der eine rationale Stellungnahme gegenüber Rauschgiftgenuß propagiert. Die Tätigkeit des Bewußtseins stellt eine geistige Anstrengung dar, die eine Entspannung in einem anderen Zustand erfordert. Zuviel Bewußtheit kann zu Befangenheit führen und ein gesellschaftliches Hindernis werden. Es kann auch sehr schmerzlich sein, weil ein Gefühl von Hilflosigkeit und Abhängigkeit aufkommt, das man lieber abtöten möchte. Mit Drogen oder mit Ideologien ...

Die letzte der vier Hauptgruppen der Bewußtseinsverminderung ist die pathologische Veränderung durch Neurosen, Psychosen, Delirien und anderen geistigen Störungen oder Krankheiten. Allerdings gibt es Wechselbeziehungen zwischen Ideologien und pathologischen Zuständen. Sie sind lebendig beschrieben von William Sargant[27] oder –, auf ganze Völker angewandt – von Yehezkel Dror[58]. Psychopathen und «verrückte» Völker sind sehr empfänglich für Ideologien. In solchen Fällen ist es oft schwer zu sagen, ob die Ideologien Ursache oder Wirkung der geistigen Abweichung sind.

Verhaltenskontrolle

Die Möglichkeit, Bewußtseinsveränderungen durch Drogen oder geistige Beeinflussung zu erzeugen, führt zur Frage, ob der menschliche Geist «kontrolliert» werden kann. Dieses Problem erscheint in einem neuen und beängstigendem Licht durch moderne, effiziente Methoden, das Gehirn elektrisch zu stimulieren. «Die Möglichkeiten sind erschrekkend» schreibt Henry B. Clark in einer Übersicht[59] über die drei Bücher «Control of Life» (Lebenskontrolle), «Behaviour control» (Verhaltenskontrolle) und «Control of the Mind» (Geisteskontrolle) von Albert Rosenfeld[60], Perry London[61] und José M. R. Delgado[62]. Dies ist ein faszinierendes Thema, das Gefühle von Angst bis Hoffnung weckt. Ich kann hier leider nicht näher darauf eingehen. Um so weniger, als – in Delgados Worten – «wir weder politische Ideologien noch nationale Gefühle durch elektrische Reize irgendeiner geheimen Zone des Gehirns verändern können.»

Gehemmtes Bewußtsein
Emotional gehemmtes Bewußtsein kann durch extremen Haß, Liebe oder religiöse Ekstase verändert werden.

Auch der intellektuell behinderte Zustand kann zu Einseitigkeit und fixen Ideen führen. Das ist der Fall bei Fanatikern und Monomanen, deren Bewußtsein dem durch Hypnose, Gehirnwäsche oder Drogen veränderten ähnelt oder gleicht. Von hier zum pathologischen Zustand der Neurose ist es nur noch ein Schritt; der nächste führt zur Psychose und schließlich zum Wahnsinn.

Alle Zustände des beschränkten, gehemmten, veränderten oder pathologischen Bewußtseins stellen ein vermindertes Bewußtsein dar, auch wenn die zahlreichen Propheten eines «höheren» Bewußtseins das Gegenteil behaupten. Es ist eine Illusion, daß man durch Drogen oder durch andere Methoden ein «Überbewußtsein» erzeugen kann. Es gibt nichts Höheres als das Vollbewußtsein des normalen, gesunden, unvoreingenommenen menschlichen Gehirns nach einem gesunden Schlaf. Dann nämlich trifft der Mensch die besten Entscheidungen. Sie sind das, was wir Common sense, gesunden Menschenverstand, nennen.

Höheres Bewußtsein
Diese Art des Bewußtseins hat sich langsam im Laufe der Evolution entwickelt. Das Bewußtsein unserer Vorfahren muß wie ein unscharfes Bild gewesen sein: verschwommen, vage, traumhaft, phantastisch. Erst allmählich wurde das Bild schärfer, wurden mehr und mehr Einzelheiten erkennbar. Diese Entwicklung wird sich langsam fortsetzen. Aber die Mühlen der genetischen Evolution mahlen langsam. Während unseres Lebens und dem unserer Kinder und Enkel können wir unser Bewußtsein nur durch kulturelle

Entwicklung verbessern. Wir müssen uns vor den Gefahren der Bewußtseinsänderung hüten, müssen ideologische Hemmschuhe bekämpfen und unser Wissen vergrößern. Wissen erschließt das Tor zu höherem Bewußtsein. Oder wie Shakespeare sagt, es ist «der Flügel, der uns zum Himmel trägt».

Die Phantasie

Der tastende Lichtstrahl unseres Bewußtseins kann auswählen, aber nichts kreieren. Für das schöpferische Denken brauchen wir eine andere Eigenschaft unseres Gehirns: die Phantasie, eine der «Quellen menschlicher Größe». «Phantasie, die Fähigkeit, Möglichkeiten und Beziehungen zu begreifen, ohne sie erst erfahren zu haben», sagt Judith Groch, «ist eine der köstlichsten Gaben des Menschen».[63]

Physiologen behaupten, daß der Mensch nicht mit seinen Augen sieht, sondern mit seinem Gehirn. Wir können noch einen Schritt weiter gehen und sagen: Er sieht mit seiner Phantasie. Primitive Völker und Spiritisten sehen Geister und Spukgestalten, fanatische Ufologen sehen überall fliegende Untertassen, fromme oder ekstatische Seelen sehen Wunder oder die Jungfrau Maria, soziale Revolutionäre sehen nur Ausbeutung und Ungerechtigkeit, wohin sie blikken. Es gibt kein Entkommen: wir sehen, was wir uns einbilden und glauben.

Was ist Phantasie?

Was ist eigentlich diese köstliche Gabe der Phantasie? Man unterscheidet zwischen einer reproduktiven, die frühere Dinge oder Erlebnisse zurückruft und eng mit dem Gedächtnis zusammenhängt, und einer produktiven oder schöpferischen, die uns etwas zeigt, was wir nie wirklich gesehen oder erlebt haben. Es ist die schöpferische Art Phantasie, die uns hier interessiert. Francis Galton[64] fand es 1883 schwer, «etwas Allgemeingültiges über so eine verbreitete Eigenschaft wie Phantasie» zu sagen. John B. Watson faßte Phantasie als impliziertes Verhältnis auf, das der Beobachtung nicht zugänglich ist[65]. Robert Thomson sieht im schöpferischen Denken eine bi-polare Tätigkeit, die Intellekt und Einbildungskraft erfordert. Er weist darauf hin, daß der Begriff der Phantasie sehr zweideutig ist. Er analysiert die Gedankengänge von C. A. Mace, der zwischen drei verschiedenen Typen der Phantasie unterscheidet: praktische, linguistische und repräsentative[67].

Praktische Phantasie zeigen Handwerker und Künstler; Dichter und Prediger haben eine linguistische. Repräsentative Phantasie zeigt dem geistigen Auge, was die Sinne nicht wahrnehmen. Thomson erwähnt noch eine weitere Form der Phantasie, das «autistische Denken»: Phantastereien, Träumereien, Wunschträume, Tagträume. Er unterscheidet dieses unkontrollierte autistische Denken als «fantasy» (Traumgebilde, Hirngespinste) von «imagination» (Phantasie).

Wie arbeitet die Phantasie?

Schafft Phantasie wirklich Neues?

«Ich glaube, daß die menschliche Phantasie nichts erfunden hat, was nicht wahr ist, in dieser Welt oder in anderen», sagt Gérard de Nerval. In anderen Welten? Kann die Phantasie vielleicht aus übernatürlichen Quellen schöpfen? Nichts deutet darauf hin, daß sie Naturgesetze übertreten kann. Ihre Schöpfungen sind nur neue Kombinationen von vorhandenen Erfahrungen. Die Phantasie stellt zwischen den Milliarden Neuronen in unserem Gehirn neue und manchmal unerwartete Querverbindungen her. Das Ergebnis dieser Querverbindungen, Kombinationen und Rekombinationen, wird von uns als neu empfunden.

Schöpferische Kombination

Typische Beispiele schöpferischer Kombinationen sind Bilder von Göttern und mythologischen Gestalten. Sofern diese nicht einfach Menschen oder Tiere darstellen, sehen sie aus wie entstellte oder veränderte menschliche Körper, z. B. die ältesten Götterbilder, die wir kennen, die altsteinzeitlichen Venusfiguren und die neusteinzeitlichen Figurinen von Muttergöttinnen. Es sind abnormal dicke Frauengestalten, die die Fruchtbarkeit symbolisieren. Auch in späteren Kulturen finden wie Fruchtbarkeitsgöttinnen mit übertrieben großen Hüften oder mehreren Brüsten.

Eine andere beliebte Form sind Götter mit vielen Armen und Köpfen. Man findet sie vor allem in Indien, doch hatten auch die Römer ihren Januskopf mit zwei Gesichtern. Bekannte Beispiele aus dem Hindu-Pantheon sind die 10-armige Durga und der 4-armige Indra. Brahma und Schiwa werden ebenfalls vielarmig und vielköpfig dargestellt. Skanda, der indische Kriegsgott, wird mit sechs Köpfen abgebildet. Eine andere beliebte Variation des menschlichen Körpers ist seine Vergrößerung oder Verkleinerung. Riesen und Zwerge findet man in den Mythen vieler Völker. Die Griechen statteten die Zyklopen sogar nur mit einem Auge aus.

Die zweite Art Götter und Fabelwesen, die die Phantasie erschaffen hat, ist die Kombination von Mensch und Tier. Die alten Ägypter hatten viele Götter mit Tierköpfen. So gab es Hathor mit dem Kopf einer Kuh, den Himmelsgott Horus mit dem Falkenkopf, und Anubis mit dem Kopf eines Schakals. Oder Löwen mit Menschenköpfen – die Sphinx.

Häufiger sind Tierkörper mit Menschenköpfen in der klassischen Mythologie anzutreffen. So waren die Zentauren halb Pferd halb Mensch, Satyrn und Faune hatten Füße, Hörner und Ohren wie Ziegenböcke. In der christlichen Mythologie kennen wir die Engel – Menschengestalten mit Flügeln – und den Teufel mit Hörnern, Schwanz und Pferdefuß.

Die phantasievolle Kombination bekannter Elemente beschränkt sich nicht auf materielle Objekte. Kenntnisse und Erfahrung, Verhaltensweisen und Gefühle, aber auch Handlungen und Ereignisse können neu gruppiert und kombiniert werden. Jeder Schriftsteller entwirft in seiner Phantasie alle möglichen Ereignisse des menschlichen Lebens als schöpferische Kombinationen wirklicher und möglicher Tatsachen.

Phantasie kombiniert die Dinge nicht wahl- und ziellos. Sie verwirft unrealistische und zwecklose Kombinationen. Sie wählt aus und beurteilt.

Ein Teil dieser Auslese findet bereits in unserem Unterbewußtsein statt. Das Resultat wird dem Bewußtsein in annehmbarer Form dargeboten. Aber es ist noch nicht gebrauchsfertig. Träume, diese faszinierenden Produkte des Unterbewußten, sind kühn in ihren Kombinationen, oft sogar absurd. Aber sie sind nie ganz unsinnig. Manche Gelehrten, Erfinder und Künstler haben die Lösung von Problemen, an denen sie arbeiten, im Traum erkannt. Aber die unterbewußte Lösung ist selten vollkommen. Genaues bewußtes Denken ist nötig, um das vorfabrizierte Produkt zu vervollkommnen. «Genie», hat Edison einmal gesagt, «ist 10% Inspiration und 90% Arbeit.» Aber für die Arbeit des schöpferischen Genies ist noch ein anderes Stimulans nötig: der Ehrgeiz.

Evolution der Phantasie

Phantasie ist eine der ältesten Eigenschaften des Menschen, älter als das abstrakte Denken. «Sehr früh in der Menschheitsgeschichte», sagt Grey Walter,[68] «muß das Gehirn den Mechanismus erworben haben, den wir in seiner Wirkung als Phantasie, Berechnung und Voraussage erkennen. Später kam der Prozeß der abstrakten Vernunft ...» Phantasie ist eine typisch menschliche Eigenschaft. Tiere können sich keine Änderung ihrer Umwelt vorstellen. Nur bei Schimpansen hat man bescheidene Anfänge davon beobachtet. Wegen der Macht der Phantasie ist der Mensch «das irrationalste aller Tiere» geworden. Oder, wie man es auch genannt hat, das «Traumtier».

Früchte der schöpferischen Kraft des Urmenschen sind die Höhlenbilder von Tieren, Schmuck oder Dinge, die einem Toten ins Grab gelegt wurden. Schon der Neandertaler muß sich eine andere Welt vorgestellt haben, in die man nach dem Tode einging.

Während Phantasie zu den ältesten Eigenschaften des sich entwickelnden Gehirns gehört, ist ihre bewußte Kontrolle durch kritisches Denken wahrscheinlich eine spätere Errungenschaft. Der Urmensch hat wohl unkritisch die Produkte seiner Phantasie als Tatsachen hingenommen (wie manche Menschen das heute noch tun). Dieser Glaube, daß das, was wir uns ausgedacht haben, wahr ist, spielt eine große Rolle bei der Entstehung der Ideologien. In diesem Zusammenhang seien auch die Eidetiker erwähnt, die ein Phantasiebild anschaulich sehen können, oft lebhafter als die Wirklichkeit. Erich Jaensch[69] hat festgestellt, daß die meisten Menschen in ihrer Kindheit ein eidetisches Stadium durchmachen. Vielleicht hat auch die sich entwickelnde Menschheit ein eidetisches Stadium gekannt. Vielleicht rekapitulieren Kinder kurz die geistigen Entwicklungsphasen der Menschheit.

Jedes Kind erreicht ein Stadium, in dem die Frage «was?» von der Frage «warum?» abgelöst wird. So muß auch das wachsende Bewußtsein des Urmenschen einmal das Stadium des «warum» erreicht haben. Warum gibt es Blitz und Donner, warum Überschwemmungen und Kälte, warum muß der Mensch sterben? Die Kenntnisse unserer Vorfahren waren zu rudimentär, um solche Fragen beantworten zu können. Hier setzte die Phantasie ein. Sie fanden faszinierende und emotionell befriedigende Antworten. Sie erfand Geister und Götter, freundliche und feindliche, die tödliche Donnerkeile schleudern oder den «verschmitzten Pfeil» der Liebe abschießen. Sie erträumte das «geheimnisvolle Land, aus dem kein Wanderer zurückkehrt».

Ohne ausreichende Kenntnisse oder kritisches Denken werden die Produkte der Phantasie zum Glauben. Schlimmer noch, sie werden den unbeschriebenen Gehirnen der Kinder als feststehende Tatsachen eingeprägt. So werden sie ein Teil unseres kulturellen Erbgutes. Später, wenn zunehmendes Wissen und kritischer Verstand die Irrtümer der früheren Phantasie schon bewiesen haben, ist es schwer, sie wieder loszuwerden. Der Satz, «ein Mensch ist der Gefangene seiner Kindheit» trifft auch für die gesamte Menschheit zu.

Aber wie steht es mit den unsinnigen Produkten unserer Phantasie? Mit unserem irrationalen Glauben, unseren Märchen und Phantastereien? Haben sie Überlebenswert, oder sind sie ein nutzloses «Nebenprodukt»?

Manche Psychologen sehen in Phantastereien, vor allem in der Form von wachen Träumen, einen Abwehrmechanismus. Er verhindert Spannungen und Angst oder macht es möglich, wenigstens zeitweise die Enttäuschungen des Lebens zu vergessen. Eine andere Erklärung gibt Robert Bigelow[76]. Er nennt den Menschen «das irrationalste aller Tiere» und weist darauf hin, daß irrationale Phantasien die

Gruppem zusammenschweißen und von anderen Gruppen abgrenzen.

Schöpferische Kraft

Schöpferische Kraft ist die höchste Form von Phantasie. Es ist die Fähigkeit, etwas Neues und Wertvolles hervorzubringen. Etwas Neues? Wir haben bereits gesehen, daß alle Phantasie nur schon bekannte Elemente kombiniert. Aber das schmälert das Verdienst des Mannes nicht, der eine so ungewöhnliche Kombination findet, daß wir sie als neu, als wertvoll oder schön empfinden. Wir bewundern Menschen mit einem schöpferischen Geist, wir versuchen unsere eigene Schöpferkraft zu erhöhen. Deshalb wird die schöpferische Kraft nicht nur von Psychologen, sondern auch von Künstlern und Geschäftsleuten studiert.

Man hat versucht, Schöpferkraft zu messen. Man hat sie mit dem I. Q. und mit anderen Eigenschaften des Charakters und der Persönlichkeit in Verbindung gebracht. Es gibt auch eine Anzahl Methoden, die Schöpferkraft zu erhöhen, d. h. das Finden ungewöhnlicher Kombinationen und Assoziationen zu erleichtern. Ein Beispiel dafür ist das «laterale» Denken von Edward de Bono[71]. Wir können versuchen, die Schöpferkraft mit Hilfe unseres Scheinwerfers, der die innere Welt abtastet, zu begreifen. Das Schöpferische muß dabei sorgfältig die Klippen von Vorurteil und vorschnellem Urteil, von Doktrinen und Dogmen, von Befangenheit und Tabus vermeiden. Ein einseitiger Geist kann nie schöpferisch sein. Ideologische Vorurteile und Schöpferkraft sind unvereinbar. Der voreingenommene Geist kann nur schöpferisch sein außerhalb einer engen Welt der Dogmen. Aber das beschränkt sich dann auf gewisse «erlaubte» Themen, Künstler, die den Ideologien des Übernatürlichen verfallen sind, beschränken ihre Schöpfungen auf religiöse Themen.

Ähnlich kann der wissenschaftlichen Schöpfung gewisse Gebiete ideologisch verschlossen sein, z. B. im Mittelalter die Anatomie und Astronomie. Oder die Wissenschaft wird irgendwie ideologisch beeinflußt, wie der Fall Lysenko in Rußland so dramatisch gezeigt hat.

Keine menschliche Tätigkeit befriedigt mehr als die schöpferische, kein Drang ist stärker als der, etwas zu erschaffen. Das Schöpferische ist nicht beschränkt auf monumentale oder unsterbliche Leistungen. Wir können schöpferisch tätig sein bei der Anlage eines Gartens, der Einrichtung eines Hauses, einer Bastlerarbeit, einer Sammlung; Die höchste Befriedigung aber erzielt die schöpferische Arbeit auf den Gebieten von Wissenschaft und Technik, von Kunst, Literatur oder Musik. Schöpferkraft ist das letzte Geheimnis unseres «langen Marsches» zu Kultur und Zivilisation.

Abstraktes Denken

Wenn wir hier geistige Kräfte wie Bewußtsein, Phantasie oder abstraktes Denken getrennt behandeln, so bedeutet das nicht, daß sie voneinander unabhängige Eigenschaften unseres Gehirns sind. Es gibt kein Bewußtsein ohne Denken, kein Denken ohne Phantasie, keine Phantasie ohne Bewußtsein.

Was ist Denken?

«Cogito, ergo sum», (ich denke und deshalb bin ich), schrieb Descartes in seinem «Discours de la Méthode». Schon ein paar hundert Jahre vor Christi hatten griechische Philosophen das Denken als die charakteristischste Eigenschaft des Menschen angesehen. Was geschieht, wenn wir denken?

Leider gibt es keine klare Antwort auf diese Frage, obwohl Psychologen viel darüber nachgedacht haben. Manche nennen Denken «eines der ungelösten Probleme der Psychologie». Gilbert Ryle[72] nennt Denken einen «polymorphen Begriff, der in seiner Bedeutung unklar ist.» Ulric Meisner, der erklärt, warum er so wenig über Denken und Begriffsbildung geschrieben hat, sagt: «Das kommt, weil ich glaube, daß noch verhältnismäßig wenig darüber zu sagen ist, auch nach hundert Jahren psychologischer Forschung.»[73]

Trotz des Pessimismus und der Bescheidenheit einiger Psychologen ist viel über Denken geschrieben worden. Aristoteles unterschied zwischen Denken als Vorstufe des Handelns und dem rein reflektiven Denken, also zwischen dem, was man praktisches und abstraktes Denken nennen könnte. Moderne Theorien des Denkens können wir nur in groben Zügen betrachten.

Da gibt es die Assoziationspsychologie um die Mitte des 19. Jahrhunderts. Sie sah Denken als eine Kombination einfacher Elemente wie Sensationen oder Ideen mit Hilfe von Assoziationen, eine einfache Auffassung, die im allgemeinen wieder verlassen wurde. Um die Jahrhundertwende folgte die «Würzburger Schule» von O. Kulpe und seinen Mitarbeitern O. Selz, K. Bühler und anderen. Sie sprechen von einem bewußten Prozeß des Denkens, einem Prozeß, den sie Inspektion nannten. Wie O. Selz es ausdrückte: «Denken ist Anwendung eines bewußten Systems von Lösungsmethoden.» Ähnliche Konzeptionen des Denkvorganges wurden von Alfred Binert in Frankreich entwickelt[75] und von R. S. Woodworth in den USA[76].

Im Gegensatz hierzu definierten die Darwinisten das menschliche Denken als eine von einer bestimmten Tierspezies entwickelten Art der Anpassung. Sie legten den Nachdruck nicht auf die philosophische Frage «Was ist Denken?», sondern auf die praktische: «Was vermag es zu tun?» Diese

Schule interessierte sich sehr für die Beziehungen zwischen menschlicher und tierischer Intelligenz, wie sie z. B. in den Arbeiten von C. Lloyd Morgan[77], Ex. L. Thorndike[78] und H. A. Ruger[79] zum Ausdruck kommt. Sie schlossen aus ihren Tierversuchen, daß Tiere gewisse Probleme z. B. Entkommen aus einem Labyrinth durch Probieren lösen, wobei erfolgreiche Lösungen sich einprägen («stamped in») und mißlungene ausgemerzt wurden (stamped out»). In der Deutung dieser Vorgänge als Wechselwirkung körperlicher Mechanismen nähern sie sich den Auffassungen des Behaviorismus.

Die amerikanische Schule des Behaviorismus studierte das Denkproblem in den ersten Jahrzehnten dieses Jahrhunderts nur aufgrund objektiver Beobachtungen und Versuche. Sie verhielt sich mußtrauisch und ablehnend gegenüber Introspektion und der Verbindung zwischen Denken und Bewußtsein und erklärte Denken als «Behavior» (Verhalten), als eine körperliche Reaktion. Für den Gründer dieser Schule, J. B. Watson, wurde Denken einfach eine Art von Sprachmechanismus.

Im Gegensatz zum Behaviorismus stand die Gestaltpsychologie, die in Deutschland um 1912 von Max Wertheimer[80], Wolfgang Köhler[81] und Kurt Kaffka begründet wurde. «Gestalt», die gemeinsame Grundeigenschaft alles Seelischen, ist eine organisierte Ganzheit, die mehr ist als die Summe seiner Teile. Diese Schule zeigte die Tendenz des Geistes, Gestalten als Ganzes zu begreifen. Sie betonte die Rolle der «Einsicht» und wandte diesen Begriff auch auf die höchsten Leistungen des menschlichen Geistes auf dem Gebiet der Kunst und Wissenschaft an. Einsicht wird bereits bei Affen gefunden, wie W. Köhlers berühmter Versuch über die Denkweise von Menschenaffen zeigte, (ein Affe steckte zwei Stücke zusammen, um Futter außerhalb seines Käfigs zu erreichen). Eine rudimentäre Art begrifflichen

Denkens bei Schimpansen fand auch der amerikanische Psychologe R. M. Yerkes[82], wie das bereits der Titel eines seiner Bücher «Almost Human» zum Ausdruck bringt. Eine andere Auffassung vom Problem des Denkens haben die Freudianer. Nach Freud ist die Funktion des Denkens, wie bei allen kognitiven Prozessen, die Befriedigung eines primären Triebes aller ins Unterbewußte verdrängten sexuellen Wünschen.

Moderne Psychologen, wie G. Ryle[72], sehen im Denken «nicht einen geheimnisvollen Schatten-Prozeß, der sich hinter den offenkundigen Handlungen und Zielen des Denkens abspielt» sondern im wesentlichen eine Handlung oder Tätigkeit. Denken, wie Ryle es ausdrückte, ist eine Sache von «drills ans skills». Eine Zusammenfassung des Denkproblems von R. Thomson[83] lautet: «Augenblicklich betrachten Psychologen das Denken als eine heterogene Kollektion hochgradiger Geschicklichkeiten und Fähigkeiten, die sich aus der Koordination und Integration vieler einfacher Funktionen ergeben.»

Nicht alle Theorien können uns helfen, wenn wir zu verstehen versuchen, wie der nackte Affe zu denken lernte. Wir können nicht annehmen, daß die Urmenschen ihre sexuellen Wünsche verdrängten und freudianische Befriedigung darin fanden, darüber nachzudenken. Solange die Psychologie noch nicht erklärt hat, wie sich die komplizierten Funktionen des Gehirns aus einfacheren entwickelt haben, müssen wir mit der etwas summarischen Auffassung zufrieden sein, das Denken als eine Eigenschaft des Gehirns aufzufassen, die sich durch natürliche Auslese entwickelte.

Evolution des Denkens

Die Gedanken des Urmenschen richteten sich auf praktische Sachen wie Nahrung und Kampf, Geburt und Tod. «Alle archäologischen Daten weisen daraufhin», schreibt Leonard Williams[84], «daß das zentrale Thema im religiösen Leben des Steinzeitmenschen auf Mutterschaft und auf den Geist der lebenerzeugenden Mutter ausgerichtet war.» Alles ursprüngliche Denken konnte sich nur in den engeren Grenzen unvollständigen Wissens bewegen. Was wir abstraktes Denken nennen, hat sich wahrscheinlich erst in einem späteren Stadium der Evolution herauskristallisiert.

John Dewey[85] und G. Humphrey[86] charakterisieren Denken als problemlösendes Verhalten. Der Mensch beginnt nachzudenken, wenn er einem Problem begegnet, das ihn zu einer Entscheidung zwingt. In dem Kampf auf Leben und Tod, den unsere Vorfahren zu bestehen hatten, hatte der bessere Denker die größere Chance zu überleben. Peter McKellar[87] unterscheidet A-Denken und R-Denken. A-Denken ist autistisch, Phantasie-beherrscht, unbeeinflußt von äußerer Wirklichkeit. R-Denken ist realistisches, logisches, vorurteilsloses Denken des gesunden wachen Erwachsenen.

Ein anderer typischer Zug des Denkens (des R-Denkens jedenfalls) ist seine enge Beziehung zur Sprache. «Penser, c'est prononcer une phrase intérieure» (Denken bedeutet, einen Satz im Inneren aussprechen), sagte der französische Dichter Leconte de Lisle. Das hatte schon Platon erkannt, wenn er sagte: «Im Denken spricht die Seele mit sich selbst.» Wir können aber auch Gedanken haben, die wir nicht in Worten ausdrücken. Vielleicht entwickelte sich schon ein praktisches Denken, ehe die Sprache erfunden worden war. Aber systematisches Nachdenken über ein Problem, ohne Hilfe von Worten, ist schwierig, und ein wortloses abstraktes Denken ist unmöglich. Wir können annehmen, daß das abstrakte Denken sich zusammen mit der Sprache entwickelt hat. Es wird ein Stadium gegeben haben, in dem der Mensch nicht nur seinem Gefährten einen Namen gab, sondern auch den Dingen. Ein Ding benennen, ist der erste Schritt es zu veranschaulichen und es zu einem Begriff zu machen, der im Gehirn durch ein Wort-Symbol verankert wird. Der nächste Schritt der Evolution des Denkens wäre dann vielleicht die Beobachtung, daß Personen, Dinge und Ereignisse in Gruppen eingeteilt werden können. Jede Gruppe hat gewisse gemeinsame Eigenschaften wie Größe, Farbe, Geruch, aber auch Wildheit, Güte und dergleichen. Indem an Eigenschaften und Situationen gedacht wurde, die weder gesehen noch gehört werden konnten, wurde die Welt der abstrakten Begriffe entdeckt. Solche abstrakte Begriffe können bereits primitive Ideen genannt werden.

Ideen

Wie der Begriff des Denkens hat auch der Begriff der Idee die Philosophen seit der Zeit der alten Griechen beschäftigt. Plato und Aristoteles, Descartes und Kant haben den Begriff «Idee» definiert. Aber keine philosophische Spekulation erklärt uns, wie der nackte Affe sich eines Tages Ideen in den Kopf setzte.

Wenn wir im täglichen Leben sagen: «Ich habe eine Idee», verbinden wir mit dem Wort Idee den Begriff von etwas Neuem. Tatsächlich haben alle Ideen, welche die Menschheit erregt und gefördert haben, und welche die Grundlage unserer kulturellen Evolution bilden, etwas gebracht, das als neu empfunden wurde. Für unsere Zwecke des Studiums der Ideologien können wir Ideen als schöpferische Kombinationen unserer Phantasie auffassen. Tatsächlich bauen sich schöpferische Gedanken auf anderen Gedanken auf, Ideen auf anderen Ideen durch immer neues Kombinieren. Die meisten Autoren, die etwas Neues zu sagen haben, fangen mit einer Übersicht dessen an, was andere bereits zu dem Thema gesagt haben. Ihre eigene Idee erscheint dann als die schöpferische Kombination früherer Ideen und neuer Tatsachen. Allerdings sind im Bereich der abstrakten Gedanken die Bausteine oft nicht leicht zu entdecken.

Ideale

Ohne Zweifel waren die Ideen der Menschen von Anfang an mit Wünschen oder Ängsten verbunden. Aus der Verbindung einer wichtigen Idee mit einem starken Wunsch entstand das Ideal (wie das Wort Idee wird hier auch das Wort Ideal nur im alltäglichen Sinne gebraucht und nicht im Sinne des philosophischen Idealismus. Wir finden in den ältesten Dokumenten menschlicher Geschichte bereits Ideale, die wir heute noch haben: Gerechtigkeit, Frieden und Nächstenliebe. Ich habe solche grundlegenden Ideale die «Ideale des Common Sense», des gesunden Menschenverstandes, genannt und werde im letzten Kapitel näher darauf eingehen. Es kann angenommen werden, daß viele dieser Common Sense-Ideale bereits in primitiven Gesellschaften existierten, denn sie sind soziale Ideale mit einem hohen Überlebenswert für die Gruppe.

Aber die Gesellschaft begann nicht erst mit dem Homo sapiens. Es gibt Tiergesellschaften mit denselben «Spielregeln», die zum Überleben nötig waren. So geht vieles, was das menschliche Bewußtsein in den Rang eines Ideals erhoben hat, auf unsere tierischen Vorfahren zurück.

Weltanschauung

Des Menschen Bewußtsein, Phantasie und begriffliches Denken sind die Bausteine dessen, was wir Weltanschauung nennen. Jeder Mensch baut sich seine eigene private Weltanschauung. Wie Frank L. Moreland betonte,[88] gründen sich alle menschlichen Entscheidungen auf Tatsachen und auf persönliche Weltanschauungen. Die Weltanschauung deutet die Tatsachen. Beide «hängen eng zusammen, denn die Tatsachen werden aufgrund einer Weltanschauung gesammelt».

Obwohl es fast unmöglich ist, so komplexe Dinge wie Weltanschauungen zu klassifizieren, möchte ich doch drei Hauptgruppen unterscheiden: die Weltanschauung der Träumer, des Ideologen und die des Pragmatikers.

Der Träumer hat nur vage Vorstellungen, die stark beeinflußt sind von Angst- und Wunschträumen. Seine Welt ist die der Magie und des Aberglaubens. Er vermeidet oft intellektuelle Anstrengungen und feste Entschlüße in der Hoffnung, daß irgend etwas geschieht. Er versucht, durch magische Riten und Gebote das Schicksal zu beeinflussen.

Der Ideologe hat wohl definierte, aber einseitige Vorstellungen, die er zur «ewigen Wahrheit» des Dogmas erhebt. Seine intellektuellen Anstrengungen sind begrenzt. Seine Entscheidungen sind klar und deutlich; er vergleicht seine Probleme einfach mit seinem Dogma und handelt dementsprechend.

Der Pragmatiker erwägt viele Möglichkeiten. Er revidiert oder verwirft sie gemäß dem neuesten Stand seiner Kenntnis. Er ist sich der Relativität aller «Wahrheit» bewußt. Seine Entscheidungen werden nach einem bewußten oder unbewußten Erwägen aller Möglichkeiten getroffen. Das erfordert oft eine beträchtliche intellektuelle Anstrengung. Er neigt zu geschickter Diplomatie und zieht Methoden des Abwartens denen der brutalen Gewalt vor.

Eine Weltanschauung kann sich verändern, weil eine Konfliktsituation zwischen der ursprünglichen und einer neuen Weltanschauung entstanden ist. Dies ist Hegels ewiger Streit zwischen These und Antithese, der zur Synthese führt.

5. KAPITEL

Kulturelle Evolution

Nach dem Abstecher in die Welt des menschlichen Gehirns, knüpfen wir nun thematisch an das 3. Kapitel an. (Die genetische Evolution der «hard ware» unseres «Gehirn-Computers»). Wir kommen jetzt zur «soft ware», die für unsere Kulturentwicklung verantwortlich ist. Diese kulturelle Evolution ist «die Geschichte der menschlichen Errungenschaften in all ihren erstaunlichen Entwicklungen», wie James Harvey Robinson es einmal genannt hat.

Wurden die erstaunlichen Errungenschaften in demselben Gehirn vollzogen, das einmal die Höhlenzeichnungen vollbrachte? Seine Fähigkeiten scheinen inzwischen gewachsen zu sein; das Unterscheidungsvermögen und der Verstand, seine Intelligenz und Einsicht, die Erfindungskraft sind größer geworden. Aber es hat immer noch dasselbe Gewicht wie zur Zeit der Höhlenmenschen, es ist immer noch dasselbe Stück «hard ware».

Doch etwas ist in diesem Gehirn geschehen und geschieht noch immer. Wurden bisher ungenutzte Teile in Betrieb genommen? Oder wird die «Infrastruktur» allmählich verbessert, um einmal einen Fachausdruck wirtschaftlicher und militärischer Planer zu gebrauchen? Sind neue Verbindungen zwischen Neuronen zustandegekommen, neue Synopsen? Oder haben sich die Nervenbahnen durch häufige Benutzung erweitert? Wir können nur mutmaßen. Wenn wir Intelligenz definieren als die Fähigkeit, Tatsachen und ihre gegenseitigen Beziehungen zu erfassen, dann ist ohne Zweifel im Laufe der kulturellen Evolution unsere Intelligenz größer geworden. Sie nimmt stets noch zu.

Wie die genetische Evolution operiert auch die kulturelle mit Variabilität und natürlicher Auslese. Die Variabilität wird aber nicht länger durch Gen-Mutation verursacht, sondern durch ... wollen wir es geistige Mutationen nennen? Sie sind die schöpferischen Kombinationen der Phantasie und des begrifflichen Denkens. Ihre Variabilität ist viel größer als die der Gene. Jeder Mensch kann schöpferische Kombinationen machen. Begabte Menschen können sogar eine große Anzahl von bedeutenden Schöpfungen in ihrem Leben hervorbringen. Genauer: Die geistige Variabilität nimmt immer weiter zu. Schließlich sind schöpferische Kombinationen Querverbindungen früherer Erkenntnisse, die im Gedächtnis gespeichert wurden. Die Zahl dieser Erkenntnisse wird laufend größer. Das Gedächtnis muß immer mehr Informationen, Tatsachen und Ideen aufnehmen.

Aus diesem Reichtum schöpferischer Kombinationen selektiert die natürliche Auslese. Sie verwirft alles, was keinen Wert hat für die Umwelt durch Ausmerzen oder Vergessen. Ausmerzen ist die klassische Art, die die Natur bei Genen anwendet: der Erfinder einer «besseren» schöpferischen Kombination – seien es neue Waffen, neue Arten der Bekämpfung von Naturkatastrophen oder neue Methoden zur Nahrungsmittelherstellung – könnte überleben, wobei die weniger schöpferischen Konkurrenten zugrundegingen. Andere schöpferische Kombinationen könnten zur freiwilligen Selbstvernichtung führen, wie z.B. die Ideologie einiger Sekten die Kastration einschließt.

Die zweite, weniger dramatische Art der natürlichen Auslese schöpferischer Kombinationen ist das «Vergessen». Es genügt ja, einen unangenehmen Gedanken einfach zu vergessen, um ihn loszuwerden. Die Methode des Vergessens kann genau so wirkungsvoll sein wie die des Ausmerzens. Jedoch kann – und das ist eine andere Eigenart der kulturellen Revolution – die auslesende Kraft des Vergessens absichtlich ausgeschaltet werden. Dies tun Ideologien und ihre Dogmen. Sie verbieten überholte, nutzlose oder schädlich schöpferische Kombinationen einfach zu vergessen und hemmen damit den Vorgang der natürlichen kulturellen Evolution.

Neben der Variabilität und der natürlichen Auslese gibt es einen dritten allgemeinen Evolutionsfaktor: die Übertragung der Variationen auf die Nachkommen. In der genetischen Evolution geschieht das durch Vererbung. Aber es gibt keine erblichen schöpferischen Kombinationen, deshalb brauchen wir Kommunikation, Erziehung und Unterricht, um sie unseren Kindern zu übermitteln. Man hat das auch «transmission of behavior», die Übertragung von Verhalten, genannt. Sie ist die Quintessenz aller kulturellen Evolution.

Das Verhalten

Nachteile der Evolution

Genetische Evolution gehört nicht der Vergangenheit an, sie geht weiter. «Aber das Tempo biologischer Vererbungen ist langsam», sagt Storr[1]. «Es hat noch keine Mutation gegeben, die uns im Vergleich zu unseren prähistorischen Vorfahren grundlegend verändert hat. Außer dem langsamen Fortschreiten der genetischen Evolution gibt es noch einen Nachteil. Was genetisch von Generation auf Generation vererbt wird», sagt Robert Hinde[2], «ist nur die Fähigkeit, gewisse Arten des Verhaltens zu entwickeln, nicht das Verhalten selbst».

Die genetische Evolution würde viel schneller stattfinden, wenn ein Organismus die Eigenschaften, die er in seinem Leben erworben hat, seinen Nachkommen direkt vererben könnte. Es gab eine Theorie – und in einem gewissen Sinne gibt es sie noch (vgl. Leonard Williams[3]) – die das annahm.

Sie wurde zuerst von Lamarck als «viertes Gesetz» in seiner «Histoire Naturelle» im Jahre 1815 dargelegt[4]. Es besagte: «... alles was erworben ist ... wird auf die neuen Individuen übertragen ...». Arthur Köstler faßt es in den Worten zusammen: «Die Quintessenz des Lamarckismus ist der Glaube, daß die Anstrengungen der Eltern nicht ganz vergebens sind.»[5]

Der klassische Lamarckismus wurde nach langen und erbitterten Kontroversen von der Wissenschaft abgelehnt. Aber gegen Ende des 19. Jahrhunderts gründete der amerikanische Zoologe Edward Drinker Cope[6] eine neo-lamarckistische Schule. Diese Schule schrieb dem Willen und den Gewohnheiten eine wichtige Rolle für schöpferische Änderungen zu. Ein moderner Vertreter ist F. Wood Jones, der vor allem auf die Bedeutung von Gewohnheiten hinweist[7]. Andere moderne Biologen weisen auf die Wechselwirkung von Organismus und Umwelt hin: der Organismus wählt die Umwelt aus und die Umwelt übt natürliche Selektion.

Ein tragikomisches (und tragisches) Wiederaufleben des Lamarckismus in Rußland in den Jahren 1948–1964 ist mit dem Namen T.D. Lysenko verbunden. Aus ideologischen Gründen und mit Stalins Segen predigte er die Vererbung erworbener Eigenschaften als Dogma[8].

Aber mit oder ohne Lamarckismus sind die «Anstrengungen der Eltern nicht ganz vergebens». Die Erfahrungen, die sie in ihrem Leben erworben haben, werden auf die Kinder übertragen. Dank diesem übertragenen Wissen weiß «der Dummkopf dieser Generation mehr als das Genie der vorigen», wie Max Gluckmann es einmal ausgedrückt hat.

Das Wesen der kulturellen Evolution

Aus dem unbeschriebenen Blatt des neugeborenen menschlichen Gehirns schafft Programmierung den erwünschten

Menschentyp. Es geschieht durch Helfen und Hemmen, durch das Erlernen von Sprache und Erkennen von Tatsachen, durch Bildung von Wertbegriffen, durch Unterdrükkung angeborener Triebe und durch Eintrichtern spezifischer Ideen, Ideale und Ideologien.

Lernen ... wir alle erinnern uns der langen Jahre des Büffelns, daß unsere armen Gehirne einmal mit Wissen vollgestopfte Schatzkammern würden. An die Vermittlung grundlegender Wertbegriffe erinnern wir uns jedoch wenig. Im späteren Leben halten wir sie für selbstverständlich, genauso wie die uns eingeprägten Ideale und Ideologien.

An die Unterdrückung angeborener Triebe jedoch erinnern wir uns oftmals schmerzlich. Bestenfalls führte die Unterdrückung zur Sublimierung: aus Aggression wird Ritterlichkeit, aus Furcht Mut, aus Selbstsucht wird Nächstenliebe und Gerechtigkeit. Aber die angeborenen Instinkte sind nur ins Unterbewußtsein verdrängt. Sie können wieder zum Vorschein kommen, entweder in plötzlichen Ausbrüchen oder still und leise.

Im Gegensatz zur langsamen genetischen Evolution kann die kulturelle Evolution innerhalb weniger Generationen bemerkenswerte Resultate erzielen. Ihr Tempo nimmt dank der Sprache, der Kunst des Schreibens und dem breiteren Wissen erheblich zu.

Regressive Evolution

Die Übertragung von Verhalten wird durch die lange Periode der Hilflosigkeit des menschlichen Nachwuchses begünstigt. Der holländische Anatom Louis Bolk (1866–1930) sah darin eine regressive Evolution[9]. Er wies auf gewisse embryonale Züge der Anatomie des erwachsenen Menschen hin und entwickelte (in einem Vortrag am 15.4.1926 bei einer Tagung der deutschen Anatomischen

Gesellschaft in Freiburg) eine neue Theorie über den Ursprung des Menschen. Sie besteht in einer Fixierung des fötalen Stadiums als Folge der Aktion endokriner Drüsen. Ein ähnliches Phänomen hat man bei gewissen Amphibien beobachtet (z.B. bei Axolothe) und es Neotenie genannt. In einem allgemeinen Sinne ist Neotenie eine der Methoden, durch die die Evolution «ent-spezialisiert» wird, indem sie in ein früheres Stadium zurückkehrt. Nach Bolk ist der Mensch also ein Neoten des Schimpansen.

Eine moderne Version dieser Theorie gaben D. Jonas und Doris Klein[10]. Sie erklären diesen «Infantilismus» des Menschen damit, daß eine Viruskrankheit in einem frühen Entwicklungsstadium den Menschen verkrüppelte; während der Mensch dadurch anatomisch zurückging, schritt er intellektuell voran. Er kompensierte seine körperliche Minderwertigkeit durch erhöhte Gehirntätigkeit.

Es mangelt übrigens nicht an zeitgenössischen Hypothesen auf dem Gebiete der Anthropogenie, der Entwicklung der Menschheit. Die sonderbarste, der ich je begegnet bin, nimmt an, daß der Mensch sich durch Kannibalismus entwickelt hat, weil er die (rohen) Gehirne seiner Mitmenschen aß. Dieser «Diät» wird die Entwicklung unserer Intelligenz und unseres Sexuallebens zugeschrieben (Oscar Kiss Maerth[11]).

Frühkindliche Schulung

Man hat das Gehirn des Neugeborenen ein unbeschriebenes Blatt genannt, das danach verlangt, beschrieben zu werden. «Ein Kind wird von anderen nach ihrem Bilde geschaffen», ist ein bekannter Ausdruck für die frühe Schulung. Hängt alles nur von der richtigen Programmierung ab? Dies ist das alte Problem von angeborenen oder anerzogenen Eigenschaften. Die Ansichten von Ethnologen wie Konrad Lorenz und anderen stehen im schroffen Gegensatz zu denen moderner Behavioristen wie B.F. Skinner, die überzeugt sind, daß der Mensch kein angeborenes Verhalten hat. Ein Schüler Lorenz', Irenäus Eibl-Eibesfeldt, gibt in einem neuen Werk[12] eindrucksvolle Beispiele dafür, daß der Mensch von der Natur «vorprogrammiert» wurde. Das bedeutet nicht, daß eine spätere Programmierung und Schulung weniger wichtig ist. Aber es könnte unsere speziellen Erziehungsmethoden und unsere Auffassungen des Lernens beeinflussen.

Die Psychologie des Lernens ist von vielen Psychologen studiert worden, und es gibt darüber verschiedene Theorien. Schon Freud hat auf die Bedeutung früher Kindheitseinflüsse hingewiesen. Unter seinem Einfluß haben einige Psychologen das kritische Alter für die Bildung der Persönlichkeit bis zum Säugling und sogar bis zum Embryo im Mutterleib zurückdatiert. Dies geht vielleicht zu weit. Aber es gibt bestimmte Perioden, wann gewisse Verhaltensweisen und Denkmethoden programmiert werden müssen, um Wurzeln zu fassen. Dasselbe weiß man bei der Dressur von Tieren. Nach E. Trumler[14] müssen junge Hunde zwischen der 3. und 8. Woche ihres Lebens an den Menschen gewöhnt werden. Zwischen der 8. und 16. Woche müssen sie lernen, mit Menschen zu spielen. Später lernen sie es nie mehr.

Beim Menschen werden solche Perioden nicht in Wochen, sondern in Jahren gemessen. Nach einem Jahr lernt das kleine Kind den Begriff der Objekt-Permanenz. Es dauert 7 bis 8 Jahre, ehe es zu logischer Aufgabenlösung fähig wird (Jean Piaget). Hat man diese Jahre ungenützt verstreichen lassen, wird das Erlernen schwierig oder unmöglich. «Man kann über ein gewisses frühes Alter hinaus die Denkmethode nicht mehr verlassen», sagt Francois Lhermitte. Und der Amerikaner Benjamin E. Bloom kommt zu dem Schluß, daß die Intelligenz sich innerhalb der ersten Lebensjahre stürmisch entwickelt und von einem Monat zum anderen

Fortschritte beobachtet werden können. 50 % der menschlichen Intelligenz sind mit 4 Jahren bereits entwickelt, 80 % im Alter von 8 Jahren. Nach anderen ist «NACH» (=«need-to-achieve» also etwa Leistungsdrang) mit 4 bis 5 Jahren entwikkelt und bleibt stabil. Die Schule, die in der Regel mit 6 bis 7 Jahren anfängt, kann nicht mehr grundlegend verändern, was in den ersten Lebensjahren herangebildet worden ist. «Der Charakter des Schulerfolgs», schreibt Christopher Jencks[16], «hängt zum größten Teil vom Ausgangsmaterial ab, nämlich dem Charakter des in die Schule eintretenden Kindes».

Andere Gelehrte sind in dieser Hinsicht weniger positiv eingestellt. So findet Graham Chedd[17], daß frühzeitige Stimulation für die Gehirnentwicklung vielleicht weniger wichtig ist, als man glaubt. Er bezieht sich hierbei auf die Entwicklung von Kindern in dem isolierten indianischen Dorf San Marcos in Guatemala, wie es Jerome Kagan von der Universität Harvard berichtet hat.

Was weitere Forschungen über die Entwicklung der Intelligenz auch ergeben mögen, Tatsache ist, daß Schulung in früher Kindheit in späteren Lebensjahren nur schwierig oder gar nicht verändert werden kann. Die gleichen Wertbegriffe, aber auch die gleichen Dogmen und den gleichen Aberglauben, den ein Mensch in der Kindheit gelernt hat, wird er an seine Kinder weitergeben. Das ist der Hauptgrund, warum Ideologien, vor allem früh erlernte Ideologien des Übernatürlichen, so tief verwurzelt sind und jahrhundertelang weitergeschleppt werden, auch wenn sie längst überholt sind. «Sind wir gewissen Gedanken gegenüber gehemmt?» fragt Fred Hoyle[18]. In der Tat. Die Programmierung in unserer Kindheit hindert uns im späteren Leben nicht nur daran, gewisse unanständige Worte in den Mund zu nehmen, sondern oft auch, neue Tatsachen des Wissens anzunehmen.

Oft geschieht es – aber nicht immer. Sonst hätte unsere kulturelle Evolution ja nie Fortschritte gemacht. Auch in späteren Jahren nehmen wir neues Wissen auf. «Keiner von uns ist noch im entferntesten derselbe, der er gewesen wäre, wenn er nicht Ideen von anderen empfangen hätte», schreibt Fred Hoyle. «Jedesmal, wenn man eine Bemerkung hört, die einen zum Nachdenken über einen neuen Trend anregt, ist man nicht mehr derselbe Mensch, der man vorher war.»

Wir können verschiedene Arten kultureller Evolution unterscheiden. Jede von ihnen hat ihr eigenes Tempo. Ein langsames Tempo, das in Jahrhunderten zählt, gilt für die Entwicklung der Weltbegriffe und Dogmen, die in früher Kindheit programmiert wurden. Ein schnelleres Tempo hat die Entwicklung der Hauptmasse menschlichen Wissens, das wir in der Schule oder auf der Universität lernen. Der schnellste «Umsatz» von Ideen – innerhalb einer Generation und manchmal innerhalb weniger Jahre – ergibt sich für unwidersprochene neue Ideen, Entdeckungen und Erfindungen. Manche Ideen, die «in der Luft liegen» und einen fruchtbaren geistigen Boden finden, verbreiten sich wie ein Lauffeuer.

Evolution durch Opposition

Es gibt noch einen anderen Faktor, der die Mühlen der kulturellen Evolution antreibt. Wir entwickeln uns kulturell nicht nur durch Einverständnis, sondern auch durch Widerspruch und Opposition. Dies geschieht hauptsächlich, wenn das Kind zum Erwachsenen heranreift. Dann beginnt das Gehirn, unabhängig zu arbeiten. Stolz erprobt es seine Fähigkeiten. Um seine Unabhängigkeit zu beweisen, verwirft es die Lehren, statt sie anzunehmen. Es versucht, eingeimpfte Ideen durch eigene Gedanken zu ersetzen. Dies ist die Zeit, in der die Kinder sich von ihren Eltern lösen. Sie beginnen, die Eltern zu kritisieren und ihnen nicht länger zu gehorchen. Dann kommt die Opposition gegenüber Lehrern und Professoren, und in extremen Fällen führt es dazu, daß der Wert ihres kulturellen Erbes angezweifelt wird. Es entstehen «Sub-Kulturen» und «Gegen-Kulturen», und das «Establishment», die bestehende Gesellschaftsordnung, wird abgelehnt und angegriffen. In den schwersten, tragischen Fällen kommt es zu Gewalt und Terror. Dies scheint mehr und mehr zur Regel zu werden. Vielleicht, wie Kenneth Keniston annimmt[19], weil die Jugend früher reif wird, aber länger im Lernprozeß bleiben muß. «Kein Ereignis in diesem Jahrhundert», schreibt er 1971, «war so bedeutsam wie das Entstehen einer jugendlichen Opposition ... welche die Gesellschaft, die sie erben sollte, fehlerhaft und brüchig fand.» Von anderen bekannten Autoren, die den Aufstand der Jugend behandeln, seien hier nur Theodor Roszak[20] und Charles Reich[21] erwähnt.

Diese antagonistische Phase der kulturellen Evolution des einzelnen wird oft unterschätzt. Sie wird von den älteren mit Achselzucken als Unfug abgetan. Sie trösten sich mit dem Gedanken, daß der «Sturm und Drang» von selbst aufhören wird, wenn die Rebellen seßhaft werden und eine Familie gründen. Nun, ein Teil davon wird aufhören, gewiß. «Wir müssen uns der menschlichen Rasse wieder anschließen,» schrieb Peter Harper[22], als er die Fehler der «alternativen Technik» einsah, von der er einer der führenden Apostel gewesen war.

Aber ein Teil des rebellischen Geistes, manchmal der beste, wird bleiben. Und die notorischen Störenfriede werden vielleicht einmal große Reformatoren. Dies ist der Konflikt von These und Antithese und wird einmal, wie wir hoffen können, durch zunehmenden Verstand und wachsenden «Common sense» zu einer erfolgreichen Synthese führen. Dann wird es nicht länger «die größte Lüge sein», wie H.G. Wells es einmal genannt hat, «daß der Mensch ein vernunftbegabtes Wesen ist.»

Das Hauptinstrument, erworbene Erfahrung zu übermitteln, ist die Sprache. «Sogar noch mehr als das Zähmen des Feuers,» schreibt Judith Groch[23], «war die Erfindung der Sprache des Menschen größte Tat. Diese Fähigkeit, Worte zu benutzen ... verdankt der Mensch seiner Herrschaft über alle Tiere seines Planeten und seine Fähigkeit, den Lauf seiner eigenen Evolution zu beeinflussen.» Man ist hier geneigt, zwei Fragen zu stellen: Ist die Sprache wirklich ein Vorrecht der Menschen? Und: Ist die Sprache wirklich eine Erfindung?

Sprache: ein Vorrecht des Menschen?

Der Gedanke, daß die Sprache den ganzen Unterschied von Mensch und Tier ausmacht, findet sich schon bei Cicero[24]. Mit Sprache ist die verbale, semantische Sprache gemeint, denn alle höheren Tiere, aber auch menschliche Babys, haben eine emotionale Sprache. Sie können Gefühle ausdrücken durch kleine Schreie des Schreckens oder Behagens, oder sie drücken sich in Gebärden aus. Treffende Beispiele sind das ausdrucksvolle Wedeln des Hundeschwanzes und die ebenso ausdrucksvollen Gesten eines italienischen Redners. Solche nicht-verbalen Mitteilungen von Tieren und Menschen sind das Thema vieler Studien gewesen, z.B. der der englischen Royal Society 1965, die von Robert A. Hinde herausgegeben wurden[25]. Aufgrund ähnlicher Studien nahm Gordon W. Hewes an, daß die erste Sprache des Menschen eine Gebärdensprache war[26].

Emotionelle Sprache ist angeboren und bedarf keines besonderen Mechanismus der Gehirnrinde. Die Fähigkeit, sich sprachlich zu artikulieren, muß gelernt werden und erfordert zudem hochentwickelte Stimmorgane. Die enge

Zusammenarbeit zwischen den Stimmorganen und dem menschlichen Gehirn ist einzigartig.

Es fehlt nicht an Versuchen, gewisse Tiere eine semantische Sprache zu lehren. Man benutzt hierbei Symbole, um Gedanken auszudrücken. Bekannte Beispiele sind Washoe, der Schimpanse von Allen und Beatrice Gardner[27], und Sarah, ein Schimpansenweibchen, Schülerin von David Premack[28].

Eine Übersicht weiterer Untersuchungen über die Kommunikationsfähigkeit von Tieren gibt Vitus B. Dröscher[29]. Das geeignete Objekt ist nicht der Affe, sondern der Delphin. Er ist das intelligenteste aller Tiere, und sein Gehirn ist sogar größer als das des Menschen (auf Körperlänge umgerechnet entspricht es allerdings dem des Menschen). Dem Beispiel von John C. Lilly[30] folgend studierten verschiedene Forscher die Delphinsprache mittels Unterwasser-Mikrophone und anderen elektronischen Hilfsmitteln. Leider ohne durchschlagenden Erfolg. Auch Dr. Lilly mußte seine Versuche aufgeben.

Obwohl Tiere zu Rudimenten semantischer Sprache fähig sind, klafft doch eine enorme Lücke zwischen möglicher tierischer Sprache und menschlicher Vokabeln von bis zu 100 000 Wortsymbolen mit sehr spezieller und großenteils abstrakter Bedeutung. So können wir sagen, daß nur der Mensch ein sprechendes Tier ist. Es ist die Sprache, die uns zum Menschen macht.

Ist Sprache eine Erfindung?

Die zweite Frage ob Sprache eine Erfindung ist, also eine freie Schöpfung des menschlichen Intellekts, bejaht Ludwig Wittgenstein[31]. In seiner Studie von «Sprachspielen» (vereinfachte Sprachsituation) fand er keine allgemeine Form der Bedeutung oder «Essenz» des Symbolismus. Soweit es wechselseitige Beziehungen von Sprachen gibt, ist das nur eine «Familienähnlichkeit».

Der moderne Behaviorismus betrachtet Sprache als verbales Verhalten. Noam Chomsky[32] nimmt an, daß alle menschlichen Sprachen eine gemeinsame «Grundform», eine «universelle Grammatik» haben. Er weist darauf hin, wie schnell ein Kind die Sprache der Gemeinschaft, in der es geboren ist, lernt. Es kann Sätze bilden, die es nie zuvor gehört hat. Diese erstaunliche Fähigkeit, meint Chomsky, muß angeboren und typisch für den Menschen sein. Vor ihm hatte bereits der Schweizer Sprachforscher Ferdinand de Saussure[33] eine Theorie der Sprachstruktur entwickelt, bei der er eine angeborene «faculté de language» annahm.

Die amerikanischen Psychologen William Condon und Louis Sander[34] beobachteten, daß wenige Tage alte Babys mit synchronisierten Körperbewegungen auf die menschliche Stimme reagierten. Sie schlossen daraus, daß das Erlernen der Sprache auf einer angeborenen Fähigkeit beruht, auf die menschliche Stimme zu reagieren. Diese Beobachtungen scheinen Chomsky's Thesen zu bestätigen.

Wenn wir also eine Sprache eine Erfindung nennen, ist es eine Erfindung, die auf angeborenen biologischen Eigenschaften beruht. Es ist eine von Regeln beherrschte, spezienspezifische Form des Verhaltens, das in gewissen menschlichen Genen wurzelt.

Ursprung der Sprache.

Um die Erforschung vom Ursprung der Sprache bemühen sich Linguisten und Psychologen. Man nennt sie deshalb Psycholinguistik. Eine der ältesten Theorien geht auf die alten Griechen zurück und wird Omomatoloerie oder Echoismus genannt. Es ist die Bildung von Worten durch Nachahmung von Naturlauten. Eine andere Theorie besagt, daß der Mensch mit unartikulierten Schreien auf Furcht oder Freude reagiert habe.

Der Philosoph Max Müller (1823–1900) sah den Ursprung der Sprache im Versuch des Menschen, Dinge, die er anzudeuten wünschte, mit Zunge und Lippen nachzuahmen. Diese umstrittene Theorie wurde durch 2 moderne Forscher, Stephen Potter und Laurens Sargent, wieder aufgegriffen[35]. Eine neuere Theorie weist nachdrücklich auf die Verbindung von Gebärden und Stimmgeräuschen zur Andeutung einer bestimmten Tätigkeit hin.

Die ersten Hominiden hatten bereits eine Art artikulierter Sprache, genannt «Lalia». Weitere Fortschritte – gekennzeichnet durch eine verbesserte Technik der Steinbearbeitung – gehen von der Acheulean Kulturstufe (vor 200 000 Jahren) bis zum Neandertaler (vor 100 000 bis 35 000 Jahren). Nach Richard Fester [36] konnte der Neandertaler jedoch noch nicht artikuliert sprechen, weil es ihm an einer entsprechenden Rachenhöhle mangelte. Einige Paläo-Anthropologen haben sogar die Meinung geäußert, daß die Neandertaler – wegen ihres großen Gehirns und in Ermangelung einer Lautsprache – telepathisch miteinander kommunizierten. Erst unsere direkten Vorfahren, der Cro-Magnon, konnte Vokale und Konsonanten unterscheiden und besaßen einen Wortschatz, der auf etwa 20 Worte geschätzt wird.

«Die großen grundlegenden Sprachsysteme», schreibt Victor Bunak, «entstanden in der frühen Metallzeit vor etwa 6000–9000 Jahren, während die Entstehung vieler zeitgenössischer Sprachen erst in geschichtlicher Zeit stattfand.»

Die schöpferische Kraft der Sprache

«Keine Sprache wurde von einer Versammlung von Logikern entworfen», hat Voltaire einmal geschrieben. So ist es. Wir wissen aus unserer Schulzeit, daß jede Grammatik mehr unlogische Ausnahmen als logische Regeln hat. Doch hat die Sprache eine ungeheure schöpferische Kraft, vergleichbar der eines Künstlers. «Seht Euch die Sprache an,» schrieb Thomas Carlyle in «Sartor Resartus», «woraus besteht sie anders als aus Metaphern, als solche erkennbar oder nicht!» Und deutlicher noch sagt Emerson in «Der Poet»: «Sprache ist steingewordene Poesie.» Auch der italienische Philosoph Giambattista Vico[37] fand: «Die Entstehung der Sprache ist poetisch.» Er glaubte, daß die erste Sprache von theologischen Poeten gesprochen wurde. Vicos Werk wurde in der ersten Hälfte des 20. Jahrhunderts von Benedetto Croce[38] fortgesetzt, dem führenden italienischen Philosphen seiner Zeit. «Vicos und Croces Gleichsetzung von Sprache und Poesie ist der einzige Schlüssel zum Verständnis der Verbindung zwischen unserem Geist und dem gesprochenen Wort», schreibt G.U. Bonfante[39].

Sprache und Denken

Die Verbindung zwischen unserem Geist und dem gesprochenen Wort, zwischen Sprache und Denken, ist ein so faszinierendes Problem, daß es ein Teil des kommunistischen Dogmas wurde. Es führte zu einem persönlichen, energischen Eingreifen Stalins. «Jeder, der die Lehre von Karl Marx anzweifelt, daß Sprache das natürliche Material des Bewußtseins ist,» schreibt Levy Rahmani in «Sowjet Psychologie»[40], «macht sich der Ketzerei schuldig.»

Ohne Zweifel wird unser Denken großenteils von der Sprache bestimmt. Wir können drei Hauptfunktionen der Sprache unterscheiden: als Mittel zur Kommunikation und Übertragung von Kenntnissen; als Mittel, Kenntnisse zur künftigen Benutzung zu speichern; und – vielleicht die wichtigste Funktion – als ein unentbehrliches Hilfsmittel, abstrakt zu denken. Wahrscheinlich entwickelten sich Sprache und abstraktes Denken gleichzeitig und stimulierten sich gegenseitig. «Sprache ist das Kleid des Gedankens», schrieb Samuel Johnson in seinem «Life of Cowley». Aber sie ist mehr als nur ein Kleid. Sie ist die Quelle des Gedankens, sein Wesen und sein Geheimnis.

Um Ideen auszudrücken, brauchen wir Worte als Symbole. Selbst wenn wir schweigend denken, sprechen wir mit uns selbst und lernen so unsere eigenen Gedanken kennen. «Es gab nur Sprache, und Sprache erschuf Gedanken», schrieb Shelley in «Prometheus». Leider bedeutet das nicht, daß jeder, der spricht, auch ein Denker ist. «Moins on pense, plus on parle», sagt ein französisches Sprichwort (Je weniger die Menschen denken, desto mehr reden sie). Aber wenn wir wirklich denken, dann ist selbst die reichste Sprache nicht imstande, alle unsere Gedanken auszudrükken. Robert Louis Stevenson, selbst ein Meister der Sprache, schrieb in «Walt Whitman»: «Sprache ist nur eine armselige Stallaterne, um die weite Kathedrale der Welt zu erleuchten.» Und Jacques Monod schrieb: «Nachdem die Sprache einmal existierte, mußte sie die Intelligenz beträchtlich erhöhen.»

Die Schrift

Man kann bezweifeln, ob die Sprache eine Erfindung genannt werden kann, aber es kann kein Zweifel sein, daß die Schrift eine Erfindung ist. Sie entwickelte sich schrittweise aus bescheidenen Anfängen. Der erste Schritt war vielleicht, daß man Kerben in einen Stock schnitzte oder Kiesel bemalte als Gedächtnisstütze oder um Eigentum zu kennzeichnen. Prähistorische Kiesel mit sonderbaren Punktmustern wurden von E. Piette 1887 in der Höhle von Mas d'Azil in Südfrankreich, zusammen mit Überresten einer mesolithischen Kultur (etwa 8000 v.Chr.) entdeckt. Nach dem Fundort wurde diese Kultur Azilien genannt. Diese Kiesel könnten bei magischen Riten benutzt worden sein, um irgendeine Nachricht zu übermitteln. Man hält sie für die erste geschriebene Urkunde der Menschheit, wenn man «schreiben» als Übermittlung von Symbolen auffaßt.

Aber der Gebrauch von geschnitzten Symbolen ist vielleicht viel älter. François Bordes von der Universität Bordeaux entdeckte in Pech-de-Laze einen 135 000 bis 150 000 Jahre alten Knochen, in welchem Bogen, Striche, Winkel und parallele Linien eingeschnitzt waren. Nach Alexander Marshack vom Peabody Museum in New York[41] ist das eine primitive Art der Aufzeichnung der Menschen aus der Altsteinzeit, 50 000 bis 75 000 Jahre vor dem Neandertaler. Dies könnte alle Vorstellungen der prähistorischen Archäologie umstürzen, was die Evolution der menschlichen Intelligenz und Kultur betrifft.

Weiter wurden bildliche Symbole oder Piktographien verwendet, um wirkliche Ereignisse wie Jagd oder Krieg darzustellen.

Ideogramme – Logogramme – Phonogramme

Der nächste Schritt bringt uns zu den Ideogrammen. Die Bildersymbole stellen nicht länger wirkliche Objekte dar, sondern Ideen, die mit einem Objekt verknüpft sind. Man könnte sie die Vorläufer der eigentlichen Schrift nennen. Ideogramme finden sich in den meisten ägyptischen Hieroglyphen. Sie kommen auch in den ältesten chinesischen Zeichen vor, die sich auf Knochen und Schildpatt der Shang Dynastien vor 3000 bis 3500 Jahren finden. Allerdings bedeuten viele chinesische Symbole aus dieser Periode nicht nur Ideen sondern schon spezielle Worte. Sie stellen einen weiteren Schritt zur Wortschrift («Logogramm») dar.

Aber auch die Wortschrift ist nur ein Vorläufer, um gesprochene Sprache wiederzugeben. Deshalb müssen die Symbole einen phonetischen Wert haben und einen gesprochenen Laut darstellen. In Analogie zu den früheren Stufen nennt man dies Lautschrift oder «Phonogramm», obwohl letzteres Wort auch eine andere Bedeutung hat. Ein Übergang zwischen Ideogramm, Wort- und Lautschrift ist ein spezieller Typ der Ideogramme mit hinzugefügten Symbolen von phonetischer Bedeutung. Derartige Übergangssysteme entwickelten sich nach und nach in den meisten Piktographien und Ideogrammen. Sie finden sich in den ägyptischen Hieroglyphen und in frühen chinesischen Ideogrammen ebenso in den Aufzeichnungen der Mayas und Azteken.

Es ist das große Verdienst von Jean-François Champollion (1790–1832), der die ägyptischen Hieroglyphen entzifferte, als erster die Verbindung von Ideogrammen und Lautschrift erkannt zu haben[42]. «Das ist ein komplexes System», schreibt er, «eine Schrift, die gleichzeitig figurativ, symbolisch und phonetisch ist, im gleichen Text, im gleichen Satz, im gleichen Wort.»

Keilschrift

Die besten Beispiele für die Entwicklung von Ideogrammen finden sich in der Keilschrift der Sumerer und Babylonier. Der Name Keilschrift stammt von Engelbert Kämpfer Anfang des 18. Jahrhunderts. Er nannte so Fels-Inschriften aus dem alten Persien und Ziegel- und Stein-Inschriften aus Babylon, die durch keilförmige oder dreieckige Einschnitte gekennzeichnet waren. Bis sie entziffert waren, vergingen weitere hundert Jahre. Während Henry Rawlinson versuchte, die Keilschrift auf assyrischen Tontafeln zu entziffern, entdeckte er die sumerische Sprache, eine nicht-semitische Sprache, die mit anderen altorientalischen Sprachen nicht verwandt ist. Die Sumerer werden als die Erfinder der Keilschrift und der ersten Lautschrift betrachtet. So wird das Jahr 3500 v.Chr. als die Geburtsstunde der Schrift festgelegt.

Die Tatsache, daß die Sumerer diese Erfindung machten, hängt mit dem besonderen Charakter ihrer Sprache zusammen. Ähnlich der ägyptischen Sprache enthielt sie Worte desselben Klanges, aber verschiedener Bedeutung. (Homonyme). Von den Sumerern kam die Grundidee des neuen Systems zu anderen Völkern. Ihre Schriftzeichen – obwohl von denen der Sumerer verschieden – übernahmen das Prinzip, daß die Zeichen nicht länger ein Objekt oder eine Idee darstellen sollten, sondern einen Laut.

Silbenschrift und Alphabet

In den nächsten 2000 Jahren entstand die Silben-Schrift, wie sie im alten Zypern und (teilweise) in China, Japan und Korea verwendet wurde. Jedes Zeichen stellt eine besondere Silbe dar. Obwohl sie sich für manche Sprachen eignen, sind Silben-Schriften eine etwas umständliche Art des Schreibens. Ein weiterer Fortschritt wurde erreicht durch die Erfindung des Alphabets, wobei jedes Zeichen einen einzelnen Buchstaben darstellt. Alphabete sind die bequemste und anpassungsfähigste Art der Schrift. Sie können für alle Sprachtypen benutzt werden.

Soweit wir wissen, ist das Alphabet semitischen Ursprungs und geht auf die Zeit 1500 v.Chr. zurück. Einige einfache ägyptische Hieroglyphen wurden offensichtlich zu diesem Zweck etwas abgeändert. Es sind verschiedene süd- und nordsemitische Alphabete bekannt, die sich zu phönizischen, syrischen, arabischen und anderen Alphabete weiterentwickelten. Das phönizische Alphabet wurde von den

Griechen um etwa 1100 v.Chr. übernommen und den Erfordernissen der griechischen Sprache entsprechend abgeändert. Das griechische Alphabet, das etwa 3000 Jahre alt ist, gilt als Mutter aller west- und osteuropäischen Schriften.

Kulturelle Leistungen

Die Begriffe Kultur und Zivilisation sind auf verschiedene Weise definiert worden. Manchmal werden die Worte als Synonyme verwendet, aber meist ist die Kultur der allgemeinere Begriff, der die Lebensweise einer Menschengruppe beschreibt. Zivilisation wird dann als besondere Form der Kultur aufgefaßt; es schließt politische Organisation, Verstädterung und dergleichen ein. Für V.G. Childe z.B. fängt Zivilisation mit der «urban revolution»[43] an.

Manche Autoren betrachten Errungenschaften wie Philosophie, Religion und Kunst als die Essenz der Kultur im Gegensatz zu Naturwissenschaft und Technik. In diesem Sinne wurde die Entwicklung der Zivilisation als eine Zunahme des Energieverbrauchs aufgefaßt (Leslie White). Lewis Henry Morgan[44] teilt die kulturelle Evolution in 7 Stufen ein; die letzte ist die Zivilisation.

Für Oswald Spengler hat das Wort Kultur jedoch eine andere Bedeutung. Bei ihm ist Zivilisation gleichfalls das letzte Stadium jeder Kultur, «das unausweichliche Schicksal einer Kultur[45]. Die Essenz von Spenglers Auffassung der «großen Kulturen» ist ihre «Morphologie», ihre Evolution durch vergleichbare Stadien von Jugend, Mannesalter und Untergang. Es gibt keine «aufsteigende Linie» von einer Kultur zur nächsten. Allerdings hat Spengler später zugegeben, daß er bei dieser pessimistischen Auffassung den Einfluß der ständig fortschreitenden Technik außer acht gelassen hat. Einen ähnlichen Vergleich hat Arnold Toynbee[46] gemacht. Im Gegensatz zu Spengler, für den das Entstehen von Kulturen ein metaphysisches «Schicksal» ist, sieht Toynbee den Aufstieg einer Zivilisation als das Resultat einer Herausforderung.

Ich mache in meinen Betrachtungen keinen Unterschied zwischen Kultur und Zivilisation. Die kulturelle Evolution die in diesem Kapitel behandelt wird, ist der Fortschritt des Homo sapiens von der Zeit, als er sich vom Affen distanzierte, bis heute.

Schöpferische Tätigkeit

Kulturelle Leistungen sind das Resultat schöpferischer Kombinationen im menschlichen Gehirn. Sie werden in einer fast unendlichen Variabilität hervorgebracht und durch natürliche Auslese sortiert. Zur kulturellen Evolution gehört auch die menschliche Gesellschaft mit ihren immer neuen Ideen. Entsprechend dieser vielgestaltigen Umwelt spezialisieren sich auch die kulturellen Betätigungen des Menschen. Seine schöpferischen Kombinationen müssen auf verschiedenen Gebieten stattfinden. Wir können vier Hauptgebiete unterscheiden:

1. Die Eroberung der Natur durch zunehmende Kenntnis und technische Fertigkeiten;
2. die Evolution menschlicher Beziehungen in immer größer werdenden Gesellschaften durch soziale Konzeptionen und Erfindungen.
3. die Evolution von Ideen, abstrakten Gedanken und immateriellen Konzeptionen des Übernatürlichen.
4. die Schöpfung von Worten durch Kunst.

Die ersten beiden Gruppen sind praktisch und materiell, die letzteren spekulativ und spirituell, wobei die Grenzen auch fließend ineinander übergehen können.

Die Eroberung der Natur

Die Eroberung der Natur durch den Menschen findet auf zwei Gebieten statt, die Hand in Hand gehen: in der Wissenschaft und der Technik. Die Wissenschaft hat sich aus sehr praktischen Bedürfnissen entwickelt. Die Astronomie entstand aus dem Bedürfnis, die Zeit zu messen und das Schicksal aus den Sternen zu deuten; die Chemie versuchte anfänglich, Gold zu machen und den Stein der Weisen zu finden; die Medizin heilt Krankheiten.

Die Erfolge der Wissenschaft sind gigantisch. Sie hat die Geheimnisse unserer Erde enthüllt und die Pflanzen und Tiere studiert; sie hat das Leben und die Fortpflanzung erforscht, die Zusammensetzung und Umwandlung von Stoffen entdeckt und neue erschaffen, die in der Natur nicht vorkommen. Sie ist der Ursprung einer kulturellen Revolution, deren Ausmaß und Folgen unsere kühnsten Phantasien übertreffen. Die Furcht, daß diese Revolution einmal zu der «brave new world» von Aldous Huxley oder zu Orwells «1984» führen könnte, hat zur modernen Anti-Wissenschafts-Bewegung eines Herbert Marcuse[47], Jacques Ellul[48], Theodor Roszak[20], Jeff Nuttall[49], Jürgen Habermas[50] geführt.

Die menschlichen Beziehungen

Das Zusammenleben in Gruppen, Stämmen und Staaten erfordert eine Organisation der menschlichen Beziehungen: die individuelle Beziehung zwischen Mensch und Mitmensch, und die sozio-politischen Beziehungen, die das Rückgrat einer organisierten Gesellschaft bilden.

Regeln über die individuellen Beziehungen zwischen Menschen bilden das Thema von Moral und Ethik. Solche Regeln bestehen bereits bei Tieren; wir können von einer vor-menschlichen, instinktiven Moral sprechen. Konrad Lorenz hat sie «der Moral analoge Verhaltensweise» genannt und anhand zahlreicher Beispiele beschrieben. Man kann annehmen, daß in den langen Übergangsstadien zwischen Tier und Mensch die sozialen Beziehungen hauptsächlich durch solche instinktiven Verhalten beherrscht wurden. Moralgesetze in unserem Sinne konnten sich erst mit der Evolution des Bewußtseins entwickeln. Ausgehend vom genetischen Erbe seiner Vorfahren entwickelte der Mensch der Frühzeit nach und nach moralische Gesetze als notwendige Folge des Zusammenlebens. Solche Gesetze, ins Bewußtsein eingegangen und dem Willen unterworfen, konnten nur durch Erziehung und Schulung weitergegeben werden. Analog den tierischen Hemmungs-Mechanismen nahmen die ersten Moralgesetze die Form von Verboten und Tabus an im Sinne von «du sollst nicht töten», «du sollst nicht stehlen» und dergleichen.

Wahrscheinlich wurden sie bereits in einem sehr frühen Stadium mit Vorstellungen des Übernatürlichen verbunden. Sie wurden so ein Zweig der Religion und wurden ergänzt bzw. eingeleitet durch religiöse Gebote im Sinne von «du sollst nicht andere Götter haben neben mir». Diese Verbindung von sozial entwickelter Moral und Phantasievorstellungen des Übernatürlichen hat die Moralgesetze während Jahrtausenden beeinflußt.

Wenn wir instinktive Moral die erste Stufe und moralische Verbote die 2. Stufe der Evolution individueller menschlicher Beziehungen nennen, dann kann die allmähliche Entwicklung positiver Moralgebote als 3. Stufe aufgefaßt werden. Sie kann gekennzeichnet werden durch das Gebot «Tu, wie du willst, daß man dir tut». Hobbes betrachtet das als eine Konsequenz des Selbsterhaltungsprinzips. Grotius wandte es auch auf alle Völker und Staaten an, als ein «rationales Naturgesetz». Diese Stufe kommt in der einen oder anderen Form in allen Zivilisationen vor. Wir könnten es die Stufe der moralischen Gerechtigkeit und Gleichheit nennen.

In einer vierten irrationalen und selbstverleugnenden Stufe der Moral soll der Mensch seinem Mitmenschen mehr geben, als er von ihnen zu empfangen erwartet. Sie wird charakterisiert durch die Ermahnungen der großen Lehren der Menschheit. Konfuzius drückte es in den Worten aus: «Tugend ist menschlich.» Budda lehrte, daß man seinen Feinden vergeben soll. Christus sagt: «Liebet Eure Feinde, tut wohl denen, die Euch hassen». Wir können diese letzte (selten erreichte) Stufe, die Stufe der Liebe nennen.

Evolution von Ideen

Ein fruchtbares Feld schöpferischer Kombinationen ist die spirituelle Sphäre der Ideen über das Wesen und den Zusammenhang aller Dinge. Zu dieser Sphäre gehören auch die phantasievollen Konzeptionen des Übernatürlichen. Wir können sie in 2 Gruppen einteilen: Philosophie und Religion. Philosophie entwickelte sich unabhänging und unterschiedlich in verschiedenen Ländern. Es gibt indische, chinesische, japanische, islamische und andere Philosophien. Sogar in der philosophischen Gedankenwelt des Abendlandes spricht man von englischer, französischer, deutscher Philosophie.

Ich will hier nur kurz einige wichtige Strömungen abendländischer Philosophie charakterisieren, wie sie sich ausgehend vom altgriechischen Denken entwickelte. Die lateinisch-römische Philosophie war mehr oder weniger eine Fortsetzung gewisser Motive der griechischen Philosophie. Eine weitere Entwicklung fand durch den Einfluß christlichen Gedankengutes auf griechische (vor allem aristotelische) Konzeptionen statt.

Sie begann mit den Kirchenvätern und führte zur Philosophie der Scholastiker im Mittelalter. Es war ein Versuch, die Theologie durch dialektische Methoden zu rationalisieren. Sie artete später zu akademischen Disputen und Wortklaubereien aus und beherrschte das abendländische Denken bis zur Rennaissance. In der Rennaissance entstand der Humanismus. Ausgehend vom Studium der griechischen und römischen Klassiker befaßte sich der Humanismus mit den Eigenschaften und Möglichkeiten des lebendigen Menschen im Gegensatz zur unsterblichen Seele und den Beziehungen zu Gott.

Denker wie Bacon und Descartes begründeten im 17. Jahrhundert die moderne Philosophie. Hier sei nur der Unterschied zwischen Rationalismus und Empirismus erwähnt. Rationalismus nimmt an, daß der Verstand (lat. ratio) die alleinige Quelle des Wissens ist, um zur universalen Wahrheit zu gelangen. Empirismus (vom griech. empeirikos = Erfahrung) legt den Nachdruck auf die Erfahrung als Quelle des Wissens.

Konzeptionen des Übernatürlichen

Während abstrakte philosophische Gedanken wenige sachverständige Intellektuelle beschäftigen, sind Konzeptionen des Übernatürlichen bei den meisten Menschen sehr beliebt. Sie sind der Religion verwandt, aber nicht mit ihr identisch. Religiöse Erfahrungen sind charakterisiert durch Empfindungen wie Ehrfurcht, Verehrung und Anbetung, auch durch Gefühle wie Demut, Treue und Liebe. Konzeptionen des Übernatürlichen sind ein Versuch, diese Erfahrungen zu rationalisieren und das Unerklärliche durch schöpferische Kombinationen der Phantasie zu erklären. Vieles, was einmal für unerklärlich, übernatürlich gehalten wurde, ist im Laufe der kulturellen Evolution durch zunehmendes Wissen als natürlich verstanden worden. Deshalb kann diese Entwicklung auch als kulturelle Leistung betrachtet werden.

Es bleiben jedoch immer letzte Fragen, die sich nicht

rational beantworten lassen, z.B. die Fragen nach der Unsterblichkeit der Seele, eines Lebens nach dem Tode, der Wiedergeburt, etc.

Weniger dauerhaft ist die Konzeption der Magie als eines Mittels, die übernatürlichen Mächte durch Zaubersprüche und Riten zu beeinflussen. Das Fehlschlagen aller Versuche, die erwünschten Resultate zu erreichen, hat hier zur natürlichen Auslese geführt. Die Magie – jedenfalls im Abendland – entwickelte sich schließlich zur Wissenschaft.

Eine andere kulturelle Leistung kann in der allmählichen Evolution übernatürlicher Konzeptionen von primitiven zu höheren Religionen gesehen werden. Die Geister, die man durch Beschwörungen unterwerfen wollte, wurden nach und nach mächtige Götter. Innerhalb dieses Heeres von Göttern gab es meist eine gewisse Hierarchie von größeren und kleineren Göttern. Schließlich drang die Idee eines obersten Gottes, eines allmächtigen Vaters oder Königs oder einer Königin der Götter durch: Der Monotheismus war geboren.

Kunst

Eine eindrucksvolle kulturelle Leistung des Menschen ist die Schöpfung von Kunstwerken. Was ist eigentlich Kunst? Es fehlt nicht an Definitionen. Eine nennt es die Tätigkeit, Schönheit zu schaffen. Das führt zur Frage: Was ist Schönheit? Es ist die Grundfrage der Ästhetik, die die Philosophen mit Platon und Sokrates zu beantworten versucht haben.

Kunst ist eine kulturelle Leistung. Aber können wir von einer kulturellen Evolution der Kunst sprechen? Handfertigkeit, die «Dienerin der Kunst», wurde gewiß nach und nach vervollkommnet. Neue Werkzeuge und Materialien, Farben wurden erfunden, neue Techniken entwickelt. Aber gibt es wirklich eine kulturelle Evolution der Kunst an sich?

Die Felszeichnungen von Tieren der Eiszeit in der Höhle von Lascaux und in mehr als 100 anderen Höhlen in Frankreich, Spanien und Italien, die der Cro-Magnonmensch vor etwa 30 000 Jahren geschaffen hat, wurden mit primitiven Erdfarben gemacht. Aber wenn wir mit Schöpfungen der modernen Kunst vergleichen, die mit synthetischen Farben und Spritztechniken hergestellt sind, können wir keinen wesentlichen Unterschied in der künstlerischen Darstellung finden.

Dasselbe gilt für die Musik, obwohl wir nichts über prähistorische Musik wissen. In historischen Zeiten ist die Entwicklung der Instrumente und Techniken außerordentlich gewesen. Aber das älteste bekannte Stück abendländischer Musik, das auf einer alten Keilschrifttafel aus Syrien entziffert wurde und fast 4000 Jahre alt ist, ist ein altes Liebeslied, das große Ähnlichkeit mit einem modernen Wiegenlied hat.

Was den Künstler aber ausmacht, ist nicht sein Motiv, nicht einmal seine Inspiration und seine schöpferische Phantasie, obwohl beide unerläßlich sind. Worauf es wirklich ankommt, ist, seine schöpferische Phantasie durch Meißel oder Pinsel, durch Worte oder Klänge auszudrücken. Das ist sein Talent. Talent, diese wundervolle Gabe der Natur, ist eine Eigenschaft des menschlichen Geistes.

6. KAPITEL

Die Wurzeln des ideologischen Denkens

Ideologien würden sich nie entwickelt haben, wenn sie nicht irgendwie nötig gewesen wären. Sie waren die Antwort auf ein psychologisches Bedürfnis, eine Antwort mit Überlebenswert. Dieser Überlebenswert ist keineswegs selbstverständlich. Nichts, was auf Ideologie begründete Gesellschaften vollbracht haben, ist lebensfähiger als das, was man mit Common sense, mit gesundem Menschenverstand, hätte erreichen können. Ganz im Gegenteil. Ohne Ideologien, aber mit Common sense stünde die Menschheit heute auf einem höheren moralischen, intellektuellen und sozialem Niveau. Sie würde das gegenwärtige Niveau schon viel früher erreicht haben.

Aber war der Mensch, als er anfing, Ideologien zu erfinden, geistig reif genug, sein bewußtes Handeln auf Common sense zu begründen? Ist sogar in unseren Tagen die Mehrheit der Menschen genügend geistig entwickelt, sich durch ihren gesunden Menschenverstand leiten zu lassen? Die meisten Menschen verlangen noch immer nach Ideologien. Sie werden mit unwiderstehlicher Kraft von ihnen angezogen. Solche psychologischen Bedürfnisse sind die Wurzeln der Ideologien. Dadurch sind diese so mächtig geworden und haben sich so weit verbreitet. Was sind eigentlich die psychologischen Wurzeln, die den nackten Affen zum ideologischen Affen machten?

Eigentlich fing alles mit der Evolution des Bewußtseins an. Man stellte Fragen, auf die die Phantasie zwar primitive, aber ansprechende Antworten gab. Die sich entwickelnde Fähigkeit zum abstrakten Denken versuchte diese Phantasien zu rationalisieren. Sie verband sie mit Wunschträumen und befriedigte so unbewußte Triebe. Die Erklärung ist nur eine erste Annäherung. Wenn man in die Tiefen der menschlichen Psyche eindringt, findet man ein kompliziertes Netz psychologischer Wurzeln. Auch die Wurzeln der Ideologien sind manigfaltig und verästelt. Manche, im Unterbewußtsein tief begraben, sind noch unbekannt.

Ich möchte drei Hauptgruppen von Wurzeln unterscheiden: die intellektuelle, die instinktive und die konstitutionellen Wurzeln. Die erste Gruppe enthält die Hauptwurzel. Sie besteht in dem psychologischen Bedürfnis nach Einfachheit. Es gibt auch sekundäre intellektuelle Wurzeln, die der Folgerichtigkeit und Sicherheit bedürfen. Sie sind nicht die Quellen der Ideologien, aber sie verstärken sie.

Die instinktiven Wurzeln dringen tief ins Innerste unserer Psyche ein. Sie finden hier verborgene Quellen und bringen sie an die Oberfläche. Viele Mitglieder des «Parlaments der Instinkte» sind in dieser Weise mit Ideologien verknüpft und drücken ihnen ihren Stempel auf. Zu dieser Gruppe gehören Aggression, Machttrieb, Grausamkeit und Sex.

Schließlich gibt es die konstitutionellen Wurzeln, oder besser gesagt, den konstitutionellen Boden, in dem sich Wurzeln entwickeln. Er entspricht den verschiedenen Typen des menschlichen Charakters, der mehr oder weniger empfänglich für ideologische Konzeptionen ist. All diese verschiedenen Wurzeln bilden ein verwickeltes System. Sie finden sich alle in demselben Menschen, sie beeinflussen einander und handeln gemeinsam. Die Unterschiede zwischen den einzelnen Menschen auf ideologischem Gebiet variieren. Das hängt von den genetischen und kulturellen Einflüssen ab, die eine bestimmte Persönlichkeit geformt haben.

Die intellektuellen Wurzeln ideologischen Denkens könnten auch die kognitiven oder bewußten Wurzeln genannt werden. Ihnen ist gemeinsam, daß sie hauptsächlich aus dem Bewußtsein hervorgehen, im Gegensatz zu den unbewußten und emotional-instinktiven Wurzeln. Diese Unterscheidung ist in manchen Fällen etwas willkürlich. Das Bedürfnis nach Sicherheit z. B. hat oft eine unbewußte Komponente.

Mit der Entwicklung des menschlichen Gehirns hat die Natur die Schlüssel zum Verhalten mehr und mehr dem Bewußtsein ausgehändigt. Verhalten wird nicht länger automatisch ausgelöst, sondern beruht auf einer bewußten Entscheidung des Menschen, dem damit große Verantwortung aufgebürdet wird. Er steht auch vor Aufgaben, die schwierig und oft fast unmöglich zu lösen sind. «Der menschliche Geist kann nicht sehr viel Wirklichkeit ertragen», sagte T. S. Eliot einmal. Daher neigt man gerne dazu, in das Zwielicht der Phantasie zu flüchten, in den bequemen Hafen der Ideologie. Diese Neigung war vielleicht in den frühesten Stadien der menschlichen Evolution am stärksten.

Zur bewußten Kontrolle des Verhaltens sollten alle in Frage kommenden Faktoren mit dem Scheinwerfer des Bewußtseins abgetastet werden, sollten einer nach dem andern als mögliche Grundlage der richtigen Entwicklung ausgewertet werden. Aber das Bewußtsein, das dieser Aufgabe noch nicht gewachsen ist, neigt zum Mogeln. Es «tut als ob» und beschränkt sich auf einige augenfällige Faktoren. Es kommt eilig zu einem fertigen Konzept und benutzt dieses immer wieder als Maßstab für das Verhalten, und gibt [illegible] Muster für Verhaltensregelung. Man kann also die Hauptwurzel ideologischen Denkens als ein psychologisches Bedürfnis nach Einfachheit auffassen. Diese Einfachheit kann natürlich oder künstlich sein.

Natürliche Einfachheit

Der Mensch hat ein unwiderstehliches Verlangen, die verschiedenenartigen Informationen, die er durch seine Sinnesorgane von der Außenwelt empfängt zu vereinfachen. Wie wir im 4. Kapitel bereits gesehen haben, baut sich das Gehirn eine geordnete Begriffswelt auf, die viel einfacher ist als die chaotische, existentielle Welt.

Es gibt viele Grade möglicher Vereinfachung. Wie weit wir in unserem Drang zu vereinfachen gehen wollen, hängt größtenteils von unserem Wissen ab. Die Konzeption von Adam und Eva im Garten von Eden war viel einfacher, als die Darwin'sche Konzeption der Evolution; die Konzeption der Erde als des Mittelpunktes des Universums war von entwaffnender Einfachheit im Vergleich zur moderenen Kosmologie. Die Begriffswelt ist auch eine Sache der Intelligenz und des Temperaments. Menschen, die schwer von Begriff oder geistig träge sind, werden sich mit einer einfacheren Konzepzion begnügen als intelligente, kenntnisreiche oder aktive Menschen.

Jede Ideologie, jede wissenschaftliche Theorie und jede Weltanschauung, ist eine derartige Konzeption. Neue Tatsachen und Situationen können nur begrifflich verarbeitet werden, wenn man sie mit den Konzeptionen vergleicht, die bereits in unserem Gedächtnis gespeichert sind. Wenn unser bewußtes Denken keine geeignete Konzeption findet, beschließt es vielleicht, eine ähnliche zu revidieren. Diese Revision früherer Konzeptionen, um sie «auf den Stand der neuesten Erkenntnisse zu bringen, ist eine ebenso wichtige Tätigkeit unseres Gehirns, wie das Entwickeln neuer Konzeptionen. Revision ist bei wissenschaftlichen Theorien selbstverständlich. Sobald neue Tatsachen nicht mehr mit der Theorie in Einklang sind, wird diese revidiert. Die Notwendigkeit, Konzeptionen zu ändern, drückt Edward de Bono[1] treffend aus: «Wenn man einmal die Fehler der

Informationen verarbeitender Systeme kennt, dann begreift man, daß die größte Sünde auf dem Gebiet der Information Arroganz ist. Arroganz, Dogmatismus oder Engstirnigkeit sind so unsicher auf das fehlerhafte Informationen verarbeitende System gegründet, daß sie bemitleidenswert wären, wenn sie nicht oft gefährlich wären»; und weiter: «Es geht darum, den Nutzen von Konzeptionen zu erkennen, aber sich auch der Möglichkeit bewußt zu sein, sie zu besseren Konzeptionen zu ändern. Solange man sich dieser Möglichkeit bewußt ist, sind die Gefahren arroganter Starre geringer.»

Künstliche Einfachheit

Jede Ideologie, genau wie jede Theorie, befriedigt das grundlegende menschliche Bedürfnis nach Vereinfachung. Es gibt also einen prinzipiellen Unterschied zwischen beiden: die Weigerung der Ideologie, sich revidieren zu lassen. Ihre Dogmen werden nie geändert, nicht einmal in wenigen wichtigen Punkten. Die Vereinfachung, dic durch Ideologie erreicht wird, kann deshalb künstlich oder falsch genannt werden.

Aufgrund dieser künstlichen Einfachheit wird eine Ideologie ein Vorurteil im wahrsten Sinne des Wortes. Otto Klineberg, der amerikanische Psycho Soziologe, unterscheidet vier Mechanismen, die ein Vorurteil verstärken: 1. Selektive Unaufmerksamkeit (man betrachtet nur, was ins Vorurteil paßt); 2. Entstellung (Falsche Wahrnehmung von dem, was man unvermeidlich beachten muß); 3. Machen von Ausnahmen (Übergehen von dem, was man unvermeidlich wahrnehmen muß); 4. Umdeutung (Wählen aus alternativen Möglichkeiten). Klineberg wendet diese Mechanismen auf die Vorurteile rassischer und nationaler Ideologien an. Aber dieselben geistigen Prozesse sind typisch für alle ideologischen Vorurteile. Der strenge Ausschluß alternativer Ideen gibt den Ideologien noch eine zusätzliche Einfachheit, selbst wenn sie im einzelnen etwas kompliziert erscheint. Es ist die Einfachheit eines Computers oder Roboters, der nur das tut, was ihm vorgeschrieben ist. Dadurch steht der einseitige dogmatische Ideologist auf einer niedrigeren Intelligenzstufe. Wirkliche Intelligenz ist vielseitig, geschmeidig und anpassungsfähig.

Die Entwicklung der Intelligenz geht vom einfachen zum vielseitigen Denken. In Gedanken Entscheidungen treffen, erfordert eine größere Anstrengung, einen größeren Beitrag an geistiger Energie. Im Vergleich dazu, ist das einseitige ideologische Roboter-Denken ein Kinderspiel; ohne besondere Anstrengung kommt die Entscheidung oder das Urteil aus dem Roboter-Gehirn wie das Kaninchen aus dem Hut des Zauberkünstlers. Was Daniel Bell über politische Ideologie gesagt hat, trifft auf alle Ideologien zu. «Der springende Punkt ist», schreibt er [2], «daß Ideologien ‹schreckliche Vereinfachungen› sind. Ideologie erspart dem Menschen individuelle Sachverhalte nach ihren individuellen Verdiensten zu beurteilen. Man wendet sich einfach an den ideologischen Verkaufsautomaten, und heraus kommt das fertige Rezept.»

Ideologische Entscheidungen werden in unzweideutigen Ausdrücken von weiß oder schwarz, gut oder böse, richtig oder falsch, gefällt. Wenn jemand, oder etwas, dieser ideologischen Schablone entspricht, ist es weiß, gut, richtig. Es muß bejaht werden, geliebt, respektiert, angebetet. Wenn es nicht ins Schema F paßt; ist es schwarz, böse, falsch, dann wird es verworfen, verschrien, verachtet, gehaßt, verdammt, vernichtet. So einfach ist das. Keine peinliche Unentschiedenheit, keine Gewissensbisse, keine Verlegenheit, keine Revision des festgelegten Schemas im Lichte neuer Tatsachen. Wenn die Tatsachen nicht ins Schema passen wollen, werden die Tatsachen für falsch erklärt oder falsch gedeutet oder absichtlich verfälscht. Nicht das Dogma hat sich den Tatsachen anzupassen, sondern die Tatsachen dem Dogma.

Die künstliche Einfachheit ist der Köder der Ideologien. Sie ist – wie Louis J. Halle es ausgedrückt hat [3] – «das Schiff, das uns über dem Meer des Chaos hält, in dem wir sonst ertrinken würden. Darum ergeben sich die Menschen so leidenschaftlich, so rückhaltlos und so unwiderruflich den großen doktrinalen Systemen, die um ihre Anhängerschaft werben.»

Leidenschaftliche Einseitigkeit bringt jedoch beträchtliche Gefahren für den einzelnen mit sich. Nichts ist gefährlicher für den Geist, als immer in demselben ausgetretenen Pfad zu wandeln. Aus dem Fußpfad wird ein Weg, später eine Straße, zuletzt eine Hauptstraße. Wenn alle geistigen Blumen am Wegrand zertrampelt sind, verliert das Gehirn die Fähigkeit, Alternativen zu sehen und zu begreifen. Es kann nicht mehr kritisch denken.

Deshalb bemühen sich alle Ideologien, geistige Hauptstraßen zu bauen, indem sie ihre Dogmen wiederkauen, durch Wiederholungen, durch monotone Gebete und Litaneien, durch Exerzitien und Auffrischungskurse, durch Aufrufe, Streiks und Demonstrationen.

Die sekundären Wurzeln

Die sekundären, intellektuellen Wurzeln sind die stärkenden Mittel aller Ideologien. Sie sind ein buntes Gemisch psychologischer Bedürfnisse. Die wichtigsten sind das Verlangen nach Folgerichtigkeit, nach Sicherheit und Bedeutung, nach Autorität, Behaglichkeit, nach Erwartung und Treue.

Folgerichtigkeit
Der Mensch hat nicht nur den Drang, die Dinge zu vereinfachen, er will auch, daß sie folgerichtig und widerspruchsfrei sind. Wenn man einen Menschen überreden will, seine Meinung zu ändern, genügt es oft, ihn davon zu überzeugen, daß diese Meinung in Widerspruch steht mit irgendeiner anderen bereits gefestigten Überzeugung.

Dieser Drang nach Konsistenz ist so groß, daß einige Psychologen, wie z. B. L. Festinger[4], ihre Rolle mit den psychologischen Prozessen verglichen, die in unserem Organismus für Stabilität sorgen (Homeostasis). Die Vertreter der Psychoanalyse (z. B. Jung und Anna Freud) haben gefunden, daß das Bedürfnis nach Konsistenz auch dazu führen kann, Ideen, die der bestehenden Organisation unserer Persönlichkeit widersprechen, ins Unbewußte zu verdrängen. So werden nicht nur sozial unzulässige Gedanken verdrängt, sondern auch unhaltbare.

Der Mensch lehnt vielleicht auch monarchistische oder rassistische Ideologien ab, weil sie dem Grundsatz von der Gleichheit des Menschen nicht entsprechen.

Sicherheit und Bedeutung
Wenn Menschen sich so leidenschaftlich einem dogmatischen System verschreiben, daß sie bereit sind, ihr Leben dafür hinzugeben, dann können Einfachheit und Konsistenz nicht die einzigen psychologischen Motive sein. Niemand wird nur für eine einfache Weltanschauung oder für die bequeme Indolenz einer konsistenten Einseitigkeit sterben wollen.

Ein zusätzlicher Faktor ist das menschliche Bedürfnis nach Sicherheit. Die Gefühle von Sicherheit oder Unsicherheit stellen die Konzeptionen des Einzelnen von seinen Beziehungen zur Umwelt dar. Die Begriffsorder eines unsicheren Menschen ist unfreundlich und bedrohlich. Tief im Herzen verlangt er nach Sicherheit, nach einer Bestätigung seiner Identität. Der Grad der Unsicherheit wird stark beeinflußt von den traumatischen Erfahrung der Hilflosigkeit und Abhängigkeiten der ersten Lebensjahre. Eine glückliche Kindheit, sorgsam behütet von liebenden Eltern, gibt Sicherheit. Aber kein Mensch wird frei sein von einem gewissen latenten Gefühl der Unsicherheit und der Unbedeutendheit angesichts der mächtigen Natur.

Unsicherheit und Unbedeutendheit, angeboren oder erworben, lassen den Menschen nach der Geborgenheit der Ideologien suchen, ob es nun religiöse, philosophische oder politische sind. Darum ist die größte Anziehungskraft der Ideale ihr dogmatischer Charakter, ihre arrogante Haltung: dies ist die wirkliche und ewige Wahrheit.

Eine selbstbewußte Doktrin gibt Sicherheit und Bedeutung zugleich. Sie sagt dem Menschen, daß er von Gott nach seinem Bilde geschaffen ist, oder daß er zu einem auserwählten Volk gehört oder zu einer höheren Rasse, oder daß er ein guter Proletarier ist, der den verruchten Kapitalismus bekämpft, oder daß Schwarz schön ist usw. usw.

«Ein selbstsicheres System», sagt Anthony Storr[5] «das behauptet, den Menschen und seine Stellung im Universum erklären zu können, das eine Gottheit postuliert, die beschützt, einen Himmel, der für irdische Enttäuschungen entschädigt, und das dem Gläubigen das Gefühl gibt, daß er die Wahrheit kennt, auch wenn er noch so gering ist, ist eine so kostbare Gewißheit, das ein Mensch für sie sterben will.» Es ist nicht nur das selbstsichere ideologische System allein, das Sicherheit und Bedeutung gibt, sondern auch die Gesellschaft anderer, gleichgesinnter Personen in einer ideologischen Gemeinschaft.

Autorität

Des Menschen Verlangen nach Sicherheit und Bedeutung erklärt vielleicht auch seine Bereitschaft, sich einer Autorität zu beugen. Es ist beinah masochistisch, sich geistiger Tyrannei und Diktatur zu unterwerfen. Vielleicht das wichtigste Problem der Menschheit ist der Wille, sich zu unterwerfen.

Der Sozio-Psychologe Stanley Milgran hat das experimentell untersucht[6]. Er fand, daß 60 % seiner menschlichen Versuchskaninchen blindlings einen Befehl befolgten, der (wie man sie glauben ließ), einem Mitmenschen starke Schmerzen verursachte. Er nennt es «eine verhängnisvolle Schwäche unserer Natur, daß ein beträchtlicher Teil der Menschen tut, was man ihnen sagt, gleichgültig, was es ist, solange sie glauben, daß der Befehl von einer legitimen Autorität kommt.» Ein ähnliches Experiment in sozialer Psychologie machte im August 1971 Philip Zimbardo von der Stanford Universität. Er ließ gesunde Menschen die Rolle von «Gefangenen» und «Aufsehern» in Scheingefängnissen spielen[7]. Das Experiment, das 14 Tage dauern sollte, mußte nach einer Woche abgebrochen werden, weil die «Gefangenen» zu unglücklich waren und die «Aufseher» zu brutal und anmaßend.

Wenn wir eine Person wegen irgendeines hervorstechenden Charakterzuges bewundern, dann neigen wir zur Annahme, daß er auch in anderen Hinsichten bewundernswert ist. C. B. de Soto hat diesen Zug den «Halo-Effect», den Glorienschein-Effekt, genannt[8]. Er erklärt zum großen Teil den Persönlichkeitskult der Ideologien. Dieses Phänomen kann jedoch auch im negativen Sinne wirken, daß wir einen Menschen gänzlich verachten, einschließlich seiner guten Seiten und richtigen Ideen, weil uns etwas an ihm nicht gefällt. Man könnte das einen negativen Halo-Effekt nennen. Der Halo-Effekt ist auch Prestige-Suggestion genannt worden. Jedes Wort, das ein angesehener Mann sagt, wird wie ein Evangelium aufgenommen, so weit es die Meinung einer Berühmtheit ist. Deshalb sind auch verherrlichende Biographien, Anekdoten und andere Formen von Heldenverehrung so beliebt. Kein Wunder, daß in unserer Ära des Fernsehens und der Psychologie jeder Politiker auf «Image-Bildung» bedacht ist.

Autorität, begründet auf Prestige-Suggestion, war das Grundprinzip der Wissenschaft des Mittelalters. Eine Behauptung gilt als bewiesen, wenn sie auf Aristotoles oder Augustinus, auf die Bibel oder irgendeine andere anerkannte Autorität zurückgeführt werden konnte. Sogar die moderne Wissenschaft, obwohl sie sich auf Tatsachen gründet, ist nicht immer frei von autoritären Einflüssen. Bei den Ideologien vereinigt sich die Prestige-Suggestion des Gründers oder Führers mit dem Wunsch, von einer machtvollen Vater-Figur geleitet zu werden.

Behaglichkeit

Behaglichkeit ist ein Zustand, bei dem man sich wohlfühlt. Es bedeutet: frei von Schmerzen oder Unbehagen, von Elend, Mühe oder Not.

Menschen, die leiden, Verlangen nach Erlösung. Der Ertrinkende greift nach dem Strohhalm, der Leidende ist bereit, jede Ideologie zu bejahen, die ihm Erleichterung und Erlösung verspricht. Alle großen Ideologien entstehen in Zeiten menschlichen Leidens, als ein Versuch, es zu lindern. Der Buddhismus war eine Reaktion auf das Elend der Bevölkerung in Indien vor 2500 Jahren. Die Lehre von Christus fiel auf fruchtbaren Boden bei den Sklaven und anderen Opfern der grausamen römischen Herrschaft. Der Marxismus wandte sich gegen die Ausbeutung der Arbeiter in der Zeit der ersten industriellen Revolution. Und ohne das Elend in den Jahren nach dem ersten Weltkrieg hätte Hitlers Ideologie in Deutschland nie Fuß fassen können.

Wenn die Menschen nicht genug leiden, um sich willig zu einer neuen Ideologie bekehren zu lassen, dann versuchen die Ideologen körperliches und seelisches Leiden zu verstärken, wie William Sargant überzeugend in seinen Büchern[9] gezeigt hat.

Erwartung

Eine andere Wurzel der Ideologien ist die Erwartung. Wir haben schon im 4. Kapitel gesehen, daß das menschliche Gehirn zukunftsorientiert ist. Es denkt immer voraus, es «erwartet» irgend etwas. Diese Erwartung kann sich auf Angenehmes und auch auf Unangenehmes beziehen. Im ersten Fall sprechen wir von Hoffnung, im zweiten von Furcht. Wenn die Furcht unbestimmt ist, spricht man von Angst. Furcht und Angst, die man negative Erwartung nennen könnte, gehören zur Konzeption der Unsicherheit. Aber positive Erwartung, Hoffnung und angenehme Voraussichten sind auch ein menschliches Bedürfnis. Die angenehme Erwartung spornt den Menschen an, gibt ihm Energie um die Zukunft in positivem Sinne zu gestalten. Wir hätten sonst kein wirkliches Ziel im Leben. Erwartung steht deshalb auch in enger Beziehung zu Idealen, zu den emotionellen Ideen wünschenswerter Dinge oder Situationen. Erwartung ist die Antriebskraft allen menschlichen Fortschritts.

Die Erwartung als Wurzel ideologischen Denkens ist bewußt und zielgerichtet. Aus was sie in einem speziellen Fall besteht, hängt von dem wissenschaftlichen und kulturellen Niveau des Einzelnen und von seinem Charakter ab. Sie kann rein persönlich oder sozial sein, sich konzentrieren auf sein eigenes Wohlbefinden oder auf die Wohlfahrt der Gesellschaft oder der Menschheit. Keine Ideologie kann Einfluß auf einen Menschen nehmen, wenn sie nicht seine

Erwartung ebenso wie sein Bedürfnis nach Einfachheit, Konsistenz und Sicherheit erfüllt. Für religiöse Doktrinen kann die Erwartung das Nirwana sein oder das Paradies; für nationale und rassistische Ideologien ist es der Ruhm der eigenen Nation oder Rasse; für sozio-ökonomische Systeme ist es ein besseres Leben auf der Erde, usw.

Auch negative Erwartung ist eine ideologische Wurzel, wie z. B. die Furcht vor einer leidvollen Wiedergeburt oder ewiges Höllenfeuer nach dem Tode, oder – in diesem Leben – die Unterwerfung durch Feinde, andere Rassen, oder unbarmherzige Kapitalisten.

Treue

Während Erwartung eine Veränderung vorwegnimmt, ist die Treue gegen jede Änderung. Der Widerstand gegen eine Änderung ist genauso tief wie der Wunsch dazu. Es ist eine physikalische Grundeigenschaft aller Körper, Widerstand gegen Änderungen von Verhalten, von Ideen und Ansichten zu leisten und wird deshalb auch geistige Trägheit genannt. Sie wird wesentlich verstärkt durch Gewohnheiten. Wir alle wissen aus Erfahrung, wie schwer es ist, unsere Gewohnheiten zu ändern. Gewohnheitsbildung durch automatisierte Verhaltensweisen sind ein wichtiger Faktor ideologischen Denkens.

Treue ist eine bewußte Form der Erhaltung. Sie wird im allgemeinen als eine Tugend betrachtet. Die Worte Treue und Tugend schließen ein, daß sie vielleicht nicht im Interesse einer Person sind. Oder daß es nicht in Übereinstimmung mit neuen Ansichten ist, den früheren treu zu bleiben. Denn wenn jemand oder etwas unseren Interessen förderlich ist, oder wenn gewisse Ideen uns zusagen, dann besteht kein Grund für tugendhafte Treue.

Es ist leicht, einer Ideologie treu zu bleiben, wenn unsere

gegenwärtige Stellung oder unsere zukünftige Karriere von ihr abhängen. Die Karriere, der Ehrgeiz vorwärtszukommen, kann sogar ein stärkerer Antrieb zur «Treue» sein als das tägliche Brot. Während Ehrgeiz bei nicht-ideologischen menschlichen Tätigkeiten oft Fortschritte bringt durch neue Ideen, Erfindungen und Entdeckungen, wirkt er sich bei der Ideologie oft gegenteilig aus. Denn ein Versuch, die Doktrin zu verbessern und zu reformieren, würde den ehrgeizigen Mann zu einem Ketzer und Revisionisten stempeln. Es würde gesellschaftlichen Selbstmord bedeuten. Deswegen versuchen die ehrgeizigen Anhänger einer Ideologie gerade, einen anderen in «Treue» zu übertreffen, indem sie das Dogma preisen und verteidigen.

Organisierte Ideologien wie Kirchen, Parteien oder ideologisch ausgerichtete Regierungen, haben eine große Anzahl von Beamten oder anderen Nutznießern. Deren eigennützige «Treue» ist ein wichtiges erhaltendes Moment und trägt wesentlich zur Stabilität und Fortdauer des Systems bei. Nur wenn solche Interessen fehlen und wenn Zweifel auftauchen, kann man von wirklicher Treue (oder Mangel an derselben) sprechen.

Überall, wo Menschen zusammenleben, in der Ehe oder im Geschäft, in einem Stamm, einer Gesellschaft oder Nation, müssen sie sich aufeinander verlassen können. Daher werden Ehebrecher, Verräter, Deserteure, Überläufer oder sonstige Personen, die nicht treu sind, verurteilt. Treue verstärkt die Gruppe in ihrem Daseinskampf.

Aber wenn sich die Umwelt drastisch verändert, kann Treue nachteilig wirken, und bei engstirnigen Ideologien stellt sie entschieden eine Gefahr dar. «Es ist die Ansicht vieler moderner Psychologen», schreiben B. Ward und R. Dubos[10], «daß der Mensch nicht aus irgendeinem biologischen Imperativ ein Killer ist, sondern weil er zu unangebrachter Loyalität fähig ist. Er würde im Namen eines

Treueverhältnisses das tun, wovor seine eigene Natur zurückschrecken würde.» Treue erklärt die Langlebigkeit der Ideologien. Sie wird größer, je länger man an sie gebunden war. Deshalb gehört unsere größte Treue den Ideologien, die man uns in der Kindheit eingetrichtet hat. Da diese meist religiöse Ideologien sind, erklärt unsere Treue auch das lange Leben der meisten Religionen. Aber Treue in der Form von Unerschütterlichkeit, Gesinnungstüchtigkeit, Parteigängertum, Parteidisziplin, Parteigeist oder wie diese geistige Haltung sonst genannt wird, spielt auch eine entscheidende Rolle in nationalen, rassistischen oder sozioökonomischen Ideologien. Der Kampf zwischen Treue und besserem Urteil ist einer der Grundkonflikte unseres Bewußtseins.

Die instinktiven Wurzeln

Können die intelligenten, bewußten Wurzeln der Ideologien auch ihre Unduldsamkeit, ihre Grausamkeit und ihren Blutdurst erklären? Warum in aller Welt sind Ideologien so? Waren die Väter der Ideologien nicht gebildete Menschen, hervorragende Vertreter menschlicher Intelligenz und Tugend? Sie waren all das, ohne jeden Zweifel. Das ist gerade der Grund ihres Sündenfalls. Es ist ein psychoanalytischer Grund, eine der unbewußten Wurzeln von Ideologie.

Unterdrückung

Um das zu verstehen, müssen wir eine andere Facette unseres Gehirns betrachten: unsere unbewußten Triebe und angeborenen Instinkte. Sie sind tiefer und älter als unser begriffliches Denken. Sie nehmen teil an allen Entscheidungen, oft unbewußt – im Guten oder im Bösen. Triebe bekommen eine gefährliche Bedeutung, wenn sie verdrängt werden, wie Freud als erster klar erkannte. Er definierte Veränderung als den Ausschluß einer motivierten Erinnerung aus dem Bewußtsein. Wir verdrängen nicht nur unangenehme Gedanken und sozial unzulässige Wünsche ins Unbewußte, sondern auch unsere instinktiven Impulse. Unter der Oberfläche machen die verdrängten Gedanken, Wünsche und Instinkte ihren Einfluß auf Umwegen geltend. Durch die Vordertür unseres Bewußtseins hinausgeworfen, kommen sie heimlich als unsere geheime Triebkraft durch die Hintertür. Wenn unterdrückte Instinkte oder angestaute Triebe plötzlich entladen werden, ist das wie der Bruch eines Staudammes. Die Folgen können katastrophal sein.

Emotion ist stärker als der Verstand. Die unbewußten Prozesse von Verdrängung, Erfüllung und Rationalisierung sind machtvolle Impulse bei der Gestaltung von Ideologien. Sie erkennen heißt Ideologien mit ihren (oft ungestimmten und verborgenen) Aspekten von Aggression, Dominanz, Grausamkeit und Sex besser zu verstehen.

Aggression

Ein prominentes Mitglied unseres «Parlaments der Instinkte», wie Konrad Lorenz es genannt hat, ist Aggression. Sie ist die «graue Eminenz» der Instinkte und der vertraute Scheinagent der Ideologiefabrikanten. Zahlreiche Bücher sind darüber geschrieben worden, z. B. von Leonard Berkowitz[12], J. D. Carthy und F. J. Ebling[13], Konrad Lorenz[11], Anthony Storr[5] und Robert Ardrey[14] um nur die bekanntesten zu nennen. Was ältere Auffassungen der Aggression betrifft, kann auf Alfred Adlers Streben nach Überlegenheit oder nach Vollkommenheit verwiesen werden, das später auch – ähnlich wie bei Nietzsche – als Wille zur Macht ausgedrückt wurde[15]. Freud schrieb erst in seinen späteren Jahren über einen separaten aggressiven Instinkt (zum Unterschied von Sexualität). Er setzte ihn in Beziehung zu einem mysteriösen Destruktions- oder Todestrieb, eine Auffassung, die heute nicht mehr geteilt wird[16]. Einige Psychoanalytiker schreiben Aggression einer frustrierten Kindheit zu. Man versuchte alle infantilen Frustrationen durch anti-autoritäre Erziehung auszuschließen, in der Hoffnung, so auch die Aggression auszumerzen. Die Resultate waren verheerend. Sie haben gezeigt, wie K. Lorenz schreibt, «daß der Aggressionstrieb, wie so viele andere Instinkte auch, ‹spontan› aus dem Inneren des Menschen quillt.»

Aggression scheint mit gewissen biologischen Prozessen zusammenzuhängen. Der stärkere Aggressionstrieb des männlichen Geschlechts wird androgenen Hormonen zugeschrieben. Aber auch die Nebennieren könnten eine Rolle spielen, wie Alan Leshner und Douglas Candland[17] an Tierversuchen gezeigt haben. Aufgrund ihrer Befunde meinen sie «daß Aggression eine wichtige biologische Grundlage hat, obwohl sie sozial stimuliert werden kann.»

Nicht jeder glaubt an den inneren Aggressionstrieb. «Es gibt keinen Beweis für angeborene Aggression bei irgendeiner von der Wissenschaft studierten Kreatur», sagt der Anthropologe Ashley Montagu[18]. Andere, vor allem soziale Ideologen, werfen Lorenz Biologismus vor, den Versuch, soziales Verhalten biologisch zu erklären. Jedoch sind die Argumente gegen einen angeborenen Aggressionstrieb keineswegs überzeugend.

Der Aggressionstrieb wird durch Wettbewerb ausgelöst. Innerhalb derselben Spezies kann er verstärkt werden durch die Selektion zwischen Artgenossen als hauptsächlichen Auslesefaktor. Diese «Hypertrophie der Aggression», wie man es genannt hat, kann eine Gefahr für die Art werden. In den meisten Tiergesellschaften wird diese Gefahr durch «konventionellen Wetteifer», vermieden, wie V. C. W. Wynne Edwards es genannt hat. Er glaubt, daß die Gesellschaft einen Abwehrmechanismus gegen Aggression entwickelt hat durch konventionellen statt aggressiven Wettbewerb[19]. Aber statt eines solchen konventionellen Wettbewerbs um den Aggressionstrieb loszuwerden, verbieten Gesellschaften, die auf Ideologien begründet sind, jeden Wettbewerb, vor allem den zwischen Ideen. Diese Ideologien müssen deshalb die Aggression anderswie abreagieren, z. B. militärische Paraden und Demonstrationen, kriegsähnliche Aktionen gegen Ketzer, Revisionisten und Verräter. Die Begründer von religiösen und vor allem christlichen Ideologien hatten – erfüllt von ethischen Idealen – ihre angeborenen aggressiven und anderen Instinkte verdrängt (oder haben es jedenfalls versucht). Arroganz wurde ersetzt durch Demut, Kampfgeist durch Friedfertigkeit. Ihre Killer-Instinkte wurden im Zaum gehalten durch das Gebot «du sollst nicht töten». Ihr Haß und ihre Rachsucht wurden gezügelt durch Christus' Worte: «Liebet Eure Feinde, segnet die euch fluchen». In ähnlicher Weise wurde der (in der Regel gutentwickelte) Aggressionstrieb der sozialen Ideologien teilweise zurückgedrängt durch laut proklamierte Liebe zum Feinde, Demokratie, soziale Gerechtigkeit und andere Ideale.

Aber nicht alle Ideologien haben ihre Aggression verdrängt. Einige schreiben Aggression arrogant auf ihr Banner und brüsten sich damit (wie die Nazi-Ideologie mit ihrer aggressiven «Herrenrasse»). Auch der Islam wurde auf einer aggressiven Doktrin begründet. Der «Jihad», die religiöse Pflicht, einen Heiligen Krieg gegen die Ungläubigen zu führen, gehört zum Koran. Moderne Mohammedaner versuchen allerdings, Jihad in einem weniger kriegerischen, spirituellen Sinne zu erklären.

Offene Aggressivität charakterisiert auch einige soziale

Ideologien mit einer Diktatur des Proletariats. Andere Sozialisten, wie Prodhon mit «La Propriété c'est le vol» (Eigentum ist Diebstahl), zeichneten sich gleichfalls nicht dadurch aus, daß sie ihren Aggressionstrieb unterdrückten. Und in neuerer Zeit gibt es eine wirkliche «Ideologie der Gewalt». Alle Arten ideologischer Gruppen, Nationalisten und Separatisten, Anarchisten und Pazifisten, Terroristen und viele andere füllen die Spalten der Zeitungen. Sie alle versuchen, ihr Ziel mit Gewalt und Zwang durchzusetzen, mit Demonstrationen und Besetzungen, mit Streiks und Geiselnahmen mit Straßensperren und Bombenattentaten.

Aggression und Dogma

Aber wir wollen zu den wohlmeinenden Ideologien zurückkehren, die wie artige Kinder ihren angeborenen Aggressionstrieb unterdrückten und verdrängten. Aber als diese ehrenwerten Männer das ausgetüftelte Gebäude ihrer Doktrinen errichteten, kamen die verdrängten Aggressionen mit doppelter Kraft zurück. Vielleicht unbemerkt und ungenügend begriffen, sickerte die Aggression hinein und verdarb die guten Absichten. Je friedlicher das Ideal war, das die Grundlage ihrer Ideologie bildete, desto aggressiver war diese Ideologie im praktischen Leben. Erklärte Pazifisten zählten zu den aggressivsten. Denn der Soldat, der seinen Aggressionstrieb beruflich abreagiert, ist schon immer barmherziger gewesen als der Priester, der ihn verdrängt hat.

Die Stelle, wo Aggression in die Ideologie einsickert, ist das Dogma. Seine Arroganz und Intoleranz verschaffen dem verdrängten Aggressionstrieb willkommene Befriedigung. Sie ersetzen die individuelle durch kollektive Aggressivität. Was ist der tiefere Zusammenhang zwischen Aggression und Dogma? Das Dogma fordert die Andersdenkenden auf, ihm zu widersprechen. Seine kompromißlose Formulierung beweist einen geheimen Zweifel des Dogmatikers, eine Stimme der Skepsis, einen kleinen Skrupel. Was Schopenhauer einmal von der Religion sagte, kann auf alle Ideologien angewendet werden. «Was für eine schlechte Religion muß das sein, daß es unter schweren Strafen verboten ist, darüber zu spotten.»

So ist es. Aggression, Dogmatismus und Fanatismus zeichnen hauptsächlich Personen aus, die ihre geheimen Zweifel abtöten wollen. Es ist eine Überkompensation. Der Zweifel wird übertönt durch überlaute Blasmusik dogmatischer Gewißheit. Der Dogmatiker ist sich der weniger geheimen Zweifel der anderen genau bewußt. Er brennt darauf, sie zu bekämpfen, wie er seine eigenen Zweifel bekämpft hat. Sein despotisches Dogma verrät ein Verlangen nach Widerspruch und Opposition. Jeder aggressive Mensch verlangt nach einem Widersacher, an dem er seine Angriffslust austoben kann. Diese Seite aggressiven Verhaltens ist wohlbekannt bei Tieren. Sie verteidigen ihr Territorium in unblutigen Kämpfen, die aus Schreien, Kreischen und Scheingefechten bestehen.

Leider ist die Art, wie die ideologischen Affen das Territorium ihres Dogmas verteidigen, weniger harmlos. Oh ja, die friedlichen Ideologen liebten ihre Feinde gründlich. Aus aufrichtiger Liebe zu ihnen verbrannten sie sie auf dem Scheiterhaufen, damit deren Seelen in den Himmel kämen. Während die Körper im Feuer schmorten, beteten sie fleißig für die Seelen. Und andere Ideologen versuchten mit den allerbesten Absichten, die Deserteure und Revisionisten zu bessern, indem sie sie in Konzentrationslager oder Irrenhäuser einsperrten. Und selbst wenn sie sie durch einen Genickschuß eliminierten, sie millionenfach verhungern ließen oder sie in Gaskammern liquidierten, so geschah das doch alles zum Segen der Menschheit. Oder etwa nicht?

Machttrieb

Eine andere Wurzel der Aggression ist der Machttrieb oder Geltungstrieb. In seiner unschuldigsten Form besteht er in der ärgerlichen Neigung mancher Leute, den Besserwisser zu markieren oder das große Wort zu führen und die erste Geige zu spielen, oder – einen Schritt weiter – andere anzuschnauzen und herunterzuputzen. In seiner häßlichsten Form führt der Machttrieb zu Despotismus und Tyrann, zu Inquisition und Gestapo. Außerdem gibt es eine Menge weiterer Varianten, wie sich der Machttrieb äußern kann. Einige Autoren sehen im Machttrieb eine Form der Aggression. Freud ging sogar noch weiter und sah in Aggression, Macht und sogar Sadismus eine Komponente der Sexinstinkte. Es ist ein Wunsch zu unterjochen und ein Drang, den Widerstand des Sexobjekts zu überwinden[20]. Diese Einsicht wurde von seinem Schüler Alfred Adler bestritten, dessen Auffassung vom Willen zur Macht ähnlich der Nietzsches schon früher erwähnt wurde. Nietzsche sah sogar im Willen zur Macht den alleinigen Grundtrieb menschlichen Verhaltens. Als eine der psychologischen Wurzeln von Ideologien können wir den Machttrieb unabhängig von der Aggression als einen separaten Instinkt betrachten. Es gibt eine umfangreiche Literatur über den Machttrieb im Tierreich im Zusammenhang mit der von Thorleif Schjelderupp-Ebbe entdeckten «Hackordnung» der Haushühner[21]. Der Ausdruck «Hackordnung» wird auch auf größere Tiere angewandt, obwohl manche in diesen Fällen lieber von «Rangordnung» sprechen.

Man kann zwischen individuellem und sozialem Machttrieb unterscheiden. Der letztere ist die Herrschaft der Gruppe über das Individuum, wie dies bei Bienen, Ameisen und Termiten vorkommt. Individuelle Macht bei Tieren begründet sich auf körperlicher Überlegenheit. Dieser Trieb ist bei Fischen hochentwickelt, wie Lorenz feststellte. Er ist auch bei Schildkröten und Eidechsen beobachtet worden. Ebenso gründlich studiert wurde er bei Vögeln und Säugetieren, vor allem bei Affen, z. B. von Solly Zuckermann[22], R. M. Yerkes[23], D. und R. Morris[24] und anderen. Auch bei Mäusen und Ratten, Hamstern und Eichhörnchen, Katzen und Hunden, Pferden und Kühen hat man diesen «Willen zur Macht» festgestellt. Bekannt ist der Leithammel, obwohl Führerschaft nicht immer einen hohen Rang in der «Hackordnung» erfordert.

Der Machttrieb in der Tierwelt ist eine arterhaltende Eigenschaft. Er führt zu Ruhe und Ordnung in der Gruppe. Das herrschende Tier hat nicht nur das Privileg der besten Bissen und besten Weibchen. Es hat auch die Pflicht, Kämpfe innerhalb der Gruppe zu verhindern und die Gemeinschaft gegen Feinde zu schützen.

Wahrscheinlich war es ähnlich bei den Urmenschen. Allerdings gibt es hier verschiedene Theorien, über den Ursprung der «Chiefs» in menschlichen Gesellschaften. Ohne Zweifel waren die ersten Anführer machtvolle Männer. Ihre Macht beruhte auf Muskelkraft. Aber mit der fortschreitenden Evolution des Gehirns gesellte sich früher oder später eine andere Komponente zur Macht: die Intelligenz. Und mit der Intelligenz kamen die Ideologien.

Die älteste Ideologie des Menschen, älter als alle Religionen, war die Magie. Sie wird allerdings meist nicht eine Ideologie genannt, sondern eine Kunst. Aber diese sogenannte Kunst hatte schon alle typischen Züge der Ideologie. Mit seiner Magie erwarb der Magier eine beherrschende Stellung. Sir James Frazer nahm deshalb an, daß der Chef einer primitiven Gemeinschaft ursprünglich ein Magier gewesen war[25]. Andere denken, daß ein Dualismus bestand: ein Häuptling für die weltliche Autorität und ein Magier für die spirituelle Macht.

Dieser Dualismus entspräche dem, was sich in verschiedenen Kulturen in historischen Zeiten abgespielt hat, z. B. der jahrhundertlange Kampf zwischen Kaiser und Papst in Deutschland. Manchmal wurden beide Funktionen in ein und derselben Person vereinigt. Entweder bekam der spirituelle Leiter weltliche Macht, oder der weltliche Führer, König, Kaiser, nahm den Rang eines Magiers, Schamanen, Hohen Priesters ein. Wir finden diesen Dualismus noch in unseren Tagen in kommunistischen Staaten. Sie haben ein ideologisches Oberhaupt in der Person des Generalsekretärs der Partei, unabhängig von den höchsten Regierungsbeamten. Das krasseste moderne Beispiel ist der Iran seit 1977 mit dem geistlichen Führer Ayatollah Khomeini, und einer – allerdings sehr schwachen – weltlichen Regierung.

Ideologie ist ein altes und erprobtes Mittel, dem Machttrieb frönen zu können. Das bezieht sich in erster Linie auf den Gründer oder Leiter der Ideologie. Auf einer niedrigen Stufe gilt es auch für seine Helfershelfer, die eine heißersehnte Nische im Tempel der ideologischen Hierarchie gefunden haben. Und sogar für die kleinen Parteigenossen und Apparatschiks bleibt noch Macht genug übrig, über Ungläubige oder Heiden oder Burgeois etc.

Grausamkeit

«Der Mensch ist ein Raubtier», hat Oswald Spengler einmal geschrieben. Er kennt das berauschende Gefühl, wenn das Messer in das Fleisch des Feindes dringt[26]. Und Anthony Storr sagt: «Es ist eine traurige Tatsache, daß wir die grausamste und unbarmherzigste Spezies sind, die je die Erde bevölkert hat.»[27] So ist es. Weder mit Aggressions- noch mit Machttrieb können all die Grausamkeiten, das ganze sadistische Vergnügen über das Leiden gefolterter Mitmenschen erklärt werden. Woher kommt diese Grausamkeit? Wir können den Ideologien nicht die Schuld zuschieben. Der Mensch war wahrscheinlich schon grausam, ehe er sie erfand. Ideologien sind nur indirekt verantwortlich. Sie liefern nur den Rechtfertigungsgrund. Sie sind wohl das willkommene Ventil für Grausamkeit, nachdem diese durch den wachsenden Idealismus des Menschen verdrängt war. Wir müssen die Grausamkeit als eine Nebenwirkung unserer intellektuellen Evolution sehen, als ein negatives «spin-off» oder Nebenprodukt der Intelligenz.

Mit dem Wachstum unseres Gehirns erwarben wir auch ein besseres Gedächtnis. Es half uns nicht nur, uns an gute und nützliche Dinge zu erinnern, sondern auch an Unrecht, Enttäuschungen und Demütigungen. Parallel entwickelten wir das begriffliche Denken und erwarben die Fähigkeit zur Projektion, dh. die Gabe, gewisse Emotionen und Tugenden, aber auch bösartigen Haß in andere Individuen (oder Gruppen, Nationen, Rassen) zu projizieren oder andere zu Sündenböcken abzustempeln. Wir machen sie für das verantwortlich, was wir in unserem Gedächtnis als Unrecht empfinden.

Wir sind aber auch fähig, uns mit den Schmerzen und den Leiden anderer zu identifizieren. Das Resultat kann Mitleid und Nächstenliebe sein. Aber es kann auch ein sadistisches Vergnügen sein, wenn wir daran denken, wie der Gepeinigte uns früher einmal Leid zugefügt hat. All das ist die Fähigkeit zur Grausamkeit, doch es erklärt sie nicht. Wir haben schließlich alle unsere Erinnerungen, wir haben alle die Gabe der Projektion und Identifizierung, aber wir sind nicht alle Sadisten. Es muß einen zusätzlichen psychischen Faktor für die Grausamkeit geben. Manche Psychologen suchen ihn in der Hilflosigkeit, Frustration und Demütigung, die der Mensch während seiner Kindheit erlitten hat.

Wir können drei Haupttypen der Grausamkeit unterscheiden: atavistische, egoistische und ideologische Grausamkeit. Atavistische Grausamkeit ist der wilde, wahnsinnige Blutdurst, gestillt im Amoklauf, sinnlosen Gemetzel, durch pathologische Mordsucht und Sadismus. Egoistische Grausamkeit handelt aus Gewinnsucht, wie im Falle von Erpressung, Kidnapping, Geiselnahme, Folterung und dergleichen. Ideologische Grausamkeit – die typischste Form beim Menschen – ist das Morden und Foltern für Ideen. Neben der sadistischen, ideologischen Grausamkeit gibt es eine masochistische. Es ist die grausame Befriedigung, die dem Ideologen Schmerzen, Demütigung und sogar den Tod bringen können, wenn er für seine Ideologie leidet. Beispiel sind die Phrygischen Märtyrer, die Götzenbilder zerbrachen und Behörden beleidigten, weil sie für ihren Glauben sterben wollten! Oder mohammedanische Pilger, die sich selbst des Augenlichts berauben, nachdem sie die Kaaba gesehen haben. Oder fanatische Hindus, die sich unter den Wagen des Juggernauts werfen.

Die drei Haupttypen gehen oft ineinander über. Ideologische Grausamkeit kann eine Rationalisierung atavistischen Blutdursts sein oder ein billiger Vorwand für egoistische Grausamkeit. In der Tat hat ideologische Grausamkeit niemals die treuen Anhänger abgeschreckt. Für manche übt die Grausamkeit sogar eine zusätzliche Anziehungskraft aus.

Sind die Freunde von Grausamkeit und Gewalt beklagenswerte Ausnahmen? Überbleibsel aus einer barbarischen Vergangenheit, die früher oder später aussterben? Wir würden es gerne glauben. Leider gibt es keine Anzeichen dafür, daß die Grausamkeiten abnehmen. Ganz im Gegenteil. Man hat deshalb an eine Behandlung gedacht, um das gewalttätige Verhalten des menschlichen Gehirns zu beeinflussen und hat diverse Möglichkeiten vor einigen Jahren auf einer Konferenz in Monaco diskutiert[28].

Grausame Gewalttaten sind auch ein beliebtes Thema von Fernsehen und Filmen. Manche sehen darin sogar die Ursache der zunehmenden Gewalttätigkeit. Ohne Zweifel besteht ein starker Einfluß auf Kinder und Jugendliche. Von den verschiedenen Untersuchungen auf diesem Gebiet sei die von Robert M. Liebert, für eine amerikanische Kommission 1972 durchgeführt, erwähnt[29]. Aber auch neuere Untersuchungen kommen zu gleichen Resultaten. Zum Glück sind die meisten Ideologien heutzutage weniger blutrünstig als früher. Ketzer werden nicht mehr verbrannt. Und die Genickschüsse für Revisionisten hat man durch «Behandlung» in Arbeitslagern und Irrenanstalten ersetzt. Und die Henker und Folterer der Nazi-Ideologie, soweit sie noch am Leben sind, werden in der ganzen Welt gejagt. Vielleicht gibt es doch noch Hoffnung für die Menschheit.

Sex

Nur eingefleischte Freudianer werden noch im frustrierten und verdrängten Sex die letzte Wurzel der Ideologie sehen. Aber es besteht kein Zweifel, daß der allmächtige Sexinstinkt eine der vielen psychologischen Wurzeln der Ideologien ist und in ihnen eine Befriedigung findet.

Sexuelle Frustration kann eine der Ursachen für Unsicherheit sein. Sie steht auch in gewisser Beziehung zum Aggressions- und Machttrieb und zur Grausamkeit. Das ist die «Hintertür», durch die der Sex in die Ideologie hineinschlüpft. Aber manchmal geht er auch durch die Vordertür, unverdrängt und ungehemmt, mit fliegenden Fahnen, als ein sehr willkommener Gast.

In der Form von Fruchtbarkeitszauber spielt Sex eine große Rolle in primitiven Ideologien einschließlich der Magie. Solche Riten gehen bis in prähistorische Zeiten zurück wie die paläolithischen Venusfigürchen zeigen. In historischen Zeiten wurden Fruchtbarkeitsriten bei der Verehrung gewisser Göttinnen zelebriert, z. B. bei Aschtoret des alten Testaments, der phönizischen Astarte u. a.

Ähnlich wie das weibliche Prinzip spielt auch das männliche, der Phallus, eine wichtige Rolle in den Fruchtbarkeitsriten alter Ideologien. In der klassischen griechischen Komödie trugen die Darsteller und der Chor künstliche Phallen. Ein Relikt alter Fruchtbarkeitsrituale, aus denen das griechische Drama entstanden war. Im alten Rom war der Gartengott Priapus phallisch. Das erotische Element beherrschte seinen Kult. Ähnlich wurde auch der römische Fruchtbarkeitsgott Liber mit phallischem Kult verehrt. Auch in heutiger Zeit ist die Phallusverehrung (auch Phallismus oder Phallizismus genannt) in religiösen Ideologien vieler Länder weitverbreitet. Bekannt ist das Phallus-Symbol des Gottes Schiwa, Lingam genannt, mit dem weiblichen Gegenstück, der Yoni. Die Symbole findet man überall in Indien, oft in winzigen Heiligtümern mitten in den Feldern, so winzig, daß sie nichts weiter enthalten als ein Lingam aus Stein, der inmitten der Yoni, einer Steinplatte mit rundem Loch, aufgestellt ist.

In christlichen Ideologien spielte der Sex eine wichtige Rolle, da er verneint und als sündig betrachtet wurde. Weil der Sex verdammt wurde, wurde auch ein machtvoller Instinkt verdrängt und entfachte in der Folge gefährliche Spannungen und heftige Ausbrüche.

Die sexuelle Wurzel der Ideologien spielt eine große Rolle in verschiedenen Mißbräuchen, Orgien, Hexenjagden und vielen anderen ideologischen Schrecknissen. Es gibt beinahe nichts auf dem Gebiet der Perversitäten, wozu der Sexinstinkt in der unnatürlichen Welt des «menschlichen Zoo», wie Morris es genannt hat[30], nicht fähig wäre. Es gibt viele ideologische Sekten, die Riten perverser Sexualität, von zügelloser Promiskuität bis zur Kastration, praktizieren. Zahlreiche Beispiele finden sich in den Büchern von Paul Tabori[31] und Burgo Partridge[32].

Die konstitutionellen Wurzeln

Eine dritte Hauptgruppe von ideologischen Wurzeln, neben den intellektuellen und den Instinktiven, möchte ich die konstitutionellen Wurzeln nennen. Sie sind ein Teil unserer angeborenen Konstitution und tief im Charakter des einzelnen eingewurzelt. Der besondere Charakter eines Individuums, seine Persönlichkeit, ist ein ziemlich kompliziertes Gemisch aller möglichen bewußten und unbewußten Züge. Er wird durch Erbanlagen, durch genetische und kulturelle Faktoren beeinflußt. Seit ältester Zeit hat man versucht, die menschlichen Charaktere und Temperamente zu klassifizieren. Bekannt ist die Einteilung in Sanguiniker, Phlegmatiker, Melancholiker und Choleriker. Moderne Psychologen haben zahlreiche Typen unterschieden. Hier seien nur C. G. Jungs introvertierte und extravertierte Typen[33], E. R. Jaensch B und T Typen[34], E. Sprangers 6 Typen[35] und E. Kretschmers und W. H. Sheldons physisch-psychische Typen[36] erwähnt. Eine Übersicht verschiedener anderer Typologien, einschließlich einer von ihr selbst entwickelten, hat Derek Wright gegeben[37].

Was Typen betrifft, die für Ideologien empfänglich oder ihnen abgeneigt sind, möchte ich ausführlicher auf E. Rokeachs Theorie des «aufgeschlossenen» und «verschlossenen» Charakters[38] eingehen. Anschließend – aber ohne die Absicht eine eigene Typentheorie aufzustellen – möchte ich zwei wohlbekannte Typen erörtern, deren geistige Haltung einen entscheidenden Einfluß auf Ideologien hat. Ich habe sie den mystischen und den nüchternen Typus genannt.

Offener und Verschlossener Charakter

Zur Erklärung der positiven oder negativen Einstellung einer Person zum ideologischen Dogma kann man Rokeachs

Theorie des Glauben-Unglauben-Systems anwenden, die zwischen offenem und verschlossenem Charakter unterscheidet. Der offene (oder aufgeschlossene) Charakter versucht, die Welt zu verstehen, in der er lebt. Er ist bereit, seine Meinung zu ändern, wenn sich die realen Verhältnisse ändern. Seine Ideen wachsen und entwickeln sich beständig. Seine Welt ist nie fertig. Die Person mit verschlossenem Charakter im Gegensatz beabsichtigt nicht ihre Ansichten zu ändern. Dieser Geist widersteht jeder Änderung, ist statisch und erstarrt. Seine Bindungen an Glaubensbekenntnisse sind manchmal so stark, daß sie seine Fähigkeit zu logischem Denken beeinflußten. Der verschlossene Geist ist auch intolerant. Er verträgt keinen Widerspruch.

Rokeach unterscheidet weiter zwischen dem Grad der Differenzierung und Isolation des Glauben-Unglauben-Systems. Der Grad der Differenzierung entscheidet darüber, ob eine Person viel oder wenig weiß über die Einzelheiten seines Glaubens oder seiner Ideologie. Mangel an Differenzierung führt zu oberflächlichen Ideen, denen der Betreffende jedoch sehr verbunden sein kann. Isolierung bedeutet, daß die verschiedenen Glaubensideale unabhängig voneinander bleiben. Eine Person mit starker Isolierung (also eine mit einem verschlossenen Geist) kann verschiedene, einander widersprechende Überzeugungen gleichzeitig haben. Sie hängt vielleicht einer gewissen Ideologie an, hält sie aber von widersprechenden Ideen des Common sense getrennt. Isolierung verschärft auch die Unterschiede zwischen Glauben und Unglauben, richtig und falsch, gut und böse, orthodox und ketzerisch.

Mystischer und nüchterner Geist

Die meisten von uns haben einen starken Hang zum Geheimnisvollen. Daher ist alles, was irgendwie rätselhaft ist, in der Literatur, im Film und im Fernsehen, so beliebt. Das Unbekannte, das Geheimnis, das Mysteriöse stachelt unsere Neugier an. Im Grunde ist es dieselbe Neugier, die den Menschen in unbekannte Länder und zum Monde trieb, die ihn die Geheimnisse der Natur entschlüsseln und das Universum erforschen ließ. Während jedoch die Anziehungskraft des Geheimnisvollen ziemlich allgemein ist, scheiden sich die Geister beim letzten Kapitel, wenn es zur Lösung des Rätsels kommt. Ein Teil von uns verlangt nach einer klaren, nüchternen rationellen Erklärung. Andere würden es vorziehen, im Ungewissen zu bleiben.

Dieser Gegensatz im Verhalten geht sehr tief. Er kann so tief sein wie der Gegensatz zwischen der spirituellen und der materiellen Welt. Oder besser gesagt, zwischen philosophischem Dualismus (oder Idealismus) und Materialismus. Aber wir brauchen nicht zu philosophischen Systemen zurückzugehen. Es gibt einfach zwei Typen: der nüchterne und der mystische Geist. Das Wort nüchtern wird hier als klar, unzweideutig, verständlich gebraucht, nicht im Sinne des mißbrauchten Wortes materialistisch. Die Nüchternen ziehen die deutliche, logische und rationale Erklärung vor und akzeptieren auch eine Lösung, die sich auf spirituelle wissenschaftliche Tatsachen gründet, z.B. auf Tiefenpsychologie, auf das Unbewußte, auf Freuds Ideen und sogar auf Psi, soweit dies auf wissenschaftlichen Tatsachen beruht. Der Nüchterne akzeptiert auch ein «ignoramus», ein «wir wissen es nicht» oder vielmehr «wir wissen es noch nicht».

Im Gegensatz hierzu findet der mystische Geist nur wahre Befriedigung im Unerklärten und Unerklärlichen. Er liebt alles, was jenseits unseres Wissens ist: Spiritismus, Okkultismus, Astrologie, populäre Versionen des Psi oder andere Varianten des mystischen Themas.

Man hat Mystizismus einen angeborenen Trieb der Menschen genannt. Vielleicht geht dieser Trieb zurück auf die

Evolution des Bewußtseins als eines seiner Nebenprodukte. Dieser mystische Trieb, der in der Vorgeschichte weiter verbreitet war, wurde allmählich durch den sich entwickelnden Verstand verdrängt. Doch bilden die mystischen Geister auch in unseren Tagen noch die Mehrheit der Menschen. Mystische und nüchterne Geister sind so geboren; sie unterscheiden sich nicht in Intelligenz oder Wissen, obwohl in der langen Zeit unserer kulturellen Evolution die zunehmende Intelligenz und Aufklärung Mystik und Magie mehr und mehr in den Hintergrund gedrängt haben.

Im Konflikt zwischen seinen mystischen Neigungen und seinem rationalen Verstand versucht der Mensch oft, das Mysteriöse zu rationalisieren, indem er das Rätselhafte mit den Tatsachen zeitgenössischen Wissens kombiniert. So waren Spukgeschichten nur beliebt, wenn Geister und Spukgestalten noch eine ernsthafte Möglichkeit waren. Mit zunehmender Aufklärung folgten ihnen die wissenschaftlich verbrämten Phänomene des Spiritismus. Später kam dann Parapsychologie, kam Psi und ähnliches als eine angenehme, geheimnisvolle Wissenschaft. Mit zunehmender Kenntnis des Universums und der Möglichkeit des Lebens auf anderen Planeten, fanden die mystisch veranlagten Menschen eine neue Befriedigung in den fliegenden Untertassen oder «Ufos». Rational erklärbar und theoretisch möglich, aber immer noch herrlich mystisch. Auch in den Ideologien des Übernatürlichen, dieser willigsten Domäne des mystischen Geistes, findet man den Drang, Glaube und Wissenschaft zu versöhnen. So erklärt der moderne Buddhismus, daß er eine Wissenschaft sei und keine Religion. Eine neue amerikanische Sekte geht sogar so weit, daß sie sich «scientology» nennt, ein Kunstwort, gebildet aus «science» (Wissenschaft) und «logic» (Logik). Andererseits versuchen auch nichtreligiöse Ideologien, wie der Rassismus der Nazis oder des Ku Klux Klan , mystische Geister zu werben, indem sie sich in ein mystisches (obwohl sehr künstliches) Gewand hüllen.

«Unter der scheinbar rationalen Oberfläche der modernen Gesellschaft», sagt Gustav Jahoda[39], «gibt es ein überraschend weit verbreitetes Verlangen nach dem Mysteriösen und dem Okkulten, dem wir uns entwachsen glaubten.» Und Hans Georg Wunderlich hält in seinem neueren Werk[40] unser «magisch rituelles Verhalten» für «in der Steinzeit programmiert». Die ausgegrabenen Schädel der Steinzeitmenschen, sagt er, sind leere und tote Knochen, aber ihr Geist lebt immer noch unter uns. Er führt alle Arten von magischen Verhalten, Traditionen und Gewohnheiten des modernen Menschen an. Dieses Steinzeitdenken nimmt eher zu. Alle kulturellen Anstrengungen der 150 bis 200 Generationen nach der Steinzeit waren nicht imstande, das Erbe der Steinzeit zu überwinden. Die «Nachsteinzeit» war zu kurz, um uns vor dem kollektiven Unbewußten des Steinzeitdenkens zu befreien. Die Folge ist, daß wir alle heute noch eine schwere Last tragen.

In diesem «Steinzeitdenken» des mystischen Geistes wurzelte nicht nur der Aberglaube, sondern auch die religiösen Ideologien. Der Wunsch des mystischen Geistes zu glauben, ist stärker als jede rationale Erfahrung. «A miracle is an event which creates faith» (ein Wunder ist ein Ereignis, das Glauben schafft), sagt Bernhard Shaw in «Die heilige Johanna». Und Goethe drückte im Faust denselben Gedanken mit den Worten aus: «Das Wunder ist des Glaubens liebstes Kind».

Dritter Teil

7. KAPITEL

Aufstieg und Untergang der Ideologien

«Lex universa est quae jubet nasci et mori» (es ist ein Universalgesetz, nach dem wir geboren wurden und sterben), schrieb Publius Syrus in seinen Sententias im 1. Jahrhundert v. Chr. Alles im Universum, von den Steinen bis zu den Sternen, durcheilt eine Folge von Übergängen als Funktion der Zeit. Es wird geboren, blüht auf in der Jugend, wird machtvoll im Mannesalter, welkt dahin im Alter und stirbt schließlich.

Ganz ähnlich ist es mit den Ideologien. Sie entstehen irgendwo im menschlichen Geist, erobern ihren Platz in der Welt, herrschen und tyrannisieren. Schließlich werden sie alt, schwach und verbraucht, takeln ab und sterben. Oder sie überdauern vielleicht die Zeitalter als ideologische Fossilien und Mumien. Was Rousseau in seinem «Contrat social» zum «corps politique» gesagt hat, paßt auch auf die Ideologien: «Der menschliche Körper beginnt vom Augenblick der Geburt an zu sterben und trägt den Keim der Zerstörung in sich.» Diesem Zyklus der Ideologien, von Aufstieg und Untergang, ist dieses Kapitel gewidmet.

Jede Evolution ist eine langsame, stetige Veränderung. Viele sehen sie als einen kontinuierlichen Fortschritt zu etwas Besserem und Vollkommnerem. Manche halten diesen Fortschritt für eine Tat göttlicher Weisheit, die aller Schöpfung zugrundeliegt; andere sehen es als die Wirkung eines noch unbekannten Naturgesetzes (Evolutions-Gesetz?). Werden auch die Lebenszyklen der einander ablösenden Ideologien durch ein Naturgesetz bestimmt? Verlaufen vielleicht alle Ideologien, die auf der Bühne der Geschichte auftreten, in einer aufsteigenden Spirale nach einem unbekannten Ziel? Nach einer Superideologie der Zukunft, für die alle bis jetzt vorkommenden Ideologien nur Entwicklungsstadien waren?

Wenn ein Wissenschaftler oder ein Geschäftsmann eine zukünftige Entwicklung voraussagen will, studiert er erst die Lage und versucht die zukünftige Entwicklung zu berechnen. Ich möchte diese allgemeine Methode auch auf Ideologien anwenden: Ihren Trend feststellen, wenn es einen gibt, und versuchen, hieraus eine mögliches «Ziel» zu extrapolieren. Ich will in diesem Kapitel den Aufstieg der Ideologien, ihren Niedergang und Fall betrachten.

Aufstieg

Die Geburt der Ideologien

Die Geburt ist wohl eine falsche Bezeichnung. Ideologien werden nicht geboren, sie werden gemacht. Deshalb habe ich im Kapitel über die kulturelle Evolution, in dem dieser Punkt schon erwähnt wurde, von einer Erfindung der Ideologien gesprochen. Was plötzlich im Geiste eines Genies geboren wird, ist eine großer Gedanke. Es ist ein göttlicher Funke, oder wie Blake es nennt, ein Gedanke der «Jills immensity», der die Unendlichkeit erfüllt. Es ist nicht die Geburt einer Ideologie, sondern einer Idee. Es ist eine schöpferische Kombination, die eine universelle Konzeption darstellt. Diese Idee ist der Versuch, eine der ewigen Fragen, die der Mensch von jeher gestellt hat, zu beantworten. Es ist entweder eine Antwort auf die nicht zu beantwortende Hamlet-Frage nach dem Übernatürlichen, oder es ist die sehnsuchtsvolle Frage, wie wir ein goldenes Zeitalter und ein Paradies auf Erden schaffen können. Wenn diese Antwort, diese neue große Idee, einen fruchtbaren Boden findet, wenn sie Tausende, vielleicht Millionen zum Denken anregt, dann kann sie zu einer Macht werden, die Berge versetzt. Eine solche Idee kann nur Wurzeln schlagen und wachsen, wenn sie ein tiefgefühltes menschliches Bedürfnis erfüllt. Sie hat oft den Charakter einer Reform oder Revision bestehender Ideen. Buddha, Christus und Luther wollten die ideologischen Konzeptionen des Hinduismus, Judaismus oder des Christentums nur reformieren und ergänzen. Sie waren mit ihnen aufgewachsen und hingen ihnen im Grunde ihres Herzens immer noch an. Erst der Widerstand der vorhandenen Ideologien gegen Reform und Revision macht aus einer komplementären Idee einen Konkurrenten und einen Nachfolger statt eines Helfers und Verbesseres.

Wenn der neue Gedanke einmal Wurzeln gefaßt und sich entzündet hat, wird er sorgfältig zu einer Ideologie geschmiedet. Im Gegensatz zur Idee wird die Ideologie nicht spontan empfangen durch ein Genie. Sie wird durch geduldige, methodische, intellektuelle Arbeit künstlich zusammengebastelt. Diese wird manchmal durch die Person selbst ausgearbeitet, welche die Grundidee gehabt hat (z. B. Karl Marx). Oft wird sie von Jüngern und Epigonen ausgeheckt. Mit unendlichen Spitzfindigkeiten und Worten wird eine Doktrin zusammengeschustert, diese für unfehlbar erklärt, und schon ist das Dogma geboren.

Aber auch eine neue Ideologie dauert nur so lange, wie sie lebenswert ist. Sonst wird sie früher oder später ein Opfer der natürlichen Auslese. Sie muß einem sozialen Zweck dienen, muß den Menschen, die ihr anhängen, eine spezielle Kraft geben. Sie muß eine Gruppe befähigen, im Kampf gegen eine widrige Umwelt, gegen Feinde oder feindliche Ideen zu überleben. Sie muß ihren Anhängern die Kraft geben, Hunger und Durst und Leiden zu ertragen. Sie muß ihnen das «feu sacré», den Feuereifer geben, um übermächtige Widerstände zu besiegen.

Jugend und Wachstum

Der nächste Lebensabschnitt der neuen Ideologie ist ein kräftiges jugendliches Wachstum. Sie wird sich ihrer Kraft bewußt und beginnt die Geister zu erobern; erst einzelne Gruppen, dann ganze Völker. Die Leidenschaft ihrer Anhänger ist unwiderstehlich. Willig, sogar begierig, opfern sie ihr Leben für die «gute Sache». Sie sterben nicht nur, sie töten auch. Wer seine Sache für etwas so Gewaltiges hält, daß er sein eigenes Leben dafür opfert, der achtet auch das Leben anderer gering. Und wenn die anderen die «heilige Sache» bekämpfen, wenn sie wagen, die behauptete ewige Wahrheit zu leugnen, dann wird es zur Tugend, die Erde von ihnen zu säubern.

Nicht alle Ideologien breiten sich durch Mord aus. Der Buddhismus beweist es. Aber alle Christen lernten zu töten, nachdem sie gelernt hatten zu sterben. Und der Islam tat es. Er mordete und eroberte mit Feuer und Schwert. Wer das Dogma verriet, mußte über die Klinge springen. Und nicht nur über die Klinge. Da gab es das Kreuz, den Galgen, den Scheiterhaufen, den Richtblock, welche die Ideologien benutzen, um ihren Dogmen Nachdruck zu verleihen. Und so, leidend und sterbend, kämpfend und mordend, wird die junge Ideologie schließlich eine Macht, mit der man rechnen muß. Nicht nur eine geistige Macht, sondern auch eine physische, weltliche.

Reife und Herrschaft

Im Mannesalter ist die Ideologie auf dem Gipfel ihrer Macht. Sie wird als eine universelle und ewige Norm betrachtet, sie wird die Ideologie des Establishments. Alle religiösen Ideologien, Hinduismus, Buddhismus, Christentum und Islam, waren und sind solche Normen. Dasselbe gilt für alle gesellschaftlichen ideologischen Konzeptionen, wie die Ein-Mann-Herrschaft, das Feudalsystem und die dynastischen Konzeptionen von Monarchie und Absolutismus. Und natürlich auch für Konzeptionen von Nationalismus, Rassismus und Kommunismus.

Die siegreiche «universelle und ewige» Ideologie braucht nun nicht länger zu erobern. Sie konsolidiert und herrscht. Ihre Doktrinen sind jetzt das Gesetz des Landes. Aufgrund seines Dogmas werden Urteile gefällt, gegen die es keine Berufung gibt. An die Stelle des Kampfes gegen äußere Feinde ist der Kampf gegen die Feinde in den eigenen Reihen getreten. Sie werden mitleidlos ausgerottet. Die Ideologie regiert und regelt. Sie regelt alles: Erziehung und Ausbildung der Leute, ihr Verhalten und ihre Geschäfte, die Worte, die aus dem Munde kommen, und die Nahrung, die eingenommen werden darf. Sie reguliert, wie die Leute sich kleiden und benehmen, wie sie sich paaren und vermehren sollen, wie sie sterben und begraben werden sollen. Vor allem aber diktiert sie, was die Menschen denken oder nicht denken sollen. Jedes beschriebene oder bedruckte Stück Papier, das der «Wahrheit» des Dogmas widerspricht , wird zensiert, verboten, beschlagnahmt oder feierlich verbrannt. Eine herrschende Ideologie ist autoritärer und totalitärer als der größte Tyrann oder Despot, den die Geschichte je gekannt hat.

Zum Glück darf die Ideologie nicht immer allein regieren. Eine Ideologie des Übernatürlichen, die sich anmaßt, auch das Natürliche zu befehligen (wie jede Ideologie des Übernatürlichen es gerne tut), gerät oft in Konflikt mit einer Ideologie der menschlichen Beziehungen. Das Resultat kann ein blutiger Streit sein: der ewige Kampf zwischen Kirche und Staat. Oft endet der Streit auch mit einem Kompromiß, der meist den Untertanen zugutekommt.

Es kann aber auch umgekehrt sein. Wenn die herrschende Ideologie der menschlichen Beziehungen sich anmaßt, über das Übernatürliche zu urteilen, gerät sie in Konflikt mit dem eingebürgerten Glauben. Das ist der Fall bei kommunistischen Ideologien, die Atheismus predigen und Kirchen schließen. Auch hier dürfte die Lösung ein Kompromiß sein. Charakterisch für die Macht einer Ideologie ist ihre Haltung zum menschlichen Leben. Für eine Ideologie, die die Geister beherrscht, sind Menschen bereit zu sterben. Für eine, die die Körper beherrscht, stirbt man nicht freiwillig.

Niedergang und Fall

Gründe des Niederganges

Das Dogma, welches das Nachzeichen einer Ideologie ist, verursacht auch deren Niedergang und Fall. Lebende Dinge oder Gedanken können nur durch immerwährende Anpassung an eine sich immer verändernde Umwelt überleben. Der nackte Affe hätte nie Dürre, Fluten und die Eiszeit überlebt und wäre nie der unbestrittene Herr der Herde geworden, wenn er nicht unaufhörlich mit Körper und Geist sich seiner wechselnden Umgebung angepaßt hätte. Er wäre nie der arrogante, ideologische Affe geworden, der er heute ist.

Wenn Ideologien auch bereit wären, sich anzupassen, wenn sie Reform und Revision erlauben, neues Wissen und neue Gedankenströmungen akzeptieren würden, wenn sie ihre Doktrin periodisch in Einklang bringen würden mit besserem Urteil und besserer und gereifter Einsicht, dann würden sie ewig leben. Aber dann wären sie nicht länger Ideologien, sondern Common sense.

Ideologie ist gleichzusetzen mit Dogma, und Dogma ist: Hartnäckigkeit, Halsstarrigkeit, Unnachgiebigkeit, das Verweigern von Kompromissen, von Reform und Revision.

Solange das Dogma noch jung ist und von der Zeitströmung getragen wird, solange es noch die «Wahrheit» seiner Epoche darstellt, kann seine Unbeugsamkeit eine Tugend sein. Aber sobald die Strömung überholt ist, bleibt nur noch Borniertheit übrig.

In der Zeit, als die Bibel geschrieben wurde und andere große Ideologien des Übernatürlichen entstanden, hielt man die Erde für den Mittelpunkt des Universums. Es war logisch, daß ein erträumter Himmel darüber und eine Hölle darunter sein würden. Die Hauptsorge eines Gottes würde der Mensch sein, den er nach seinem Bilde erschaffen hatte. Diese in jener Zeit logische Konzeption wurde erschüttert, als man allmählich erkannte, wie unbedeutend der Mensch und die Erde im Verhältnis zum Universum sind.

Als Karl Marx sein «Kapital» schrieb und die Ausbeutung der Arbeiter anprangerte, war seine Doktrin in gleicher Weise logisch. Damals wurden die Arbeiter tatsächlich ausgebeutet, und sie waren arm und krank. Marx's Extrapolation dieser Zustände in die Zukunft war damals denkbar, seine Lösung eine Möglichkeit. Doch die Zukunft nahm einen anderen Verlauf: Die prophezeite Weltrevolution fand nicht statt. Statt sich zu verschlechtern, wie Marx prophezeit hatte, verbesserte sich die soziale und materielle Stellung der Arbeiter, und die tatsächliche Grundlage seines Dogmas brach zusammen.

Ich habe diese zwei Beispiele gewählt, weil sie klar auf der Hand liegen. Es gibt aber viele andere. Dogmen von Ein-Mann-Herrschaft und Feudalismus verloren ihre Daseinsberechtigung, als die Schulbildung und das Selbstbewußtsein der Massen wuchsen. Doktrinen von Magie und Geistern, von Besessenheit und Exorzismus verkehrten sich in wunderlichen und lächerlichen Aberglauben, als man mehr von den wirklichen Naturkräften wusste.

Die Ideologien versuchten immer, ihr Dogma zu retten,

auch wenn es nicht mehr zeitgemäß war; nicht durch Revision und Anpassung, sondern mit spitzfindigen Interpretationen und Auslegungen. Ideologien des Übernatürlichen nahmen Zuflucht zum Symbolismus; die handfesten Götter und Teufel der alten Zeit wurden zu unsichtbaren Geistern befördert.

Aber alle Spitzfindigkeiten helfen nicht weiter, wenn die Fundamente einer Ideologie einmal erschüttert sind, wenn das Dogma nicht länger den Tatsachen und dem zeitgemäßen Wissen entspricht. Dann beginnt der Gläubige zu zweifeln, und er ist nicht länger bereit, sich für das zu opfern, was er früher einmal als Wahrheit betrachtete.

Stadien des Niederganges

Ideologien und Ideologen geben nie nach. Wenn die letzteren fühlen, daß ihre Macht über die Gläubigen schwindet, werden sie streitsüchtig und nehmen die mürrische Halsstarrigkeit des Verlierers ein. Im Feuer ihrer ideologischen Jugend töteten die Ideologien, jetzt quälen und foltern sie. Sie martern den Mutigen, der es wagt die Zweifel auszusprechen, die alle fühlen: die Zweifel an der Wahrheit des Dogmas. Deshalb sind sie so grausam, so mitleidlos. Der Dissident muß widerrufen, ob er will oder nicht. Er muß erklären, daß das Dogma wahr ist. Er muß widerrufen, um die Zweifel zu vernichten. So ist das erste Stadium des Niedergangs einer Ideologie, das Stadium der Zweifel und Härte, der abnehmenden Überzeugung und zunehmenden Grausamkeit. Dann geht es über ins Stadium der Gleichgültigkeit, wo die Menschen sich nicht länger bemühen, das Dogma zu bestreiten. Sie sind gleichgültig und apathisch. Sie verachten ihre ideologischen Funktionäre, aber sie vermeiden es, diese zu provozieren. Sie versuchen, die Vorschriften zu umgehen und den ideologischen Gesetzen ein Schnippchen zu schlagen. Heimlich lesen sie verbotene Bücher oder kaufen hintenherum verbotenen kapitalistischen Luxus. Sie reißen Witze über «die da oben», sie mogeln und schwindeln, sie schieben und schmuggeln. Es ist die Zeit des geistigen Schwarzmarktes und meist auch des materiellen.

Die Männer an der Spitze sind nicht viel besser. Sie begreifen wahrscheinlich schon lange, daß sie im Unrecht sind, aber sie werden es nie zugeben. Sie foltern die Zweifler nicht mehr, aber sie quälen und schikanieren sie, um ihre Macht zu zeigen. Sie verschanzen sich hinter einer allmächtigen Bürokratie und klammern sich an ihre Privilegien der «neuen Klasse». Und so, fast unmerklich, gerät man in die Korruption, dem letzten Stadium des Niederganges.

Fall

Ideologien sind wie Krebsgeschwüre, gegen die das beste Mittel das Skalpell ist. Aber die Geschichte benutzt nicht immer das Skalpell, um sie zu beseitigen. Ihr Fall kann auch ein friedliches, langsames Absterben sein.

Wir wollen zuerst den plötzlichen, gewaltsamen Tod einer Ideologie näher betrachten. Er geschieht durch den Zusammenstoß mit einer anderen Ideologie: von außen durch Krieg oder von innen durch Revolution. So fiel die heidnische Ideologie der Sachsen unter den Schlägen fanatischer christlicher Krieger; die alte zoroastrische Ideologie in Persien stürzte unter dem Ansturm der neuen Ideologie des Islams; die Ideologien der Azteken, der Mayas und der Inkas fielen den christlichen Spaniern zum Opfer etc.

Wenn der Fall durch Revolution verursacht wird, sind die neuen Konzeptionen nicht immer fertige Ideologien. Sie können noch vage Ideen des Common sense sein, die gegen die Ideologien revoltieren: Freiheit und Gleichheit gegen Absolutismus und Feudalherrschaft. Aber früher oder später verwandeln sich die neuen Ideale des Common sense in neue Ideologien, wie z. B. im 19. Jahrhundert die Idee von Nationalstaaten und Demokratien.

In anderen Revolutionen, wie der russischen und chinesischen, geht der Angriff gegen die alten sozialen Zustände von einer bereits entwickelten Ideologie aus, nämlich dem Marxismus. Allerdings nimmt er dabei neue Formen an wie Leninismus, Maoismus usw.

Nicht jede Revolution ist so blutig und dramatisch wie die aufgeführten Beispiele. Aber jede Revolution ist grundsätzlich eine Revolution gegen eine bestehende Ideologie. Je fester diese im Sattel sitzt, desto größer ist die Revolution. Es gibt keine Revolution ohne Ideologien. Die Revolutionäre von heute werden die Träger der Gesellschaft von morgen sein.

Wenn eine herrschende Ideologie weder durch Krieg zerstört oder durch Revolution gestürzt wird, versteinert sie allmählich und kann in dieser Form Jahrhunderte überdauern. Es mangelt allerdings nicht an konkurrenzierenden Ideologien, doch keine hat die Macht, die noch herrschende alte Ideologie zu entthronen. So folgt ein Zustand, bei dem die neuen Ideologien langsam die alten beiseite schieben, ohne sie ganz zu verdrängen. Dies gilt für eine religiöse Ideologie, die nicht länger das Verlangen nach Mystik und okkultem Glauben befriedigt. Neue mystische Ideologien entstehen: die Sekten.

Wir leben heute in einer Zeit von Sekten, die auf ihre Weise – oft eine sehr materialistische – versuchen, das ideologische Vakuum zu füllen.

Sonderbarerweise erleben wir in unseren Tagen auch eine Welle von politischen Sekten, obwohl der Grundsatz der Gleichheit in der modernen Demokratie verwirklicht ist und die Menschenrechte von der Mehrheit der zivilisierten Völker anerkannt sind. Die Demokratie sucht pragmatisch nach der besten Art, die vielen Mißstände zu beseitigen und den Ansprüchen des Common sense zu genügen. Dieser Prozeß des Anpassens wird von manchen für ein Zeichen von demokratischer Schwäche gehalten. Andere glauben, die demokratische Gleichheit bedeute nicht das Ende in der Evolution menschlicher Beziehungen. Sie sind geblendet von der Fata Morgana des «du sollst nicht mehr haben als ich». Aber sie begreifen auch, daß die kommunistische Ideologie ein Fehlschlag war und ist, und sich nur durch brutale Gewalt halten kann. Daher der Traum von neuen Formen menschlicher Beziehungen: von Kommunen, Gruppen-Ehen, Subkulturen, alternativen Techniken, etc.

Tendenzen

Eine Funktion der Zeit

Wenn wir wissen wollen, ob es eine gewisse Tendenz in der Evolution der Ideologien gibt, so müssen wir sie als eine Funktion der Zeit betrachten. Nicht nur die einzelnen Ideologien in ihren verschiedenen Phasen, sondern ihre ganze Abfolge, seit aus dem nackten Affen der ideologische Affe wurde.

Eine Funktion der Zeit ... Hier stoßen wir schon auf ein Hindernis. Welche Zeit? Wir können nicht die Kalenderzeit nehmen. Um die Evolution von Ideologien zu studieren, verwenden wir evolutionäre Zeit, wobei gleiche Stadien kultureller Evolution gleichen Zeitabschnitten entsprechen.

Diese Zeit-Skala ist aber nicht für alle Länder und Völker dieselbe. Wir sprachen von sehr primitiven Stämmen, die noch «in der Steinzeit» leben; von manchen Gesetzen und Einrichtungen, die «mittelalterlich» sind; usw. Solche Ausdrücke deuten eine gewisse evolutionäre Zeitskala an. Es ist die Skala der menschlichen kulturellen Evolution und ihrem

Fortschritt. Diese evolutionäre Zeitskala, etwas arrogant und dünkelhaft, manifestiert die Auffassung des weißen Mannes im letzten Viertel des 20. Jahrhunderts, auf dem Gipfel der kulturellen Evolution zu stehen. Wir haben keine bessere und wollen deshalb versuchen, den Trend der Ideologien mit unseren eigenen Maßstäben zu messen.

Offensichtlich haben die Ideologien des Übernatürlichen und die der menschlichen Beziehungen ihre eigenen Zeitskalen, die verschiedenen Gesetzen gehorchen. Wir müssen sie deshalb getrennt betrachten.

Ideologien des Übernatürlichen

Es gibt eine Menge Literatur über die Evolution übernatürlicher Konzeption. Man nennt sie meist die Evolution der Religionen. Man teilt sie meist in «primitive» und «höhere» ein. Bei den primitiven sind die vorherrschenden Begriffe: okkulte Mächte, Magie, Geister. Die höheren Religionen entwickeln sich via Götter vom Polytheismus zum Monotheismus und Pantheismus. Am Ende dieser evolutionären Stufenleiter steht für manche der Glaube an ein Höchstes Wesen, das allgegenwärtig, allmächtig und allwissend ist. Für andere endet es im Zweifel am Übernatürlichen; es herrscht Skepsis, Agnostizismus und Atheismus.

Wenn wir diesen allgemeinen Trend für richtig halten, so erhebt sich die Frage: Was ist die Ursache für diese Evolution von ideologischen Konzeptionen des Übernatürlichen? Schließlich können diese Konzeptionen weder ganz bewiesen noch ganz widerlegt werden. Nur bestimmte Folgerungen sind den Untersuchungen zugänglich, z.B., ob gewisse magische Riten wirklich Regen machen können, ob ein Idol zum Sieg verhelfen kann, ob ein Gott Krankheiten heilen oder einen Toten zum Leben erwecken kann. Leider sind solche Resultate selten überzeugend. Zu viele Zufallsfaktoren und psychologische Einflüsse sind mit im Spiel, oder es wird behauptet, die Wege der Geister und Götter oder des Gottes seien unergründlich. Das macht die strittige Konzeption des Übernatürlichen natürlich unangreifbar. Doch müssen wir annehmen, daß die Entwicklung von primitiven und naiven Vorstellungen des Übernatürlichen zu subtileren und anspruchsvolleren dank größerem Wissen und Intelligenz vieler Generationen möglich wurde. Das erklärt, weshalb die Ideologien des Übernatürlichen so langlebig sind. Wir müssen sie nicht in Jahrhunderten, sondern in Jahrtausenden messen.

Wird je eine Super-Ideologie des Übernatürlichen entstehen? Vielleicht auf einer höheren Stufe des Bewußtseins? Als Folge einer weiteren Evolution unseres Gehirns, von außersinnlichen Wahrnehmungen, von Psi und dergleichen? Oder durch Meditation, Drogen oder elektrische Anregung des Gehirns? Ich glaube es nicht. Sicher, Ideologien des Übernatürlichen wird es auch in Zukunft geben, ebenso religiöse Erfahrungen einzelner und Freunde der Mystik. Aber weder religiöse Erfahrungen noch Mystizismus sind Ideologien, solange sie nicht als «die Wahrheit» proklamiert und nicht zu einem Dogma erhoben werden, das man anderen aufzwingt.

Manche werden zwar versuchen, das zu tun. Es wird eine immer größere Zahl von Sekten und Mini-Ideologien ohne Bedeutung geben. Aber die Ideologien des Übernatürlichen sind tot und werden nie wieder lebendig. Die Suche des Menschen nach dem Übernatürlichen wird eine Suche nach dem unbekannten Natürlichen werden, mit Hypothesen und Theorien, aber ohne Dogmen. Es wird ein Teil der Wissenschaft sein. Wie alle wahren Wissenschaften wird es vom Verstand, vom Common sense beherrscht werden.

Ideologien der menschlichen Beziehungen

Im Gegensatz zu Ideologien des Übernatürlichen dauern die der menschlichen Beziehungen höchstens ein paar Jahrhunderte. Sie werden nicht älter, weil sie beweisbar sind. Sie sind ein Ding dieser Welt und können sich nicht in die Schleier des Unergründlichen hüllen. Sie haben ein Dogma, wie die menschliche Gesellschaft beschaffen sein müßte, um den Menschen glücklich zu machen. Sobald sie ihr Ziel erreicht und die Gesellschaft verändert haben, sind ihre Tage gezählt. Wenn sie ihre Versprechen nicht einhalten können, werden sie sterben oder können nur durch Gewalt und Terror weiterbestehen.

Es gibt einen weiteren Faktor, der die Lebenszeit einer Ideologie menschlicher Beziehungen begrenzt: die ständige Verbesserung der Kommunikation. Nachrichten flitzen um die Erde in Sekunden und Menschen in Stunden. Unsere Welt wird kleiner und kleiner, und die Einheiten menschlicher Gesellschaften werden größer und größer! Stämme werden zu Nationen, Nationen zu Großmächten und multinationalen Föderationen. Und am Ende könnte es, wie Walter Lippmann es einmal genannt hat, «eine weltweite Organisation der Menschen» geben.

Dank dem Nachrichtenwesen, der Verbreitung von Wissen durch Bücher, Zeitschriften, durch das Radio und Fernsehen erfahren die Menschen heute, was andere Menschen in anderen Erdteilen denken; wie sie handeln und wie sie ihre Gesellschaft organisieren. Man kann nicht länger nur aus eigener Erfahrung Urteile fällen. Wir müssen lernen, die Welt und damit die Menschheit als Ganzes zu betrachten.

Auch wenn die Menschen immer verschieden sein werden, in einem bleiben sie sich gleich: sie erwarten für ihre Arbeit eine materielle Belohnung, die sie «Eigentum» nennen können.

Eine Gleichheit des Eigentums wird wohl in einer freien

Gesellschaft nie erreicht werden, doch die Ungleichheit wird allmählich abnehmen. Dank größerer Leistung in der Landwirtschaft und Industrie werden immer mehr Güter produziert, die konsumiert werden wollen. Das Füllhorn der Technik gießt seine Schätze nicht nur über einige privilegierte Klassen aus, sondern auch über die Massen. Das System der Aktionsgesellschaft ermöglicht es, daß immer mehr Menschen am Kapital und am Gewinn der Produktion teilnehmen. Die Hälfte der Arbeiter in einer super-kapitalistischen Gesellschaft wie den Vereinigten Staaten von Amerika sind heute schon Aktienbesitzer, wenn auch nur bescheidene. Dieser Prozentsatz steigt ständig. Der Trend geht in Richtung einer all-kapitalistischen Gesellschaft, wo jeder an den Produktionsmitteln direkt beteiligt ist und nicht in der fiktiven Art der Sozialisierung oder Nationalisierung. Am Ende werden alle Kapitalisten Eigentümer sein in dem Ausmaß, das dem individuellen Ehrgeiz, der Leistung und Sparsamkeit entspricht.

Kommunistische Ideologien sind sich dieses Trends bewußt. Er bedroht ihre Macht. Deshalb bekämpfen sie ihn mit allen Mitteln. Sie wollen die breite Masse daran hindern, Privateigentum zu erwerben. Sie ersetzen es in raffinierter Weise durch «kollektives» Eigentum, das sie allmächtig verwalten. Um dieses unnatürliche System aufrechterhalten zu können, greifen sie zum einzigen Mittel: Diktatur. «Sie sind nicht mehr doktrinäre Marxisten», sagte der Nobelpreisträger Friedrich A. von Hayek kürzlich in einem Newsweek-Interview (5.11.1979), «sondern doktrinäre Tyrannen.»

Um das Leben dieser todgeweihten Ideologie zu verlängern, haben sie eine teuflische Strategie erfunden: Nicht die Theorie muß sich den Menschen anpassen, sondern der Mensch muß umgemodelt werden, um in ihre Theorie zu passen. Schon Marx hatte den Arbeitern erzählt, daß sie durch lange Jahre von Bügerkriegen und Kämpfen gehen müßten, um sich selbst und die Zustände zu verändern. Dieser Wahnwitz, den Menschen durch Tyrannei und Diktatur ändern zu wollen, wird ohne Zweifel das grausame ideologische Experiment in den kommunistischen Ländern verlängern. Wie lange noch? Kaum für Jahrhunderte, vielleicht noch für Jahrzehnte. Die menschliche Natur ist stärker als alle Ideologien. In dem Augenblick, in dem die Unterdrückung nachläßt, werden die geknechteten Völker ihre Ketten sprengen. Dann wird der Schrei nach Freiheit und Menschenrechten so laut sein wie in der großen französischen Revolution.

Eine Prognose der zukünftigen Ideologien menschlicher Beziehungen? Wird sich eine Super-Ideologie entwickeln? Wird der Mensch je ein Paradies auf Erden schaffen, wo jeder reich, glücklich und frei ist?

Der Mensch wird immer davon träumen.

Es ist nicht so, daß die Demokratie in der heutigen Form am Ende ist: Sie steht vielmehr am Anfang. Sie wird verbessert werden, sie wird sich den Veränderungen anpassen müssen. Sie wird reformiert und revidiert werden in kleinen Schritten, Gesetzen und Verordnungen. Aber das ist keine Ideologie mehr. Das ist die Arbeit von vorurteilsfreien, vielseitigen Geistern: die nie (endende) Tätigkeit des Common sense.

8. KAPITEL

Leben ohne Ideologie

Das Ende der Ideologien

Das Zeitalter der Ideologien geht zu Ende. Wird das Ende dramatisch sein? Ideologien sind gewohnt, für eine verlorene Sache bis zuletzt zu kämpfen; sie sind schlechte Verlierer. Moderne Ideologen würden wahrscheinlich lieber die Menschheit in einem Atomkrieg opfern als ihr doktrinäres Steckenpferd aufgeben. «Wenn wir untergehen, dann sollen alle untergehen», werden sie vielleicht sagen. Eine allgemeine Apokalypse ist deshalb eine reale Möglichkeit, und es soll Zweck dieses Buches sein aufzuzeigen, wie unvollkommen und gefährlich Ideologien sind, und wie man sie am besten unterhöhlen kann.

Was wird kommen, wenn die ideologische Festung gefallen ist? Folgt eine neue Ideologie, eine die allen Ideologien ein Ende macht? Oder wird schließlich die Vernunft siegen? Ein für allemal? Wird auf das Zeitalter der Ideologien ein Zeitalter des gesunden Menschenverstandes, des Common sense folgen? Es gibt Grund zum Optimismus, weil unser Gehirn sich ständig weiterentwickelt.

Fortschritt der Intelligenz

Das Studium der Evolution führt tatsächlich zum Schluß, «als ob das Leben durch eine Tendenz zur Intelligenz gekennzeichnet ist», wie Francois Lhermitte es ausgedrückt hat[1]. Was den Menschen betrifft, haben wir gesehen, wie sich sein Gehirn während der Evolution vom Affen zum

Menschen dreifach vergrößert hat. Das größere Gehirn konnte eine immer größere Erfahrungsmenge speichern und chemisch fixieren. Noch ungenutztes Gehirnpotential wird nach und nach freigemacht. Das Gehirn wird zu einem immer leistungsfähigeren Behälter für zunehmendes Wissen. Während der langsameren genetischen und schnelleren kulturellen Evolution ist der Mensch intelligenter geworden. Dies kann ohne Arroganz und Überheblichkeit gesagt werden. Die wachsende Intelligenz offenbart sich in den Ideen und Tendenzen der menschlichen Geschichte.

«Wer könnte heute den Entschluß, die Sklaverei abzuschaffen, als etwas anderes betrachten als einen unerbittlichen Zug der Geschichte», schrieb Peter J. Smith, «als eine Idee, deren Zeit abgelaufen war»[2]. Ein anderer Beweis für Intelligenz und Common sense ist, daß Ideologien von manchen der besten zeitgenössischen Köpfe abgelehnt werden. Ideologien dienen als armseliger intellektueller Ersatz für wahre Intelligenz, «Ideologie die ihrer Natur nach eine Alles-oder-nichts-Sache ist ... ... ist intellektuell ihrer Lebenskraft beraubt», sagte Daniel Bell[3]. Und: «Die Leiter zum himmlischen Glück kann nicht länger eine ‹Glaubensleiter› sein.» Und der Nobelpreisträger Norman Borlaug, der «Vater der grünen Revolution», meinte, daß die Welt heute Common sense, Wissenschaft und Technik braucht[4]. Und Lester R. Brown schreibt[5], daß die sich neu bildende Gesellschaft «hoffentlich eine Gesellschaft ist, die weniger ideologisch und humanitärer denkt, als die vergangene».

Immer mehr Menschen regeln ihr Verhalten nicht länger nach Ideologien, sondern nach dem gesunden Menschenverstand. Ideologien sind nur ein vorübergehendes Stadium in unserer geistigen Evolution. Sie sind ein Versuch des sich entwickelnden Geistes, einfache Antworten auf komplizierte Probleme zu finden, die er noch nicht ganz verstehen kann. Gleichzeitig liefern sie intellektuelle Rechtfertigungen für menschliche Arroganz und Aggression. Sie werden überwunden werden durch die zunehmende Intelligenz in Form des Common sense, der wertvollsten Eigenschaft unseres Geistes. Unser gesunder Menschenverstand ist der Richter, der das Urteil fällt im schicksalshaften Prozeß zwischen Ideologie und Mensch. Wir befinden uns heute mitten im Aufstand des Common sense gegen die Ideologie. Es ist sicher nicht der erste in der Geschichte der Menschheit; nach einiger Zeit jedoch entartete die Common sense-Aufklärung in eine neue Ideologie mit dogmatischer Arroganz und Machtgier. Z.B. endete die französische Common sense-Revolution von 1789 mit der neuen Ideologie der Guillotine und dem Kaiser. Oder der Reformator Calvin begann mit dem, was man damals Common sense nennen konnte, und endete damit, daß er Michael Servet als Feind der neuen Ideologie auf dem Scheiterhaufen verbrennen ließ.

Trotz aller Rückfälle des Common sense in eine neue Ideologie wurde der menschliche Verstand allmählich mächtiger. Die Engstirnigkeit des ideologischen Intellektuellen erweitert sich langsam zu wirklicher Intelligenz, die ein Problem von verschiedenen Seiten betrachtet und mit vielen Erfahrungstatsachen vergleicht. Der ideologische Affe entwickelt sich zu einem Common sense-Affen. Wir wissen nicht, ob wir unter der ideologischen Krankheit noch ein Jahrhundert oder nur wenige Jahrzehnte zu leiden haben. Aber die Revolte des Common sense wird kommen, leise oder mit Getöse.

Was ist Common sense?

Trotz der Vorherrschaft der Ideologien hat es schon immer Männer mit Common sense gegeben, z.B. Augustinus oder

der moderne Ideologe Janos Kadar, der sagte: «Wir brauchen nicht nur Ideologie, sondern auch Common sense»[6].

Was ist Common sense? Wir schätzen ihn als die wertvollste Funktion unseres Gehirns, aber er läßt sich nicht leicht definieren. Er kennt keine Regeln, er ist kein System; er läßt sich nicht klassifizieren, ist vage und schwer faßbar.

Alte und neue Definition

Ist Common sense wirklich ein «sense», ein Sinn? Das glaubte Aristoteles. Der englische Ausdruck «Common sense» entspricht dem griechischen Ausdruck: ein zusätzlicher Sinn zu den 5 «speziellen» Sinnen. Es wurde angenommen, daß er mit den Wahrnehmungen zu tun hatte, die zwei oder mehr speziellen Sinnen gemeinsam, «common», waren. Er sollte ihre Meldungen vergleichen. Dieser «common» Sinn nannten spätere Deuter auch «inneren» Sinn oder besser Bewußtheit der Sinnen-Erfahrung, gepaart mit Phantasie und Gedächtnis.

Moderne Definitionen des Common sense, wie man sie in englischen und amerikanischen Nachschlagwerken findet, sind ziemlich vage, etwa «normales Verständnis», «gesundes, kluges Urteil», «gutes, praktisches Verständnis für Angelegenheiten des Alltags», «die Meinungen der gewöhnlichen Menschen», «allgemeines Gefühl der Menschheit oder Gemeinschaft». H. P. Fairschild definierte Common sense wie folgt[7]: «Das geistige Rüstzeug des Durchschnittsmenschen, die Probleme des täglichen Lebens zu behandeln, unabhängig von spezieller Ausbildung oder außergewöhnlicher Kenntnisse. Eine angeborene Intelligenz des gewöhnlichen Bürgers, entwickelt und verstärkt durch tägliche Erfahrung.»

Wir haben also die Wahl. Auf alle Fälle ist der Kern all dieser Definitionen positiv. Common sense wird augenscheinlich für eine gute und nützliche Sache angesehen. Während beim englischen Ausdruck (wie er heute verstanden wird) der Nachdruck auf «common» im Sinne von allgemein oder gewöhnlich liegt, unterstreicht der französische «bon sens» die guten Eigenschaften desselben. Der Große Larousse definiert es als «Gefühl für das, was gerecht, erlaubt, schicklich» ist. «Gros bon sens» wird ein einfaches, natürliches Urteil genannt, begründet auf dem Gefühl, was wahr und gerecht ist. Wahrscheinlich ist diese Deutung von Descartes beeinflußt, für den «bon sens» dasselbe ist wie «raison», Vernunft, «die Eigenschaft, richtig zu urteilen und zwischen dem Wahren und Falschen zu unterscheiden.» Der deutsche Ausdruck «gesunder Menschenverstand» und der holländische «gezond verstand» streichen das Gesunde heraus.

Trotz all dieser Definitionen wissen wir immer noch nicht, was Common sense genau ist und wie er funktioniert. Ohne Zweifel ist es eine einzigartige Eigenschaft des menschlichen Gehirns, die noch nicht völlig verstanden wird. Es fehlt eine neue Definition des Common sense, die sich auf seine Funktion und seine Wirkungsweise gründet.

Es ist leichter zu sagen, was Common sense nicht ist, als was er wirklich ist. Die beste Definition ist vielleicht eine negative: Common sense ist keine Ideologie, keine Doktrin, kein Dogma oder System. Er kennt keine Hemmungen und keine Vorurteile, er ist unvereinbar mit den vorgefaßten Meinungen eines einseitigen Geistes. Er erkennt keine Autorität an und keinen Führer. Er hat keine festen Regeln, ist nirgendwo festgelegt und aufgeschrieben. Seine Entscheidungen sind nicht unwiderruflich, nicht konstant. Sie sind oft nicht voraussehbar, weil sie von den näheren Umständen abhängen.

Ist Common sense dasselbe wie Pragmatismus? Er ist ebenso aufgeschlossen, vorurteilslos und bereit, seine Meinung und seine Entscheidungen angesichts neuer Tatsachen zu ändern. Im Gegensatz zum Pragmatismus kennt der «gute», «gesunde» Common sense keinen Opportunismus, keine Politik; Pragmatismus könnte ein Werkzeug des Common sense genannt werden, sein philosophischer Arm, während die Demokratie sein politischer Arm ist.

Die Veränderlichkeit von Common sense

Die Entscheidungen, die der Common sense trifft, sind nicht unabänderlich; sie können widerspruchsvoll sein und sogar falsch. Macht diese Tatsache den Common sense nicht unzuverlässig und zwecklos? Keineswegs. Auch ein falsches Urteil des Common sense vermeidet die einseitige Logik und Grausamkeit eines ideologischen Urteils.

Die Unbeständigkeit des Common sense ist seine Schwäche, aber gleichzeitig seine Kraft. Es macht ihn biegsam und anpassungsfähig. Auf die Dauer gewinnt immer die Stärke. Common sense, wie die Demokratie, kann Schlachten verlieren, gewinnt aber die Kriege.

Die Veränderlichkeit von Common sense-Entscheidungen haben eine äußere und eine innere Ursache. Die äußere Ursache ist die Veränderlichkeit der Umstände in der realen Welt, so wie unsere Sinnesorgane sie dem Gehirn melden. Common sense versucht nicht, der Wirklichkeit ein künstlich ausgeklügeltes Schema aufzuzwingen, wie die Ideologien das tun. Er ist darauf aus, seine Entscheidungen den besonderen Umständen einer Problemsituation anzupassen. Nie werden zwei Situationen genau dieselben sein. Was heute richtig erscheint, kann morgen falsch sein, wenn die Begleitumstände sich geändert haben.

Eine Common sense-Entscheidung beruht nicht nur auf äußeren Umständen, sondern auf der inneren Wirklichkeit des Subjekts, auf seiner Weltanschauung. Diese Weltanschauung setzt sich zusammen aus seinem Wissen, seiner Erfahrung, seinen Erinnerungen und nicht zuletzt seinen Emotionen, verdrängten Gedanken oder Trieben und der ganzen fremdartigen Welt des Unterbewußten. All diese Wurzeln des Common sense werden immer verschieden sein, ja selbst der Mensch von heute wird morgen nicht mehr derselbe sein. Die Ereignisse eines einzigen Tages können unsere Erfahrungen ändern, ein Traum kann unbewußte Tiefen unserer Psyche aufwühlen. Unsere Weltanschauung ist etwas Lebendiges. Weil die Weltanschauung der Menschheit im Laufe der Geschichte große Änderungen erfahren hat, mußten Common sense-Entscheidungen in verschiedenen Epochen andersartig sein.

Common sense entspricht dem höchsten Grad eines Bewußtseins, das nicht durch Krankheit geschwächt, durch intellektuelle Vorurteile gehemmt, unverändert durch Drogen, Suggestion, Gehirnwäsche, etc. ist. Common sense ist eine Eigenschaft des aufgeschlossenen vielseitigen Geistes. Er sollte moralische Hemmungen haben und durch Emotionen beeinflußbar sein; er ist begrenzt durch spezielle Kenntnisse und Erfahrungen des Individuums. Trotz dieser Einschränkungen ist Common sense aufrichtig und ehrlich. Sein einziges Ziel ist es, die Wahrheit nach bestem Wissen und Gewissen zu finden. Er ist im höchsten Sinne des Wortes intelligent. Deshalb ist das Wort «intellektuell», mit dem sich Ideologien stolz schmücken, keineswegs gleichbedeutend mit intelligent. Meine Definition des Common sense ist deshalb: *Common sense ist eine Äußerung des vollen Bewußtseins des normalen, gesunden, reifen und ungehemmten menschlichen Gehirns und stellt die höchste Form der menschlichen Intelligenz dar.*

Der Mechanismus

Das Bewußtsein tastet die verschiedenen Gegebenheiten innerhalb des Gehirns ab, Common sense vergleicht sie miteinander. Man könnte ihn einen sich selbst programmierenden Super-Computer nennen, der seine eigene Weltanschauung auswählt, um auf jede Frage die beste Antwort zu finden. Aber Common sense leistet noch mehr als ein sich selbst programmierender Computer, wenn es so ein Ding gäbe; er leistet auch mehr als bloßes Bewußtsein. Er benutzt die Eigenschaften der Phantasie des Gehirns, dessen Fähigkeit, Beziehungen zu sehen, Möglichkeiten zu beurteilen und die Wahrscheinlichkeit gedachter zukünftiger Ereignisse abzuschätzen. Durch Abwägen der Folgen möglicher Ereignisse erkennt er Gefahren, geht über dieselbe falls unbedeutend hinweg oder plant sie in seinen Entscheidungen mit ein.

Dieses Abschätzen von Wahrscheinlichkeiten ist eine wichtige Funktion des Common sense, er wird oft versuchen, sicher zu gehen, aber er geht auch Risiken ein, je nach dem Temperament seines Eigentümers. Das Eingehen eines «kalkulierten» Risikos ist eine typische Common sense-Entscheidung.

Ideologien und ihre Dogmen bringen den empfindlichen Mechanismus des Common sense in Unordnung. Sie schließen den fein abgestimmten Gehirn-Computer kurz und machen daraus einen billigen Automaten, der ideologische Bonbons herausgibt, wenn man ein Goldstück einwirft. Common sense ist in seinem Wesen induktiv, er gründet sein Verhalten auf Erfahrungstatsachen, wenn auch die induktiven Prozesse oft unbewußt sind. Aber jede Ideologie ist deduktiv; sie stellt ihre Doktrin a priori fest und deduziert daraus die Lösung aller Probleme. Während der

Mensch mit Common sense eine Meinung hat, die – richtig oder falsch – seine eigene ist, haben die Mitläufer einer Ideologie keine eigene Meinung; es wird für sie gedacht.

Common sense nährt sich von den Quellen des Unterbewußtseins. Es sind vier verschiedene Quellen. Eine, von Freud entdeckt, enthält die verdrängten Gedanken und Instinkte. Eine andere, die nicht verdrängten, jedoch nicht beachteten oder vergessenen Gedanken, die einen sehr wesentlichen Erfahrungsreichtum darstellen. Die dritte Quelle hat nicht einmal die Schwelle des Bewußtseins erreicht. Eine mögliche vierte Quelle unserer unbewußten Inspiration sind Jungs (umstrittene) Grundtypen im «kollektiven Unterbewußtsein wie «animus» und «anima».

Das Unterbewußtsein ist nicht nur ein Aufbewahrungsort für geistigen Ramsch, es ist auch eine Fabrik, in der das unbewußte Rohmaterial verarbeitet wird. Es sortiert und selektiert, es vergleicht und kombiniert. Es ist ein unermüdlicher Bastler und ein genialer Koch, der überraschende und neue Gerichte aus alten Speiseresten zusammenstellt. Es arbeitet am fleißigsten nachts, wenn wir schlafen und wenn unser launenhaftes und eigensinniges Bewußtsein es nicht stören kann. Darum finden wir die Lösung eines Problems oft nach einem guten Schlaf. Deshalb überschlafen kluge Leute erst einmal eine schwierige Sache, bevor sie sich entscheiden. Das immer aktive Unterbewußte hat vielleicht für alle Arten möglicher Probleme einen gewissen Vorrat von Lösungen angelegt, die man «Ad-hoc-Lösungen» nennen könnte. Sie werden laufend revidiert und ergänzt und sind ein wertvolles Hilfsmittel des Common sense. Dank ihnen erkennen wir mit einem Blick die Wahrheit, faßen blitzschnelle Entschlüsse. Ohne sie wäre die Benutzung unseres Common sense eine zeitraubende und umständliche Sache. Diese Spontaneität ist lebenswichtig und der Grund für die

Evolution durch die natürliche Auslese. Sie beschützt uns in Augenblicken der Gefahr, sie hilft uns in schwierigen Situationen, läßt uns das Richtige tun oder die passenden Worte finden.

Instinkt

Common sense ist nicht nur ein intellektueller Prozeß, eine Sache rationalen Denkens. Er wird auch von unseren Instinkten und Trieben beeinflußt. Die «tierischen» Triebe und die «menschlichen» Ideen und Ideale sind die beiden Eckpfeiler unserer Persönlichkeit. Vereint bilden sie das Wesen des Menschen. Nur durch seine Triebe geleitet wird der Mensch wieder zum Tier; nur durch begriffliches Denken geleitet ist er ein kalter Theoretiker. Common sense ist die harmonische Synthese zwischen diesen beiden Polen; da er positiv den Trieben gegenüber eingestellt ist, findet sich Common sense mehr bei einfachen, aufrichtigen Menschen als bei «typisch» Intellektuellen, die ihre Triebe verdrängt oder rationalisiert haben.

Alter

Eine andere Seite des Common sense ist seine Abhängigkeit vom Lebensalter. Weil einer seiner Eckpfeiler Erfahrung ist, wird er wie diese mit zunehmendem Alter wachsen. Kinder haben keine oder nur wenig Erfahrung; aber das wird oft ausgeglichen durch ihre vorurteilslose Unbefangenheit. Dies gibt ihnen eine Art fröhlichen Common sense, der zum Sprichwort geführt hat: Kinder und Narren sagen die Wahrheit. Der jüngere Mensch hat diese angeborene Unbefangenheit verloren, aber noch nicht viel Erfahrung gesammelt. Er hat wenig Common sense und fällt besonders leicht auf Ideologien herein.

So faszinierend das ideologische Feuer der Jugend auch sein kann, Common sense gehört zur Klugheit des Alters, zu den «Weisen». Ihr Urteil wurde in primitiven Gemeinschaften und in der Antike immer hoch geschätzt; sogar in unseren Tagen genießen die «elder statesmen» großen Respekt. Aber im allgemeinen neigt man in einer noch ideologisch vergifteten Gesellschaft wie der unseren dazu, das Alter zu unterbewerten. Leider sind nicht alle alten Leute weise und erfüllt vom Common sense. Wenn ein Mensch das ideologische Vorurteil seiner Jugend noch im Mannesalter und in späteren Jahren hat, dann kann eigensinnige Starrköpfigkeit, die auch ein Charakterzug des Alters sein kann, seine dogmatische Voreingenommenheit noch schlimmer machen. Das gilt für die «alten Getreuen» der ideologischen Organisationen; für Hitlers «alte Kämpfer», für die Berufsrevolutionäre der Bolschewiken und für die Überlebenden von Maos langem Marsch. Es gilt auch für die alten Rechtsgläubigen religiöser Ideologien. Je älter ein Ideologe ist, desto schlimmer wird er. Dies könnte am alten Ayatollah Khomeini bewiesen werden.

Mut

Obwohl Common sense nicht den Mut des Märtyrers hat, besitzt er andere, weniger auffallende Arten von Mut: den Mut, den Tatsachen ins Auge zu sehen, Fehler zuzugeben und zu sagen «ich weiß es nicht».

Es gibt vieles im Leben, dem man sich nur ungern stellt. Zum Beispiel der Unwiderruflichkeit des Todes. Es erfordert Mut, den Tod anzunehmen, mehr Mut als die meisten Menschen aufbringen können. Wir müssen akzeptieren, daß wir nie wiederbekommen werden, was wir verloren haben, und daß wir selbst eines Tages nicht mehr vorhanden sein werden. Auf diesen Mangel an Mut, der Wirklichkeit des

Todes ins Auge zu sehen, sind die meisten Ideologien des Übernatürlichen ausgerichtet, und durch ihn florieren sie seit Jahrtausenden. Es ist soviel leichter, der lockenden Sirene zu glauben, die das schöne Lied vom Leben im Jenseits, von einer Belohnung im Paradies und von der freudigen Wiedervereinigung mit unseren Lieben nach dem Tode singt.

Es gibt andere schmerzliche Wirklichkeiten. Die Wirklichkeit, daß das eigene Volk auch nicht besser ist als die meisten anderen, daß man aus den Menschen keine Heiligen machen kann und daß die Erde nie ein Elysium oder eine Insel der Seligen sein wird. Es ist soviel leichter, an die Ideologie eines «auserwählten Volkes» zu glauben, an eine «Grande Nation», eine «Herrenrasse», oder an Privilegien aufgrund «blauen Blutes», oder «von Gottes Gnaden», oder an ein Schlaraffenland nach «Ausbeutung der Ausbeuter», und «Diktatur des Proletariats».

Mangel an einer anderen Art von Mut erklärt die Hartnäckigkeit und lange Lebensdauer der Ideologien: der fehlende Mut zuzugeben, daß man sich geirrt hat. Es erfordert den Mut des Common sense einzugestehen, daß ein Dogma, an das man geglaubt hat, falsch und veraltet ist.

Humor

Im allgemeinen ist Common sense eine ziemlich nüchterne, leidenschaftslose Sache und zeigt nichts von dem faszinierenden Zauber und funkelnden Feuerwerk, welche die Ideologien so beliebt gemacht haben. Statt dieses trügerischen Blendwerks besitzt Common sense eine kostbare Eigenschaft, die allen Ideologien fehlt: den Sinn für Humor. Das drückt sich schon in der Bezeichnung «Mutterwitz» für Common sense aus, wobei «Witz» hier nach älterem Sprachgebrauch sowohl kluger Verstand als auch feiner Humor bedeutet.

Humor ist eine typische Eigenschaft für einen vielseitigen Geist, Ideologien und Diktaturen haben keinen Humor. Sie hassen ihn bei anderen, denn sie fühlen, daß er die Ungereimtheit ihrer Diktatur herausstellt und die Fundamente ihrer Macht untergräbt. Hitler war vollständig humorlos. Seine Ideologie war durch «tierischen Ernst» gekennzeichnet, und bei der Schulung aktiver Kommunisten im Reiche Maos, wie R. L. Walker beschrieben hat[8], war Humor streng verboten.

Religiöse Ideologien sind ebenfalls äußerst humorlos. Es war kein Platz für Humor in Loyolas «Exercitia Spiritualia», ebensowenig wie in der Inquisition und in den Religionskriegen. So halten denn viele Gläubige einen lachenden Priester für einen schlechten Priester. Dabei ist Humor auch die Gabe, über sich selbst zu lachen. Ideologien können deshalb nur durch den Humor von Common sense überwunden werden. Konrad Lorenz drückt im letzten Kapitel von «Das sogenannte Böse» sein Vertrauen in die wohltuende Kraft des Humors im schönen Satz aus: «.. daß wir Leute den Humor noch nicht ernst genug nehmen.»

Ein angeborener Common sense?

Die Aktivitäten unseres Gehirns erklären das Entstehen von plötzlichen Eingebungen und Entschlüssen, aber sie erklären nicht, warum diese Entschlüsse oft die richtigen sind. Gibt es in unserem Unbewußten vielleicht eine Art sechster Sinn? Einen angeborenen Common sense?

Ähnliche Gedanken beschäftigten die Philosophen von Aristoteles bis Kant und Teilhard de Chardin. Auch gewisse Phänome der ziemlich umstrittenen Psi-Kräfte machen es wahrscheinlich, daß unser Gehirn Fähigkeiten besitzt, die wir noch wenig oder gar nicht kennen. Ein angeborener Common sense braucht nicht irgendwie mystisch oder metaphysisch zu sein, er wäre im Laufe der Evolution durch natürliche Auslese entstanden. Die Anfänge fänden sich schon bei unseren tierischen Vorfahren. Ohne Zweifel haben manche Tiere einen verkümmerten Common sense. Im Augenblick der Gefahr hängt das Überleben oft davon ab, daß im Bruchteil einer Sekunde eine richtige Entscheidung getroffen wird – eine Entscheidung des Common sense.

Als die Menschheit das Stadium der Ideologien durchmachte, unterdrückte die bewußte Seite des Gehirns mit ihrer Betonung einseitiger intellektueller Konzeptionen, die zahlreichen Quellen, aus denen der Common sense schöpft. Unser angeborener Common sense wurde vernachlässigt und verachtet. Erst wenn die Ideologien verbraucht sind, kann Common sense wieder wachsen und gedeihen.

Männer lassen ihren Common sense leichter durch Ideologien unterdrücken als Frauen. Sie neigen mehr zu abstraktem und ideologischem Denken. Schon die Griechen wußten um die größere Common sense-Weisheit der Frauen und setzten Priesterinnen ein, die das Orakel befragten und richtig deuteten.

Falls Common sense angeboren ist, erklärt es, weshalb er – trotz verschiedener Meinungen und Auffassungen – oft das Richtige trifft. Er muß ein Modell von fundamentalen Werten und allgemeingültigen Idealen sein.

Ideale des Common sense

Wenn wir das Ideal als ein letztes Ziel des Strebens definieren, müssen wir die Verschiedenartigkeit menschlicher Ideale berücksichtigen. Für den einen ist der Weltrekord im Sitzen auf einer Stange ein Ideal, für den anderen das Sitzen auf dem Stuhl des Präsidenten. In manchen Ländern ist eine dicke Dame das Ideal, in anderen eine schlanke. Genauso verschieden sind die Ideale der Ideologien. Für den Buddhisten ist das Nirwana ein Ideal, für den Christen der Himmel. Für den Kommunisten ist es die Enteignung des Besitzes, und für einen Nazi war es das Ausrotten der Juden.

So verschiedenartig und einander widersprechend Ideale auch sind, es muß etwas grundsätzlich gemeinsames geben: die Ideale des Common sense. Wir finden sie bei allen Völkern und zu allen Zeiten; ich gliedere sie in biologische, primäre, ethische, ästhetische und soziale Ideale.

Biologische Ideale

Die biologischen Ideale, die wir mit den Tieren gemeinsam haben, sind die machtvollsten. Sie sind so selbstverständlich, daß sie kaum als Ideale empfunden werden: das Ziel zu überleben, sich zu paaren und Kinder großzuziehen. Dieser biologische Common sense ist unbestritten. Ohne ihn wären wir gar nicht da. Er anerkennt das Recht aller Kreaturen zu leben, sofern sie nicht das Leben von Menschen bedrohen oder zu ihrem Lebensunterhalt nötig sind.

Primäre Ideale

Die primären Ideale sind allen höheren Formen des Lebens gemeinsam: die Ideale von Freiheit, Territorium und Eigentum.

Freiheit bedeutet freies Bewegen und unterscheidet die Tiere von den Pflanzen. Das Tier braucht diese Freiheit für die Nahrungssuche; bei höheren Tieren ist Freiheit sogar ein psychologisches Bedürfnis geworden. Die Urmenschen lebten dieses Freiheitsideal aus und durchstreiften die Erde. «Wir haben das Recht zu wandern, und die Welt ist weit», sang die amerikanische Dichterin Bertha Brooks Runkle.

Und ihr großer Zeitgenosse Thomas Jefferson schrieb: «Der Gott, der uns Leben gab, gab uns zugleich Freiheit.»

Der größte Teil menschlicher Geschichte ist der Kampf um Freiheit, der nicht immer erfolgreich verlaufen ist. Doch so verzweifelt wie in unserer Zeit war der Kampf nie, wo die Menschheit Diktaturen bekämpft, die schon die halbe Welt erobert haben. Und wenn freie Menschen im «menschlichen Zoo» der modernen Städte zusammengepfercht sind, dann werden diese zum «gigantischen Irrenhaus», wie Desmond Morris sie genannt hat[9].

Mit dem Ideal der Freiheit hängen die anderen primären Ideale des Common sense, Territorium und Eigentum, eng zusammen. Das Ideal eines eigenen Territoriums ist ein «tierisches» Erbe und wurzelt tiefer als andere Ideale. «Des Menschen zahllose territoriale Expressionen», schreibt Robert Ardrey, «sind menschliche Reaktionen auf einen Imperativ, der mit gleicher Kraft Spottdrosseln und Menschen beherrscht.»[10] Es spielt keine Rolle, ob man es einen Imperativ oder ein Ideal nennt. Starke Ideale haben immer imperativen Charakter.

Ähnlich dem territorialen Imperativ ist das Ideal des Eigentums; das Ideal, Güter zu besitzen, die durch eigene Arbeit oder durch die der Eltern erworben wurden. Es ist ein typisch menschliches Ideal, obwohl es in rudimentärer Form auch bei Tieren vorkommt. Bei ihnen ist es allerdings eher die Ausnahme als die Regel. Tiere brauchen keine Kleider und keine Werkzeuge, viele haben keine Wohnung und leben «von der Hand in den Mund». Aber wenn ein Tier gewisse Dinge erworben hat, ein Nest oder einen Vorrat Nüsse, dann betrachtet es diese als sein Eigentum und verteidigt sie energisch.

Die Menschen der Frühzeit besaßen Eigentum in Form von Kleidern, Waffen und Werkzeugen. Die Tatsache, daß sie den Toten einige ihrer Besitztümer ins Grab mitgaben, zeigt, wie stark das Gefühl für Eigentum entwickelt war. Die Theorie, daß die primitivste Form von Eigentumsrecht der Kommunismus war, wie sie z.B. von Friedrich Engels aufgestellt wurde, wird von modernen Anthropologen wie B. K. Malinowski[11] widerlegt. Es ist eines der Grundprinzipien jeder menschlichen Gesellschaft, daß der Mensch der Eigentümer des Produkts seines Fleißes und seiner Sparsamkeit ist. Dies wurde sogar in der französischen Revolution anerkannt, die so viele bestehende Rechte abschaffte. In Artikel 2 der «Déclaration des droits de l'homme et du citoyen» vom 27. 8. 1789 war das «natürliche und unverletzbare» Recht jedes Menschen auf Freiheit und Eigentum, neben Gleichheit und Sicherheit festgelegt.

Ethische Ideale

Die ethischen Ideale handeln von der Moral: vom Guten oder Bösen, vom Richtigen oder Falschen im menschlichen Verhalten. Common sense-Moral ist nicht die einzige, sie ist nur die einfachste. Jede Ideologie hat zusätzliche moralische Ideale und Gesetze ihren Anhängern diktiert. Sie handeln meist von der Todsünde der Ketzerei, von der Kritik oder Ablehnung des Dogmas, vom Mangel an Verehrung für den Stifter, von Ungehorsam gegenüber dem Leiter. Es gibt zahlreiche ideologische Moralvorschriften, die im Gegensatz zum Common sense stehen, wie gewisse Tabus auf dem Gebiet der Ernährung, dem Verbot von empfängnisverhütenden Mitteln, etc. Neben diesen speziellen Moralvorschriften haben die Ideologien auch die allgemein anerkannte Common sense-Ethik angenommen. Manche erklären diese als göttlich und verflechten sie mit ihren metaphysischen Konzeptionen: ein effizientes Mittel, Ideologien schmackhaft zu machen. Während das metaphysische Dogma fragwürdig ist, findet die Morallehre des Common sense Aufnahme. Indem sich Metaphysik und Moral zu einer «Religion» vereinen, schleppen die vernünftigen Common sense-Ideale die unvernünftigen Dogmen mit sich. Sogar in unseren Tagen gibt es intelligente Menschen, die überzeugt sind, daß es ohne Religion keine Moral gäbe. Es ist ungefähr dasselbe, wie wenn man behaupten würde, ohne Ideologie gäbe es keinen Common sense.

Einige Philosophen, welche die Moral nicht als göttliches Prinzip akzeptieren, haben ein angeborenes Moralgesetz postuliert, wie zum Beispiel Kants kategorischer Imperativ: «Handle so, daß die Maxime deines Willens jederzeit zugleich als Prinzip einer allgemeinen Gesetzgebung gelten könnte.» Da ethische Ideale innerhalb einer Gruppe entwikkelt werden, sind sie nicht unmittelbar anwendbar auf die Mitglieder anderer Gruppen. Töten und Rauben war im Krieg erlaubt, der als eine anerkannte Form sozialen Kontaktes betrachtet wurde. Nur allmählich entwickelte sich das Common sense-Ideal des Friedens, nicht nur des Friedens innerhalb einer bestimmten Gesellschaft, sondern des Friedens für die ganze Menschheit. Aber auch Frieden ist nicht das höchste aller Common sense-Ideale: Es ist die Liebe.

Ästhetische Ideale

Gibt es ästhetische Ideale des Common sense? Hat der Mensch einen angeborenen Sinn für Schönheit? Für Plato gab es eine absolute Schönheit, der Wahrheit gleichbedeutend. Für Augustinus war Schönheit sogar gleich Gott, und Kant hielt Schönheit für eine Vereinigung von Phantasie und Verstand. Moderne Ideologen jedoch betonen die Relativität der Schönheit: Sie ist weder absolut noch universell, sondern eine bedingte individuelle Erfahrung. Die Frage, ob es wirklich eine Ästhetik des Common sense gibt, ist nicht leicht zu beantworten. Natürlich gibt es ideologische ästhetische

Ideale. Allerdings weniger in den großen Ideologien, als in künstlerischen Strömungen wie Kubismus, Dadaismus, Expressionismus, Surrealismus, etc. Sie gehören nicht zum Common sense. Aber wir spüren, daß es, unabhängig von diesen ideologischen Konzeptionen, auch dort ein angeborenes ästhetisches Ideal gibt: das Ideal der natürlichen Schönheit. Es ist das Schönheitsideal des Gesunden und hat durch natürliche Auslese überlebt. Der wohlgestaltete, gesunde menschliche Körper hat jahrhundertelang die Künstler inspiriert, ebenso wie die Natur: die Blumen und Tiere, Berge und Meer. Neben diesem Ideal der natürlichen Schönheit gibt es vielleicht auch ein Common sense-Ideal künstlerischer oder künstlicher Schönheit, das schwer zu definieren ist. Es hängt eng mit einem Gefühl für Harmonie zusammen. Wurde es ebenfalls durch natürliche Auslese entwikkelt? Hat es auch «Überlebenswert»? Oder ist es nur ein Nebenprodukt einer anderen wichtigen Eigenschaft unseres Gehirns?

Soziale Ideale

Die letzte Gruppe umfaßt die sozialen und politischen Ideale, d.h. die Ideale der Gleichheit, Gerechtigkeit und Demokratie. Gleichheit und Demokratie werden oft zusammen mit dem primären Ideal der Freiheit genannt: «Freiheit und Gleichheit werden hauptsächlich in einer Demokratie gefunden», hat schon Aristoteles gesagt. Er definierte auch als ein Grundprinzip der Gleichheit, «daß der Arme in keiner größeren Abhängigkeit sein soll als der Reiche». Aber Demokratie ist nicht nur ein Ideal des Common sense; sie ist auch ein Instrument zu seiner Verwirklichung.

Das Common sense-Ideal der Gerechtigkeit ist ein ethisches Ideal mit einer speziellen politischen und sozialen Bedeutung. Daß Gerechtigkeit eines der Grundideale des

Common sense ist, bedarf keines Beweises. Schon ein kleines Kind (und sogar ein Hund) weiß, wenn ihm Unrecht geschieht. Schwieriger zu definieren ist, was Gerechtigkeit generell ist. Eine beliebte Definition: «Die Eigenschaft von dem, was recht und billig ist.» Aber das macht uns nicht klüger. Die Römer, die ein stark entwickeltes Gefühl für Gerechtigkeit besaßen (das aber weder Sklaverei noch Grausamkeit ausschloß), definierten Gerechtigkeit als «jedem Menschen das geben, wozu er berechtigt ist». (Cicero, später ähnlich von Justinian definiert). Die Frage ist bloß, wozu ein Mensch berechtigt ist. Gewiß nicht dasselbe für alle. Das Wort Gerechtigkeit hat in der Tat zwei verschiedene Bedeutungen. Eine ist die gerechte Anwendung der Gesetze, wie sie in der Magna Charta der Engländer verankert ist: «Niemandem werden wir Gerechtigkeit verweigern». Aber das Gesetz selbst kann natürlich ungerecht sein. Es kann voller ideologischer Vorurteile sein wie Hitlers berüchtigte Nürnberger «Gesetze». In ähnlicher Weise anerkannte die römische Gerechtigkeit die Sklaverei, so wie viele europäische und amerikanische Gesetze es bis in unsere Zeit taten.

Dies bringt uns zur zweiten Bedeutung des Wortes Gerechtigkeit, die Common sense-Bedeutung von «gerecht», gleichgültig, ob dies gesetzlich anerkannt ist oder nicht. Sie ist in dem von Cicero erwähnten römischen Sprichwort prägnant ausgedrückt: «summum jus, summa injuria», das höchste Recht ist das höchste Unrecht.

Wie die ethischen Ideale des Common sense gehört Gerechtigkeit zu den «Spielregeln» der menschlichen Gesellschaft. Dieser gesellschaftliche Charakter wurde bereits von Plato und Aristoteles in den Worten ausgedrückt: «Gerechtigkeit ist die Grundlage der menschlichen Gesellschaft und ist nur möglich innerhalb einer Gesellschaft.» Und im Mittelalter galt das Prinzip: «Justitia fundamentum regnorum»,

Gerechtigkeit ist das Fundament der Regierungen. Auch die Kirche hat den sozialen Charakter der Gerechtigkeit betont. Sie betrachtete es als eine Kardinalstugend «Jedem das Seine» zu geben. Viele europäische Philosophen haben ähnliche Gedanken ausgesprochen. Z.B. sah Kant in der Gerechtigkeit das höchste Prinzip des Staates, während das höchste Prinzip der Gerechtigkeit das Prinzip der Gleichheit ist, die Verhinderung aller Willkür.

Wenn wir die Ideale des Common sense auf einen gemeinsamen Nenner bringen wollen, könnte man sagen: Sie alle haben das Ziel, das Wohlbefinden und das Glück des Menschen zu vergrößern und die Erde zu einem besseren Wohnplatz für den Menschen zu machen.

Die Mittel des Common sense

Welcher Mittel bedient sich der Common sense, seine Ziele zu verwirklichen? Er kann ja nicht in ein System, eine Ideologie gepreßt werden. Eine «Ideologie des Common sense» wäre ein Widerspruch in sich selbst. Denn für Common sense sind es oft die Ausnahmen, die die Regel bestätigen.

Obwohl es keine Ideologie, kein Dogma und keine Bibel des Common sense gibt, hat jedes Volk einen Schatz an Sprichwörtern, volkstümlichen Epigrammen oder Maximen, kurzen, oft kernigen Redensarten, in denen der Common sense des einfachen Mannes seinen Ausdruck findet. Obwohl sie Ausdruck eines bestimmten Volkes sind, lauten manche Sprichwörter in verschiedenen Sprachen fast gleich. Man könnte bei dem großen Sprichwörtervorrat in der Welt geradezu von einem «Kompendium» des Common sense sprechen.

Pragmatismus

Es wäre von den Sprichwörtern zuviel verlangt, daß sie eine Common sense-Antwort für jede Lebenslage gäben. Common sense kann ein weiteres Mittel einsetzen: den Pragmatismus. Damit ist nicht der philosophische Pragmatismus gemeint, der 1878 von dem amerikanischen Logiker C. S. Peirce und dem Psychologen und Philosophen William James entwickelt wurde. Ich meine Pragmatismus im alltäglichen Sinne des Wortes; als eine praktische Behandlung von Problemen, ihrer wirklichen speziellen Bedeutung für menschliche Interessen entsprechend.

Die pragmatische Stellungnahme steht im Gegensatz zur ideologischen. Der Ideologe vergleicht ein Problem mit seinem Dogma, eine einfache Methode, die aber oft verkehrt ist. Der Pragmatiker muß sein Problem in allen Einzelheiten entsprechend ihrer speziellen Bedeutung studieren. Es ist eine schwierigere Methode, die aber oft das Richtige findet. Wie der Common sense ist auch die praktische, pragmatische Behandlung von Problemen im Begriff, die Zukunft zu erobern. Man kann heute einem Staatsmann kein größeres Kompliment machen, als wenn man sagt, daß er ein Pragmatiker sei, ungeachtet welcher politischen Partei er angehört. Es ist ein Kompliment für seine Intelligenz.

Die Welt wird langsam für ideologische Lösungen und Deutungen zu kompliziert. Das bezieht sich in erster Linie auf die materielle Welt der Naturwissenschaft und Technik, aber auch auf die geistige Welt, auf die Psychologie des Menschen und seine sozialen Einrichtungen. Eine einfache Erklärung, so bestechend sie vielleicht ist, erfaßt den Tatbestand der komplizierten Wirklichkeit nicht mehr. Deshalb behandeln moderne Soziologen wie Niklas Luhmann, die Theorie sozialer Systeme pragmatisch, die Luhmann «fundamentalen Pragmatismus» nennt.[12] Andere, z.B. Manfred Riedel[13], nennen «pragmatische Philosophie», was letzten

Endes auch eine pragmatische Stellungnahme gegenüber den Problemen der sich entwickelnden menschlichen Gesellschaft ist.

Auch wenn Pragmatismus und Common sense vergleichbar sind, sind sie keineswegs identisch. Im Gegensatz zum Common sense mit seiner unbewußten, spontanen Konzeption ist der Pragmatismus immer bewußt und rationell. Deshalb braucht eine pragmatische Entscheidung nicht automatisch Common sense zu sein; umgekehrt ist nicht jede Common sense-Entscheidung pragmatisch.

Common sense in der Jurisprudenz

Trotz der Tyrannei der Ideologien zu allen Zeiten hat der Mensch immer ein offenes Auge für den Wert des Common sense gehabt. Das zeigt sich auch in den Versuchen, Organisationen des Common sense zu schaffen, die von allen ideologischen Vorurteilen unabhängig sind.

Wie kann man Common sense organisieren? Natürlich nicht mit Hilfe starrer Regeln. Das wäre nur eine verkappte Rückkehr zu den Dogmen der Ideologien. Die einzige Möglichkeit, Common sense eine Stimme in der menschlichen Gesellschaft zu geben, ist, daß eine Gruppe normaler, vorurteilsloser Männer und Frauen Probleme gemeinsam besprechen und Lösungen suchen. Sie werden oft verschiedener Meinung sein, das ist eine der Charakteristika des Common sense. Man muß entweder warten, bis sie sich einig werden, oder man muß sich dem Entscheid der Mehrheit fügen. Das Resultat ist vielleicht ein Kompromiß. Aber besteht nicht das ganze Leben aus Kompromissen der Umwelt gegenüber?

Dieses Prinzip, auf die Common sense-Meinung einer Gruppe unvoreingenommener Bürger zu hören, hat in der Jurisprudenz bei den Schwurgerichten weitgehend Anwendung gefunden. Die Geschworenen sind eine Gruppe lokaler Laien, denen vom Gericht Fragen vorgelegt werden, die sie nach bestem Wissen und Gewissen beantworten. Solche Schwurgerichte («jury» in angelsächsischen Ländern, «Assises» in Frankreich) gibt es in vielen freien Ländern. In ähnlicher Weise gibt es Jury als Preisrichterausschüsse für Wettkämpfe, Kunstaustellungen, Schönheitswettbewerbe und dergleichen. Natürlich ist ein solches Geschworenen- oder Jurysystem keine unfehlbare Lösung für das Problem, Jurisprudenz und Common sense unter einen Hut zu bringen. Auch ohne Schwurgericht wird ein weiser Richter versuchen, das Gesetz soweit wie möglich mit dem Common sense zu vereinen. Typisch hierfür ist das englische «common Law», das «lex non scripta», das ungeschriebene Gesetz, wie es der berühmteste englische Jurist William Blackstone beschrieben hat. Es ist eine Art Gewohnheitsrecht oder Fallrecht, wobei der Richter mit früheren, ähnlich gelagerten Fällen vergleicht. Dadurch kann das Urteil (vielleicht) besser an die Besonderheiten eines speziellen Falles und damit an den Common sense angepaßt werden, als die starren Gesetze es vermöchten.

Die schweigende Mehrheit

Wenn man, wie bei den Schwurgerichten, annimmt, daß bereits ein Dutzend vorurteilsloser Männer den Common sense repräsentieren, wieviel Common sense kann man von der Mehrheit eines ganzen Volkes erwarten. Dies liegt dem Begriff der «schweigenden Mehrheit» zugrunde. Es wird angenommen, daß sie den Common sense darstellt und die richtigen Entscheidungen trifft.

«Ceux que j'appelle les gens heureux sont ceux qu'on nomme avec mépris la majorité silencieuse» (diejenigen, die ich die glücklichen Menschen nenne, sind die, die man verächtlich die schweigende Mehrheit nennt), sagte Louis Pauwels, als man ihn fragte[14], wer die «gens heureux» in seinem neuen Buch wären. Diese schweigende Mehrheit, diese glücklichen Menschen, die er preist und ermutigt, sind friedliche, bescheidene, rationelle Menschen; Menschen mit Common sense.

Sie sind die Mehrheit; warum aber schweigen sie? Weil Common sense kühl und ausgeglichen ist, weil er friedlich ist, zurückhaltend und auch ein wenig gleichgültig, im Bewußtsein, daß er sich auf die Dauer doch durchsetzen wird. Common sense findet es nicht nötig, sich marktschreierisch anzupreisen. Nur Ideologien sind streitbar und unbeherrscht; sie preisen ihre Slogans und Doktrinen marktschreierisch an, um die leisere Stimme des Common sense zu übertönen. Oder um die eigene Stimme der Vernunft zu übertönen, die sich doch in einer verborgenen Ecke des ideologisch verpesteten Innern melden könnte. Es muß gesagt sein: Nicht alle Schreier der lauten Minderheiten sind Ideologen. Manche sind unreife junge Menschen, die ihren «Sturm und Drang» austoben wollen. Andere sind Egoisten, die nur ihre eigennützigen Interessen fördern wollen.

Die schweigende Mehrheit hat nicht immer recht. Sie kann nur recht haben, wenn jeder einzelne seinen Common sense bewahrt und die Dogmen der Ideologie verwirft. Deshalb kritisiert Paul Weiß den «Common man» mit den Worten: «Der Common-sense-Mann, Akademiker oder gewöhnlicher Bürger, ist eine Mischung von kluger Beobachtung und praktischer Weisheit mit Torheit, Aberglauben, Vorurteil und Tradition. Menschen mit gutem Common sense glauben an die Wirksamkeit individueller Gebete, an die Klugheit von Geistlichen, sich um Hilfe an Gott zu wenden, an geistige Gedankenübertragung, doppelte sexuelle Moral, an Sparsamkeit, an die Einmütigkeit und Tiefgründigkeit von Gelehrten usw.»[15]

Es gibt Beispiele in der Geschichte, als die Mehrheit, durch Ideologien vergiftet und nicht länger schweigsam, sich ausgetobt hat in hysterischen Tagen der Zerstörung, Massaker und des Wahnsinns. Zum Glück sind das Ausnahmen. Sie zeigen die Gefahren, wenn eine Ideologie allgemein angenommen wird.

Ein beliebtes Mittel, den Common sense der schweigenden Mehrheit kennenzulernen, ist heutzutage die Meinungsforschung. Sie beruht auf der statistischen Wahrscheinlichkeit, daß die Meinung einer Gruppe von Personen eine Gesamtmeinung wiedergibt. Das trifft natürlich nur zu, wenn die soziologische Zusammensetzung der Gruppe dieselbe ist wie die der Gesamtbevölkerung.

Demokratie

Die Organisation der schweigenden Mehrheit ist Demokratie. Sie ist nicht fehlerlos und bietet auch keine Garantie für Common sense; jedenfalls ist sie die beste aller Regierungsformen die in der langen Geschichte der Menschheit ausgedacht und ausgesprochen worden ist.

Demokratie ist kein einheitliches System und kein erprobtes Rezept. Es gibt viele Arten von Demokratie. Sie haben gemeinsam, daß sie das Volk als die höchste Autorität anerkennen und die Herrschaft der Mehrheit akzeptieren. Die Probleme der Demokratie sind: Wie kann man verhindern, daß eine Minderheit ihrer Rechte beraubt wird, und wie kann man verhindern, daß die große Anzahl verschiedener Meinungen und Parteien zu schwachen und unbeständigen Regierungen führt.

Es gibt noch andere Gefahren. Die Form der Demokratie wird oft mißbraucht, indem man sie als einen Deckmantel für ideologische Tyrannei benutzt. Man nennt einfach eine Klasse oder eine Partei «das Volk» und erlaubt nur die

«Wahl» von Vertretern dieser ideologischen Gruppe. Weder die alten griechischen und römischen Demokratien noch die modernen «Volksdemokratien», Ein-Parteien-Systeme, die «demokratischen» oder «sozialistischen» Republiken oder wie die diktatorischen kommunistischen Staatsgebilde genannt werden, sind wirkliche Demokratien, die den Willen und den Common sense des Volkes ausdrücken.

Abgesehen von dem Mißbrauch einer Scheindemokratie, besteht für die echten Demokratien die Gefahr, daß sie sich durch Unduldsamkeit oder durch ein Zuviel an Duldsamkeit zu etwas entwickeln, was man dogmatischen Demokratismus nennen könnte. Unduldsamkeit führt zu demokratischen Hexenjagden wie der amerikanische «McCarthyismus». Noch gefährlicher ist ein Übermaß an demokratischer Duldsamkeit, indem man jede Form der Agitation zuläßt, auch wenn sie sich gegen das Grundideal der Demokratie selbst richtet, dieses untergräbt und zu zerstören droht. Um das Schiff Demokratie sicher um diese Klippen zu steuern, ist auch hier Common sense nötig.

Verhaltenskontrolle

Eine weitere Gefahr droht der modernen Demokratie durch die erschreckenden Möglichkeiten von Wissenschaft und Technik. Kenneth B. Clark sagte in seiner Ansprache als Präsident der American Psychological Association (1972): «Ein paar Leute in führender Stellung der industriellen Nationen der Welt haben jetzt die Macht durch ihre Zusammenarbeit oder Gegnerschaft, das Überleben oder den Untergang der menschlichen Zivilisation unter sich auszumachen.»[16] Zur Lösung dieses Problems hat man zielbewußte Verhaltenskontrollen vorgeschlagen. In ähnlicher Weise befürwortet B. F. Skinner[17] eine umsichtige Führung. «Es besteht das Problem», sagt er, «den Menschen nicht von der

Kontrolle zu befreien, sondern von gewissen Arten von Kontrollen.» Wer soll diese Verhaltenskontrolle oder diese Führung anwenden? Einige alte oder neue Ideologen? Wäre es nicht besser mit praktischen Mitteln zu verhindern suchen, daß Ideologen uns regieren? Die Lösung, wenn es eine gibt, kann nur eine pragmatische Demokratie des Common sense sein, die sich den sich ändernden Umständen anpaßt und für Reform und Revision offen bleibt. «Die Zeit wird kommen», schreibt Arthur C. Clarke[18], «daß viele unserer gegenwärtigen Kontroversen so trivial oder so bedeutungslos erscheinen werden wie die theologischen Debatten, an die die besten Köpfe des Mittelalters ihre Energie verschwendeten.»

Common sense in der Zukunft

Die Menschheitsgeschichte ist ein ewiger Kampf zwischen Common sense und Ideologie. Immer wieder protestiert der menschliche Common sense gegen die Engstirnigkeit der Ideologien, gegen ihren Terror und ihre Grausamkeit, und versucht, sie zu reformieren oder unschädlich zu machen. Und immer wieder ist das Resultat einer fruchtbaren Reform oder Revolution eine neue Ideologie, ein neues Dogma.

Allmählich wird der revoltierende Common sense stärker und drängt die neue Ideologie ein wenig mehr an die Wand als die vergangene. Auf diese mühselige Art des Aufstehens, Fallens und Wiederaufstehens vollzieht sich ein langsames, aber stetiges Fortschreiten unserer wertvollsten Gabe, unserer höchsten Form von Intelligenz: dem Common sense, dem gesunden Menschenverstand. Dann endlich wird aus dem ideologischen Affen der verständige Affe.

Literaturverzeichnis

1. Kapitel

1 Paul Tabori, The Natural Science of Stupidity. Prentice-Hall International, 1962.
2 George W. Ball, Gloomy Thoughts for a Merry Christmas. Newsweek, 20. 12. 1971.
3 Adam B. Ulan, Stalin: The Man and his Era, Viking, 1973.
4 A. de la Corce, Camisards et Dragons du Roi. Albin-Michel, 1950.
5 H. C. Lea, History of the Inquisition in the Middle Ages. 1888.
6 «Building a better thumbscrew», New Scientist, 19. 7. 1973.
7 «Tools of Torture», Newsweek, 24. 12. 1973.
8 Th. Armin, Das alte Mexico. 1865
9 Malleus Maleficarum, engl. ed. by M. Summers. Pushkin Press, 1948.
10 Johannes Scherr, Deutsche Kultur und Sittengeschichte, Agrippina, Bücherei, Wiesbaden
11 Der Spiegel, No. 50, 1972, Newsweek, 1. 1. 1973.
12 Newsweek, 10. 2. 1969.
13 Fred Schmidt, Jagd auf schwarzes Elfenbein, Hans Dulk Verlag 1957.
14 Robert Bigelow, The Dawn Warriors. Hutchinson, 1969. The Scientific Book Club 1970.
15 Yehezkel Dror, Crazy States. D. C. Heath & Co.; The Futurist, Oktober 1973.
16 Jean Toulet, Les Grévistes de la guerre.
17 Alain Barrère, Referat, siehe Nice-Matin 24. 1. 1972.
18 Daniel Bell, The End of Ideology. The Free Press, Taschenbuch, 1965.

2. Kapitel

1 Eugen Lemberg, Ideologien haben einen Sinn. Frankfurter Allgemeine Zeitung 25. 3. 1974.
2 Newsweek, 21. 2. 1972.
3 Michael Harrington, Socialism. Saturday Review Press, 1972.
4 Milton Friedman, Homogenized Schools. Newsweek, 28. 2. 1972.

5 Burrhus F. Skinner, Walden Two. 1948.
6 Kathleen Kinkade, A Walden Two Experiment: The First Five Years of Twin Oaks Community. William Morrow, 1972.
7 Gerhard Szczesny, Das sogenannte Gute. Rowohlt Verlag, 1971.
8 Otto Rank, The Myth of the Birth of the Hero. 1959.
9 Alfred Rosenberg, Der Mythus des 20. Jahrhunderts, 1930.
10 William Sargant, Battle for the Mind. Wm. Heinemann, 1957; Pan Books 1966.
11 Richard L. Walker, China under Communism. Allen & Unwin 1956.
12 Louis J. Halle, The Society of Man. Chatto and Windus Ltd., 1965; The Scientific Book Club, S. 109, 116, 117.
13 Claus-Einar Langen, Frankfurter Allgemeine Zeitung 15. 11. 1979.
14 Ellis Page, Plea for Scientific Freedom. 1972. (Copies from Prof. Page, University of Connecticut.)
15 M. Rowan-Robinson, Mayan Astronomy, New Scientist, 18. 10. 1979.
16 Veniamin Levich: Newsweek 28. 8. 1972.
17 Thomas Carlyle, Heroes and Hero Worship. Lecture 3. 1941.
18 Herbert Spencer, Social Statistics. Part 3, Ch. 30, Sec. 6. 1950.
19 T. W. Adorno, E. Frenkel-Brunswik, D. J. Levinson, R. N. Sanford, The Authoritarian Personality. Harper New York, 1950.
20 Desmond Morris, The Human Zoo. Jonathan Cape, 1969.
21 Unesco Kurier 1971, No. 12.
22 F. H. Allport, Social Psychology. Boston, 1924.
23 Vance Packard, The Hidden Persuaders. David McKay, 1957; Pocket Cardinal 1964. Vergl. auch Karl-Georg von Stackelberg, Der ferngelenkte Mensch, Modern Industrie, 1979.
24 Aldous Huxley, Brave New World. Harper & Row, 1932/1946; Bantam Books 1967.
25 Newsweek, 21. 2. 1972.
26 K. Bruce Galloway/Robert B. Johnson, West Point: America's Power Fraternity. Simon & Schuster, 1973.

3. Kapitel

1 New Scientist, 25. 5. 1972.
2 Jacques Monod, Le hasard et la nécessisté, Editions du Seuil, 1970.
3 Konrad Lorenz, Die Rückseite des Spiegels, Versuch einer Naturgeschichte menschlichen Erkennens, Piper Verlag, 1973.
4 Pierre Teilhard de Chardin, Le Phénomène humain, 1938–1940.
5 Bernhard Rensch, Homo Sapiens, Vom Tier zum Halbgott. 1965.

6 Emil Du Bois-Reymond, Über die Grenzen des Naturerkennens, 1872.
7 Julian Huxley, Evolution in Action, 1953; Mentor-Book 1957.
8 Herbert Spencer, Principles of Biology. Vol. I, 1864.
9 Julian Huxley, s. oben.
10 Ronald A. Fisher, The Genetical Theory of Natural Selection. Clarendon Press. 1930.
11 T. Dobzhansky, Mankind Evolving: The Evolution of the Human Species, 1962.
12 Isaac Asimov, The Genetic Code. John Murray, 1964; Navin Sullivan, The Message of the Genes. Routledge & Kegan Paul, 1968.
13 Susumu Ohno, Conservatives win the evolutionary race. New Scientist 14. 2. 1974.
14 Arnold Toynbee, A Study of History. 1934–1954.
15 New Scientist, 30. 8. 1973.
16 Froelich Rainey, Dating the Past. Britannica Yearbook of Science and the Future, 1971.
17 Partridge/Tobias. Nature, 9. 11. 1973.
18 John Napier. New Scientist 13. 9. 1973.
19 J. B. Birdsell, Human Evolution. Rand McNally & Co., 1972.
20 Raymond A. Dart, Australopithecus Africanus: The Man-Ape of South Africa. Nature 7. 2. 1925, Prentice-Hall Inc. 1962.
21 Robert Ardrey, African Genesis. Collin's Fontana Library, 1969.
22 Sir Solly Zuckermann, Beyond the Ivory Tower. Weidenfeld and Nicholson, 1970.
23 Richard E. Leakey, In Search of; Man's Past at Lake Rudolf. National Geographic 137, 1970.
Dito: Man and Sub-man on Lake Rudolf. New Scientist 16. 11. 1972.
24 L. S. B. Leakey/M. D. Leaky, Recent Discoveries of Fossil Hominids in Tanganyika: at Olduvai and near Lake Natron. Nature 202.
L. S. B. Leakey, P. V. Tobias and J. R. Napier, A New Species of the Genus Homo from Olduvai Gorge. Nature 202, 7, 1964.
M. D. Leakey, Olduvai Gorge: excavations in bed I and II, 1960–1963, Cambridge University Press.
25 Eugene Dubois, On Pithecanthropus arectus: a Transitional Form between Man and the Apes. The Journal of the Anthropological Institute of Great Britain and Ireland, Vol. XXV (1896).
26 Franz Weidenreich, Apes, Giants and Man. University of Chicago Press, 1946.
27 D. Schaafhausen, On the Crania of the most Ancient of Man. Müller's Archiv, 1858.

28 National Geographic, June 1973.
29 Fred Hoyle, Man in the Universe. (Compton Lectures in USA, 1964). Columbia University Press, 1966.
30 Robert Bigelow, The Dawn Warriors, Hutchinson, 1969.
31 Magin Berenguer, Prehistoric Man and his Art. Souvenir Press 1973.
32 Stan Goods, The Neandertal, Wildwood House Ltd., 1977.
33 Adriaan Kortlandt, On the Essential Morphological Basis for Human Culture. Current Anthropology, Vol. 5 1965.
34 Desmond Morris, Der nackte Affe, Droemer Knaur, 1972.
35 Andrew Tomas, Atlantis: From Legend to Discovery. Robert Hale & Company, 1972.
36 Science, Vol. 176, p. 512.
37 S. C. Gil Fillan, The Coldward Course of Progress. Political Science Quarterly 1920.

4. Kapitel

1 New Scientist, 29. 3. 1973.
2 Edwin Clarke Kenneth Dewhurst, An Illustrated History of Brain Function. Sandford Publications, 1972.
3 J. Z. Young, Doubt and Certainty in Science. 1953.
4 François Lhermitte, Conférence sur les bases physiologiques de la mémoire, Nice-Matin, 19. 2. 1973.
5 Paul MacLean: quoted in Nigel Calder, The Mind of Man. B. B. C. 1970.
6 Robert E. Ornstein, The Physiology of Consciousness. W. H. Freeman, 1973.
7 Rudolf Dreikurs, Equality: The Life-Style of Tomorrow. The Futurist, Vol. VI, No. 4, 1972.
8 Tom A. Waters, Psychologistik. Scherz Verlag, 1973.
9 Erich von Däniken, Erinnerungen an die Zukunft, Econ Verlag, 1968.
10 G. V. Foster. Siehe New Scientist 14. 12. 1972.
11 Arie de Proe: Interview in «De Telegraaf», Amsterdam, of 4. 12. 1971.
12 Arthur Koestler (und John Smythies), Beyond Reductionism (Symposium). Hutchinson 1969.
13 Erwin Lausch, Manipulation. Der Griff nach dem Gehirn. DVA, 1973.
14 Steven Rose, The Conscious Brain. Weidenfeld & Nicolson, 1972.
15 Robert W. Doty, Philosophy and the Brain, siehe auch Perspectives in Biology and Medicine. 1965.
16 Barkley Rosser, Logic for Mathematicians, 1953.

17 W. Grey Walter, The Living Brain. Duckworth 1953; Penguin 1968.
18 Claude Bernard, Science expérimentale. 1878.
19 Sir Frederic Bartlett, Remembering. Cambridge Univ. Press, 1932.
20 Gustav Jahoda, The Psychology of Superstition. Pelican 1970.
21 Louis J. Halle, The Society of Man. Chatto & Windus, 1965; Clarke, Irwin & Co. Toronto; Scientific Book Club 1972, S. 36.
22 Claude Lévi-Strauss, Anthropologie structurale, 1958; La Pensée sauvage, 1962; Du Miel aux cendres, 1967.
23 Blaise Pascal, Œuvres complètes. Vol. I.
24 Oswald Spengler, Der Untergang des Abendlandes. 1918/1959.
25 Pierre Teilhard de Chardin, Le phénomène humain, 1953.
26 P. H. Benson, Religion in Contemporary Culture. Harper 1960.
27 William Sargant, The Mind Possessed. Heineman 1973.
28 William Sargant, dito.
29 William K. James, The Principles of Psychology, 1890.
30 William McDougall, An Introduction to Science Psychology, 1926.
31 L. H. Bernard, Instincts: A Study in Social Psychology, New York 1924.
32 Sigmund Freud, Vorlesungen zur Einführung in die Psychoanalyse. 1913, 1920.
33 Konrad Lorenz, Das sogenannte Böse, Dr. G. Borothe-Schöder Verlag, Wien 1971.
34 Wallace Craig, Appetites and Aversions as Constituents of Instincts. Biol. Bull. 34, 1918.
35 Jean Piaget, La Naissance de l'Intelligence, 1936; Psychologie de l'Intelligence, 1947.
36 Francis Galton, Human Faculty, 1883.
37 James McKeen Cattell, Mental Tests and Measurements, 1890.
38 Alfred Binet, Etude expérimental de l'intelligence. 1905.
39 Louis L. Thurstone, Primary Mental Abilities, 1938.
40 H. J. Eysenck, The Inequality of Man. Temple Smith. 1973.
41 «New Test for the Brain», Newsweek 13. 12. 1971.
42 «The Creat I. Q. Controversy», Newsweek 17. 12. 1973.
43 George A. Miller, Psychology – The Science of Mental Life, 1962.
44 Norman F. Dixon, Sublimal Perseption: The Nature of a Controversy, 1971.
45 J. B. Priestley, Over the Long High Wall, Heineman 1972.
46 C. Lloyd Morgan, An Introduction to Comparative Psychology, 1894.
47 Adriaan Kortlandt: zitiert aus Vitus B. Dröscher, The Friendly Beast. W. H. Allen & Co., 1970.

48 John C. Lily, Man and Dolphin. Victor Gollanz, 1962.
49 G. Pillori, Intelligenz und Gehirnentwicklung bei den Walen. Sandoz-Panorama, Basel, 1962.
50 Judith Groch, You and Your Brain. Cassel & Co., 1964.
51 Strehler, in: «Challenging Biological Problems» von J. A. Behnke. Oxford University Press.
52 Julian Huxley, On Living in a Revolution. 1944.
53 Sigmund Freud, Die Traumdeutung, 1900.
54 Anne Faraday, Dream Power. Hodder & Stoughton, 1971.
55 Charles T. Tart, Altered States of Consciousness. A Book of Readings. Doubleday-Anchor, 1972.
56 Andrew Weil, The Natural Mind, a New Way on Looking at Drugs and the Higher Consciousness. Houghton Miffin, 1972.
57 Andrew Weil, Altered States of Consciousness. Extract of a report to the Ford Foundation: «Dealing with Drug Abuse.»
58 Yehezkel Dror, Crazy States. D. C. Heath & Co., 1973.
59 Henry B. Clark, Physico-chemical Control of the Mind, The Futurist, August 1971.
60 Albert Rosenfeld, The Second Genesis: The Control of Life. Prentice-Hall.
61 Perry London, Behavior Control. Harper & Row.
62 José M. R. Delgado, Physical Control of the Mind: Toward a Psychocivilized Society. World Perspective Series, Volume 41. Harper & Row.
63 Judith Groch, siehe oben.
64 Francis Galton, Inquiries into Human Faculties and its Development, Macmillan, 1883.
65 John B. Watson, Psychology from the Standpoint of the Behaviourist, 1913.
66 Robert Thomson, The Psychology of Thinking. Penguin Books, 1959.
67 C. A. Mace, Concerning Imagination. Proceedings of the Aristotelian Society, 1942–43.
68 W. Grey Walter, The Living Brain. Duckworth, 1953.
69 Erich Jaensch, Eidetische Anlagen und kindliches Seelenleben. 1934.
70 Robert Bigelow. The Dawn Warriors. Hutchinson, 1969; Scientific Book Club, 1970.
71 Edward de Bono, The Mechanism of Mind. Jonathan Cape, 1969.
72 Gilbert Ryle, The Concept of Mind. Hutchinson, 1949.
73 Ulric Neisser, Cognitive Psychology. Introduction, 1969.
74 O. Selz, Über die Gesetze des geordneten Denkverlaufs.

75 Alfred Binet, La Psychologie du raisonnement, 1886.
76 R. S. Woodworth, A Revision of Imageless Thought. Psychological Review, Vol. 22, 1915.
77 C. Lloyd Morgan, siehe oben. 1894.
78 E. L. Thorndike, Animal Intelligence. Psychological Monographs, Vol. 2, No. 8 1898.
79 H. A. Ruger, The Psychology of Efficiency. 1910.
80 Max Wertheimer, Untersuchungen zur Lehre von der Gestalt. Psychol. Forschung 1921, 1923, 1925, 1927. – Productive Thinking 1945.
81 Wolfgang Köhler, Gestalt Psychologie. 1929. Intelligenzprüfungen an Menschenaffen 1917, 1921.
82 Robert Mearns Yerkes, Almost Human, 1925, Chimpanzees, 1943.
83 Robert Thomson, siehe oben.
84 Leonard Williams, Man and Monkey. André Deutsch, 1967.
85 John Dewey, How we Think. D. C. Heath, 1933.
86 G. Humphrey, Thinking, Methuen, 1951.
87 Peter McKellar, Imagination and Thinking. A Psychological Analysis. Cohen and West, 1957.
88 Frank L. Moreland, Dialectic Methods in Forecasting. The Futurist, Vol. V, No. 4, August 1971.

5. Kapitel

1 Anthony Storr, Human Aggression. Pelican Books 1970.
2 Robert A. Hinde, Aggression and Violence. Britannica Yearbook of Science and the Future, 1971.
3 Leonard Williams, Challenge to Survival. Andre Deutsch 1971; The Scientific Book Club 1972.
4 Jean Baptista Pierre Antoine De Monet, Chevalier de Lamarck, Histoire naturelle des animaux sans vertèbres 1815–1822.
5 Arthur Koestler, The Case of the Midwife Toad. Hutchinson, 1972.
6 Edward Drinker Cope, The Primary Factors of Organic Evolution, 1896.
7 F. Wood Jones, Habit and Heritage. Kegan Paul, 1943.
8 «The rise and fall of Lysenko», New Scientist 2. 8. 1973.
9 Louis Bolk, Over het karakter der morphologische veranderingen by aandoening der endocrine organen. Verh. Kon. Akad. v. Wetens. 1924; Ludwig Bolk, Das Problem der Menschwerdung. Fischer, 1926.
10 D. Jonas/Doris Klein, Man-Child, Jonathan Cape, 1971.
11 Oscar Kiss Maerth, The Beginning was the End. Michael Joseph, 1973.

12 Irenäus Eibl-Eibesfeldt. Der vorprogrammierte Mensch. Fritz Molden, 1973.
13 Colin Blakemore, The Limits of Learning. New Scientist, 20.4.72.
14 Eberhard Trumler, Hunde – ernst genommen. Piper Munich 1973.
15 Benjamin S. Bloom, Stability and Change of Human Characteristics, 1964
16 Christopher Jencks, Inequality: A Reassessment of the Effect of Family and Schooling in America. Basic Books, 1972.
17 Graham Chedd, Will the mind flourish despite neglect? New Scientist Vol. 57, 11.1.1973.
18 Fred Hoyle, Man in the Universe. Columbia Univ. Press, 1966.
19 Kenneth Keniston, Youth and Dissent, The Rise of a New Opposition. Harcourt Brace Jovanovich, 1971.
20 Theodore Roszak, The Making of a Counter-Culture. Faber 1968; Where the Wasteland ends. Doubleday 1972.
21 Charles Reich, The Greening of America.
22 Peter Harper, siehe New Scientist 17.1.1974.
23 Judith Groch, You and Your Brain. Pan Books, 1966.
24 Marcus Tullius Cicero, De Finibus, Buch 1,16.
25 Robert A. Hinde; Non-verbal Communication. Cambridge Univ. Press, 1972.
26 Gordon W. Hewes, Primate Communication and the Gestural Origin of Language. Current Anthropoly, Febr.–April 1973.
27 R. A. and B. T. Gardner, Acquisition of Sign Language in the Chimpanzee. University of Nevada Progr. Report, 1967.
28 David Premack: Journal of the Experimental Analysis of Behaviour, Vol. 14 1970.
29 Vitus B. Dröscher, The Friendly Reast. W. H. Allen & Co., 1970.
30 John C. Lilly, Man and Dolphin. Victor Gollancz, 1962.
31 Ludwig Wittgenstein, Tractatus logico-philosophicus, 1921.
32 Noam Chomsky, Synthetic Structures. The Hague 1957; A review of Verbal Behaviour by B. F. Skinner. Language, 1959, Vol. 35.
33 Ferdinand de Saussure, Cours de linguistique générale. 1916.
34 William Condon and Louis Sander. Science Vol. 133.
35 S. Potter/L. Sargent, Pedigree, Words from Nature. Collins 1973.
36 Richard Fester, Die Eiszeit war ganz anders, Piper, 1973.
37 Giambattista Vico, Principii di una scienza nuova.
38 Benedetto Croce, The Philosophy of Giambattista Vico, 1913; Aesthetic as Science of Expression, 1952.
39 G. U. Bonfante, Semantics in Linguistics, Enc. Brit. 20, 313D.
40 Levy Rahmani, Soviet Psychology. Intern. Univ. Press 1973.

41 Alexander Marshack in einem Vortrag für die American Anthropological Association; siehe Int. Herald Tribune 2. 12. 72.
42 Jean-François Champollion, Précis du système hiéroglyphique, 1824.
43 V. G. Childe, Social Evolution, 1951.
44 Lewis Henry Morgan, Ancient Society, 1877
45 Oswald Spengler, Der Untergang des Abendlandes. C. H. Beck, 1959.
46 Arnold Joseph Toynbee. A Study of History. 1934–1954.
47 Herbert Marcuse, One Dimensional Man. Routledge, 1964.
48 Jacques Ellul, The Technological Society. Jonathan Cape, 1965.
49 Jeff Nuttall, Bomb Culture. Paladin, 1970.
50 Jürgen Habermas, Towards a Rational Society. Heineman Educational, 1971.

6. Kapitel

1 Edward de Bono, The Mechanism of Mind. Jonathan Cape 1969; The Scientific Book Club, London, S. 229 und 304.
2 Daniel Bell, The End of Ideology. Collier-MacMillan, 1965.
3 Louis J. Halle, The Society of Man. Chatto & Windus, The Scientific Book Club, London.
4 L. Festinger, A Theory of Cognitive Dissonance, 1957.
5 Anthony Storr, Human Aggression. Pelican, 1970.
6 Stanley Milgram, Obedience to Authority: An Experimental View. Harper & Row. 1973.
7 New Scientist, 16. 5. 1974, S. 374.
8 C. B. de Soto, The Predilection for Simple Orderings. Journal of Abnormal and Social Psychology, 1961/62.
9 William Sargant, Battle for the Mind. Heinemann, 1957, The Unquiet Mind. Heinemann, 1957, The Mind Possessed. Heinemann, 1973.
10 Barbara Ward/René Dubos, Only One Earth. André Deutsch, 1972; The Scientific Book Club 1973.
11 Konrad Lorenz, Das sogenannte Böse, 1971.
12 Leonard Berkowitz, Aggression: A Social Psychological Analysis, 1962.
13 J. D. Carthy/F. J. Ebling, The Natural History of Aggression, 1964.
14 Robert Ardrey, The Territorial Imperative. Collins, 1967.
15 Alfred Adler, Superiority and Social Interest, 1965.
16 Sigmund Freud, Jenseits des Lustprinzips, 1920.
17 Alan Leshner/Douglas Candland, The hormonal basis of aggression, New Scientist 16. 1. 1973.
18 Ashley Montagu. Newsweek, Jan. 28, 1974.

19 V. C. Wynne-Edwards, Animal Despersion in Relation to Social Behaviour. Oliver & Boyd, 1962.
20 Sigmund Freud, Drei Abhandlungen zur Sexualtheorie, 1905.
21 Thorleif Schjelderupp-Ebbe, Beiträge zur Sozialpsychologie des Haushuhns. Zeitschrift für Psychologie 88, 1922.
22 Solly Zuckermann, The Social Life of Monkeys and Apes. 1932.
23 R. M. Yerkes, Chimpanzees, a Laboratory Colony. 1942.
24 Desmond and Ramon Morris, Men and Apes. Hutchinson, 1966.
25 Sir James Frazer, The Golden Bough: A Study in Magic and Religion, 1890.
26 Oswald Spengler, Der Mensch und die Technik, 1931.
27 Anthony Storr, siehe oben
28 Nice-Matin, 6. July, 1973.
29 Robert M. Liebert. siehe: T. George Harris. Era of Conscious Action. Britannica Book of the Year 1973.
30 Desmond Morris, The Human Zoo. Jonathan Cape, 1969.
31 Paul Tabori, The Natural Science of Stupidity. Prentice-Hall Int., 1962.
32 Burgo Partridge, A History of Orgies. Spring Books, 1964.
33 Carl Gustav Jung, Psychologische Typen, 1920.
34 E. R. Jaensch, Studien zur Psychologie menschlicher Typen, 1930.
35 Eduard Spranger, Lebensformen. 1914, 1950.
36 Ernst Kretschmer, Körperbau und Charakter. 1921, 1951.
37 Derek Wright, The Psychology of Moral Behaviour. Penguin Books, 1971.
38 M. Rokeach, The Open and Closed Mind. Basic Books, 1960. Beliefs, Attitudes and Values, 1968.
39 Gustav Jahoda, The Psychology of Superstition. Pelican, 1970.
40 Hans Georg Wunderlich, Die Steinzeit ist noch nicht zu Ende – eine Psycho-Archäologie des Menschen. Rowohlt, 1974.

8. Kapitel

1 François Lhermitte: siehe 4. Kapitel
2 New Scientist, 22. Febr. 1973.
3 Daniel Bell, The End of Ideology. The Free Press, 1965.
4 Norman Borlaug in «Shaping the Future», North Holl. Publ. Co. 1972.
5 Lester R. Brown, World Without Borders. Random House, 1972.
6 Voice of America 11. 2. 1973.
7 H. P. Fairchild, Dictionary of Sociology. Littlefield, Adams, 1966

8 R. L. Walker, China Under Communism, Allen & Unwin, 1956.
9 Desmond Morris, The Human Zoo. Jonathan Cape, 1969.
10 Robert Ardrey, The Territorial Imperative. Collins, 1969.
11 Bronislaw Kasper Malinowsky, Crime and Custom. 1966.
12 Niklas Luhmann, Soziologische Aufklärung. Aufsätze zur Theorie sozialer Systeme. Westdeutscher Verlag, 1971.
13 Manfred Riedel, Rehabilitierung der praktischen Philosophie, 1972.
14 Louis Pauwels, Lettre ouverte aux gens heureux et qui ont bien raison de l'être. Editions Albin Michel, 1971.
15 Paul Weiss, Common Sense and Beyond. In: Sidney Hook. Determinism and Freedom, 1968.
16 Kenneth B. Clark, Britannica Yearbook of Science and the Future 1973.
17 B. F. Skinner, Beyond Freedom and Dignity.
18 Arthur C. Clarke, Profiles of the Future. Victor Gollancz, 1962; Pan Books, 1964.